LUCIEN LARCHER

AVOCAT A LA COUR D'APPEL DE NANCY

LIEUTENANT DE LOUVETERIE

RÉPERTOIRE ALPHABÉTIQUE

DU

Droit de Chasse

ET DE SA

JURISPRUDENCE

PARIS

ARTHUR ROUSSEAU

ÉDITEUR

14, RUE SOUFFLOT, 14

1902

RÉPERTOIRE ALPHABÉTIQUE

DU

DROIT DE CHASSE

ET DE SA

JURISPRUDENCE

LUCIEN LARCHER

AVOCAT A LA COUR D'APPEL DE NANCY

LIEUTENANT DE LOUVETERIE

RÉPERTOIRE ALPHABÉTIQUE

DU

Droit de Chasse

ET DE SA

JURISPRUDENCE

PARIS

ARTHUR ROUSSEAU

ÉDITEUR

14, RUE SOUFFLOT, 14

1902

TABLEAU DES ABRÉVIATIONS.

Cass.	Cour de Cassation.
Cons. d'Et.	Conseil d'Etat.
D. P.	Dalloz périodique.
Droit	Journal le Droit.
Fr. jud.	France judiciaire.
Gaz. Pal.	Gazette du Palais.
Gaz. Trib	Gazette des Tribunaux.
Journ. dr. crim.	Journal du droit criminel.
Journ. min. publ.	Journal du Ministère public.
Journ. Pal.	Journal du Palais.
J. Parq	Journal des Parquets.
Loi	Journal La Loi.
Mon. J. Paix	Moniteur des Juges de paix.
Mon. Lyon	Moniteur judiciaire de Lyon.
Pand.	Pandectes françaises.
Rec. Amiens.	Recueil d'Amiens.
Rec. Angers.	Recueil d'Angers.
Rec. Besançon.	Recueil de Besançon.
Rec. Bordeaux.	Recueil de Bordeaux.
Rec. Nancy	Recueil de Nancy.
Rec. Riom.	Recueil de Riom et Limoges.
Rec. Caen et Rouen	Recueil de Caen et de Rouen.
Répert. Enregist.	Répertoire de l'Enregistrement.
Rev. Eaux et Forêts.	Revue des Eaux et Forêts.
S	Sirey.
Suppl.	Supplément.
Trib. civ	Tribunal civil.
Trib. corr.	Tribunal correctionnel.
Trib. paix	Tribunal de Paix.
Trib. police	Tribunal de simple police.
V.	Voir.
Vo	Verbo.
Gaz. Pal. 1888, 1, Suppl. 82	Gazette du Palais, année 1888, tome 1er, Supplément, page 82.

RÉPERTOIRE ALPHABÉTIQUE

DU

DROIT DE CHASSE ET SA JURISPRUDENCE

ACCIDENTS DE CHASSE

1. Responsabilité. — En matière d'accident de chasse, la responsabilité est celle de droit commun et les principes en sont posés par les articles 1382 et suivants du Code civil. Je me contenterai donc d'indiquer quelques décisions dans des espèces intéressant les chasseurs.

2. Ricochet. — Lorsque le plomb sorti du fusil d'un chasseur a blessé un de ses compagnons de chasse, ce chasseur ne saurait être responsable de la blessure produite lorsqu'il n'a pas tiré dans la direction de la victime et que la blessure est le résultat d'un ricochet. Dans ce cas, l'accident constitue un cas fortuit auquel tout chasseur se sait exposé et dont la victime avait volontairement accepté le risque. (Trib. civ. Cahors, 9 juillet 1900, *Droit*, 17 août 1900 ; C. Paris, 24 novembre 1896, *Gaz. Pal.*, 1897.1.161).

3. Tir vers un buisson. — Commet une imprudence de nature à engager sa responsabilité en cas d'accident, le chasseur qui tire dans la direction d'un buisson derrière lequel un être humain peut s'abriter. (C. Amiens, 22 mai 1895, *Gaz. Pal.*, 1895.2.609).

4. Déplacement en battue. — Commet une imprudence le chasseur qui chassant au-bois, au lieu de rester à la place qui lui est assignée dans un rabat, se dérange sans prévenir par un signe quelconque ses compagnons de chasse ; en conséquence, ceux-ci pouvant supposer qu'il ne s'est produit aucune modification dans les positions respectives des chasseurs, ne sauraient être astreints à vérifier s'il ne se trouve personne dans leur ligne de tir, et la responsabilité d'un accident incombe tout entière, dans ces conditions, au chasseur auteur et victime de cette faute. (C. Paris, 9 décembre 1886, *Gaz. Trib.*, 15 décembre 1886).

5. Port défectueux de l'arme. — Le fait par un individu d'avoir tenu, en chasse, son fusil dans une position telle que le coup, en partant, ait pu atteindre un de ses compagnons, constitue une imprudence rendant ce chasseur passible de dommages-intérêts, sans qu'il puisse s'exonérer de cette responsabilité, même en établissant que le coup est parti accidentellement. (C. Douai, 16 décembre 1884, *Gaz. Pal.*, 1885.1.263).

6. Imprudence. — Commet une imprudence engageant sa responsabilité le chasseur au bois qui fait feu sur une bécasse, sans s'être préalablement assuré qu'un de ses compagnons qu'il savait être sous bois, ne se trouvait pas dans sa ligne de tir ; en conséquence, s'il blesse ainsi ledit compagnon, il lui doit une indemnité ; mais la victime ayant de son côté commis une imprudence en ne signalant pas sa présence dans ce bois par un moyen quelconque, tel qu'un cri, un sifflement comme le font les chasseurs prudents et expérimentés, la responsabilité de l'auteur de l'accident est considérablement diminuée. (C. Dijon, 25 octobre 1889, *Pand.*, 1890.2.124).

7. Organisation défectueuse. — Le chasseur qui, locataire principal d'une chasse, a blessé un rabatteur, doit être déclaré responsable, non seulement de son imprudence ou de sa maladresse, mais encore des conditions défectueuses dans lesquelles la battue était organisée et de l'absence du garde pour poster et diriger les rabatteurs. (Trib. civ. Seine, 18 juillet 1898, *Gaz. Trib.*, 2ᵉ partie, 1899.1.16).

8. Solidarité. — L'organisateur d'une chasse ou battue est responsable des accidents provenant de l'imprudence commise par lui-même ou par ses gardes dans les dispositions adoptées, spécialement dans le placement des chasseurs et des traqueurs. Cette responsabilité subsisterait lors même que l'imprudence personnelle de l'un des chasseurs serait démontrée et il y aurait dans ce cas deux responsabilités solidaires. (C. Amiens, 13 juillet 1895, D. P. 1896.2.451).

9. Co-auteurs. — La solidarité peut être prononcée contre les co-auteurs d'un fait dommageable lorsque le dommage dont ils doivent réparation est le résultat d'une faute commune. Les chasseurs qui, ayant organisé une battue en commun, ont négligé de s'entourer des précautions nécessaires pour la réaliser sans danger ni imprudence, sont responsables solidairement des conséquences d'une blessure faite à un traqueur, et doivent supporter la réparation chacun pour sa part et portion, dans leurs rapports respectifs, alors du moins qu'il est établi que la faute n'incombe pas inclusivement à l'un d'eux. (C. Paris, 15 juin 1887, *Gaz. Pal.*, 1887.2.148).

10. Responsabilité du fait du préposé. — Le maître est responsable à raison des faits de son préposé, dès lors que les actes dommageables commis par celui-ci se rattachaient à l'exécution de son mandat et ont eu lieu à l'occasion de son exécution. Ainsi le propriétaire d'un bois doit être déclaré civilement responsable de l'homicide par imprudence commis par son garde au cours d'une battue organisée dans ledit bois par l'autorité administrative, alors que le garde avait assisté à cette battue en qualité de garde et pour constater les délits qui pourraient être commis pendant sa durée. (C. Rouen, 1er mars 1893, D. P. 1894.2.28).

11. Instrument défectueux. — Celui qui, pour retenir son chien, emploie une laisse munie d'un porte-mousqueton insuffisant, dont la constitution défectueuse rend facile le détachement du collier, commet une imprudence des conséquences de laquelle il doit répondre vis-à-vis des tiers, spécialement, si le chien ainsi attaché est momentanément confié à la garde d'un tiers, et si, en s'élançant sur un autre chien, il rompt le porte-mousqueton de sa laisse, lequel projeté en avant frappe l'œil du tiers et lui occasionne une blessure qui a nécessité l'ablation de l'organe, le propriétaire du chien est responsable, et doit réparer le préjudice. (Cass., 13 décembre 1893, D. P. 1894.1.306).

ACTE DE CHASSE

Action de chasse, 24. — Attitude de chasse, 23. — Capture du gibier, 16. — Chasse au terrier, 30. — Circonstances, 13. — Définition, 12. — Délit contraventionnel, 17. — Essai d'un chien, 38. — Excitation des chiens, 21. — Fait de relever un défaut, 20. — Fait personnel, 36. — Garde du gibier, 41. — Gibier mort, 37. — Passage de traqueurs, 27. — Poissons tués au fusil, 39. — Poursuite à cheval, 31, 32, 33. — Poursuite du gibier, 15. — Poursuite spontanée, 34. — Prohibition partielle, 26. — Promeneur, 35. — Quête de chiens, 18 et 19. — Quête d'un chien d'arrêt, 22. — Recherche du gibier, 14. — Revendication du gibier, 25. — Surveillance, 43. — Tapage, 28, 29, 42. — Trouble, 40.

12. Définition. — La loi de 1844, quelque soigneusement qu'elle ait été faite, présente des lacunes. La plus grave, assurément, est de ne pas avoir défini la chasse, et d'avoir ainsi laissé à la jurisprudence le soin de déterminer quels sont les faits qui peuvent constituer des actes de chasse. Pour pouvoir discuter les diverses décisions, souvent contraires, de la jurisprudence, il faut commencer par poser une définition de l'acte de chasse, en s'inspirant de l'esprit de la loi du 3 mai 1844. Le ministre de la justice, dans sa circulaire aux préfets du 8 mai 1844, écrivait : « Il faut entendre le mot de chasse dans le sens le plus général, et l'appliquer sans distinction à la recherche, à la poursuite de tout animal sauvage ou de tout oiseau. » C'est là une définition qu'il est facile de compléter par le mot capture et je définirai l'acte de chasse : le fait de se livrer à la recherche, à la poursuite ou à la capture d'un animal sauvage quel qu'il soit, comestible ou non, quadrupède ou oiseau.

13. Circonstances. — Il appartient donc aux tribunaux de rechercher et d'apprécier les circonstances qui caractériseront l'acte de chasse, notamment l'attitude, les allures, etc. Il ne suffit pas, pour déclarer un individu coupable de chasse, qu'il ait été trouvé porteur d'un fusil chargé et armé. Il faut encore que son intention de poursuivre le gibier ou de le rechercher soit établie par les circonstances. La chasse, ainsi que je la définis, comprend trois actes. Un seul d'entre eux suffit à constituer séparément l'acte de chasse.

14. Recherche du gibier. — La recherche d'abord, c'est le fait initial. Les alouettes ne tombant pas toutes rôties dans la bouche des chasseurs, il faut les rechercher et ce n'est qu'a-près avoir parcouru des champs qu'on pourra les tirer, ce qui constituera l'acte de poursuite. Le chasseur se met donc en route dans l'intention de trouver du gibier. Arrivé dans la campagne, il charge son fusil et fait quêter son chien : pre-mier acte. Cette recherche peut d'ailleurs ne pas être suivie des deux autres actes. Il arrive malheureusement trop souvent qu'un chasseur passe une matinée à rechercher le gibier sans obtenir de résultat. On dit, dans ce cas, qu'il est *bredouille* ; mais il a néanmoins chassé.

15. Poursuite du gibier. — La poursuite est le second acte. Le chasseur ayant découplé ses chiens, ceux-ci lancent un lièvre et le mènent. La capture ne suivra pas nécessairement, car bien qu'un lièvre lancé coure des dangers sérieux, il peut réussir à dépister les chiens et à éviter le coup de feu du chasseur : il est possible qu'il ne soit ni forcé, ni tué. Dans ce second cas encore, le chasseur est *bredouille* ; mais il a chassé.

16. Capture du gibier. — La capture enfin constitue l'acte final, le but de la chasse. Le lièvre recherché et lancé par les chiens a pris son parti, a fait plaine, est revenu au lancé, fait son hourvari sans succès et a fini son existence dans une culbute sous le plomb du chasseur. C'est l'acte de chasse par excellence.

17. Délit contraventionnel. — J'ai signalé les trois autres types, si j'ose m'exprimer ainsi, qui constituent des faits de chasse. Mais tous ceux qui participeront de ces trois actes, qui seront recherche, poursuite ou capture, devront être qualifiés actes de chasse, avec leurs conséquences pénales et civiles. Avant d'exposer divers exemples d'actes de chasse tirés de la jurisprudence, je dois poser un principe indiscutable sur lequel les tribunaux sont unanimes : les infractions à la loi du 3 mai 1844 sur la police de la chasse, sont des délits contraventionnels qui doivent être réprimés malgré la bonne foi ou l'ignorance des délinquants, s'ils ont librement et volontairement coopéré à l'acte de chasse. (Cass., 12 juin 1886, D. P. 1887.1.41.) V. V° *Erreur*.

18. Quête des chiens. — La simple recherche du gibier à l'aide de la quête des chiens par un propriétaire sur son propre terrain pendant le temps où la chasse est prohibée, constitue un délit de chasse ; peu importe d'ailleurs que le fait de chasse incriminé ait eu lieu quelques jours seulement avant l'ouverture de la chasse et sur un champ dépouillé de sa récolte. Il est impossible, en effet, tant que la chasse n'est pas ouverte, de substituer des appréciations ou des constatations particulières sur l'état des récoltes ou du gibier, à celles de l'autorité préfectorale à laquelle seule il appartient de fixer le temps pendant lequel la chasse est permise. (C. Orléans, 15 décembre 1885, *Gaz. Pal.*, 1886.1.170).

19. Indifférence. — Constitue un acte de chasse le fait de laisser quêter ses chiens courants sous ses yeux et à sa por-, tée, sans essayer de les rompre et de les rappeler. Le fait actif de chasse n'est pas indispensable pour constituer le délit, et il suffit que l'action des chiens se livrant à leur instinct sous les yeux de leur maître, ne soit pas entravée par celui-ci, pour qu'il constitue un délit. Cette inaction est assimilée à un fait personnel. (Trib. corr. Florac, 28 juillet 1898, *Gaz. Pal.*, 1898.2.369 ; Trib. corr. Langres, 28 septembre 1894, *Gaz. Pal.*, 1895.1, *Suppl.*, 10).

20. Fait de relever un défaut. — Commet un délit de chasse l'individu qui, non muni d'un permis de chasse, a été surpris au moment où il mettait les chiens de chasseurs sur la piste d'un lièvre par eux égaré. (Trib. corr. Libourne, 14 février 1899, *Journ. Pal.*, 1899.2.255).

21. Excitation des chiens. — Doit être considéré comme en action de chasse le chasseur qui, tout en ayant son fusil à la bretelle ou sur l'épaule, est accompagné de chiens qu'il excite de la voix. (Trib. corr. Tulle, 26 décembre 1894, *Gaz. Pal.*, 1895.1, *Suppl.*, 6).

22. Quête d'un chien d'arrêt. — Le fait de laisser un chien d'arrêt se livrer à la recherche du gibier sous l'œil du maître, même sans armes, est de nature à présenter les éléments constitutifs d'un délit de chasse, selon les circonstances et conditions prévues par la loi et les arrêtés préfectoraux.(Trib. corr. Langres, 28 septembre 1894, *Gaz. Pal.*, 1895.1, *Suppl.*, 10).

23. Attitude de chasse. — Il appartient aux tribunaux

de rechercher et d'apprécier les caractères de l'attitude de
chasse et l'attitude d'un individu portant horizontalement un
fusil dans ses mains ne peut, à elle seule, constituer le délit
de chasse qu'autant qu'il est établi que cette attitude avait
pour objectif certain et prouvé la recherche ou la poursuite
du gibier. (Trib. corr. Remiremont,27 mars 1895, *Loi*, 10 avril
1895).

24. Action de chasse. — L'action de chasse est suffisamment caractérisée par le fait de se trouver dans un terrain in-
culte et garni de broussailles avec deux chiens qui quêtaient
le gibier et ont fait lever un lièvre. (Lyon, 10 janvier 1895,
Mon. Lyon, 16 avril 1895).

25. Revendication du gibier. — Le fait de revendiquer le
gibier tué ne constitue pas, par lui-même, un acte de chasse.
(Cass., 6 juillet 1895, D. P. 1900.1.478).

26. Prohibition partielle. — L'intention ne saurait être réputée pour le fait. Le chasseur qui se met en chasse et ne
rencontre aucun gibier faisant l'objet de la prohibition partielle, ne commet pas le délit de chasse, son intention ne s'é-
tant ainsi manifestée par aucun commencement d'exécution.
(Trib. civ. Château-Thierry, 3 mars 1899, *Loi*, 11 avril 1899).

27. Passage du traqueur. — Le traqueur qui passe sur un
champ, sans être porteur d'armes, ni accompagné de chiens,
sans faire de bruit et pousser aucun cri, accomplit un simple
acte de passage qu'on ne saurait assimiler à la recherche du
gibier pour le capturer ou le faire capturer par autrui et ne
commet en conséquence aucun délit. (Trib. corr. Clermont,
6 janvier 1898, *Rec. Amiens*, 1898.50).

28. Tapage. — La chasse consistant dans le fait de rechercher ou de poursuivre le gibier dans le but de le capturer, ne constitue pas un acte de chasse le fait de faire du
bruit en passant sur le terrain d'autrui, et notamment de cla-

quer du fouet dans le but, non de rabattre du gibier sur des chasseurs, mais au contraire de l'éloigner de ceux-ci et de les empêcher de le tirer.(Trib. corr. Melun, 27 janvier 1897, *Gaz. Pal.*, 1897.1.265 ; C. Paris, 10 mars 1897, *Gaz. Pal.*, 1897.1. 567).

29. — On ne saurait considérer comme surpris en attitude de chasse l'inculpé qui, placé sur une route, et armé d'une faux et d'un tisonnier, se servait de ces instruments, non pour s'emparer du gibier, mais pour faire du bruit et faire rentrer les faisans dans un bois limitrophe d'où ils étaient sortis. (Douai, 16 mars 1898, *Rec. Douai*, 1898.140).

30. Chasse au terrier. — Le fait par un individu de se tenir à l'entrée d'un terrier de lapins, une serpe à la main et de frapper à coup de talon sur le terrier impliquant de la part de son auteur l'intention de rechercher et de capturer le gibier qu'il supposait être dans le terrier, constitue un délit de chasse. (Cour Douai, 24 janvier 1894, S. 1894.2.212).

31. Poursuite à cheval. — Un arrêt des plus connus est celui rendu par la chambre correctionnelle de la Cour de Paris en date du 30 décembre 1891, aux termes duquel le cavalier qui poursuit à course de cheval, de manière à la faire envoler à trois reprises différentes, une compagnie de perdreaux qu'il avait fait lever involontairement en se promenant dans les champs, ne fait pas acte de chasse. Il est impossible d'admettre la manière de voir de la Cour de Paris. En fait, le 11 septembre 1891, alors que la chasse n'était pas encore ouverte dans le département de la Marne, deux officiers de cavalerie furent l'objet d'un procès-verbal du garde champê- tre de Sommepy pour avoir poursuivi à travers champs une compagnie de perdreaux. Le tribunal correctionnel de Sainte- Menehould, par un jugement très bien motivé, condamna chacun des deux prévenus à 50 francs d'amende. « Attendu, disait le tribunal, que les deux prévenus objectent qu'ils faisaient tout simplement courir leurs chevaux pour les exercer et qu'ils soutiennent n'avoir fait aucun acte de chasse, n'ayant jamais eu l'intention de s'emparer du gibier qu'ils poursuivaient, puisqu'ils avaient d'avance la certitude de ne pouvoir l'atteindre ; mais attendu que celui qui poursuit une pièce de gibier doit évidemment être présumé la poursuivre en vue de la capturer ; que cette observation n'est nullement combattue par les observations des prévenus qui se bornent, en définitive, à alléguer que l'on ne saurait raisonnablement leur supposer l'intention d'avoir voulu faire une chose impossible ; attendu d'ailleurs, qu'il n'est pas démontré qu'il y a impossibilité matérielle de forcer les perdreaux à la course en les poursuivant à cheval. » (Trib. Sainte-Menehould, 16 novembre 1891, *Pand.*, 1892.2.105).

32. — La Cour de Paris infirma ce jugement et acquitta les prévenus en déclarant que ceux-ci « ne se sont proposés que de se livrer à un simple amusement sans nulle intention de forcer et de capturer le gibier ». (C. Paris, 30 décembre 1891, *Pand.*, 1892.2.105).

33. — Cette solution est des plus critiquables et en contradiction formelle avec la jurisprudence de la Cour de cassation. La Cour suprême a décidé récemment que la quête d'un gibier à l'aide d'un limier ne constitue pas une simple préparation des moyens de chasse, qu'elle en est l'acte initial et le début, *alors même qu'elle n'est suivie ni de la poursuite, ni de la capture du gibier.* A plus forte raison, y a-t-il acte de chasse dans le fait de poursuivre une compagnie de perdreaux au galop de son cheval et de la relever trois fois. Il est de fait qu'on force assez rapidement les perdreaux à cheval et c'est évidemment à quoi seraient arrivés, par amusement, les deux prévenus, quand ils ont été interrompus par le garde champêtre. Il faut donc considérer que le tribunal avait fait une saine application de la loi et on ne peut se rallier à la manière de voir de la Cour de Paris.

34. Poursuite spontanée. — Le fait seul de poursuivre une pièce de gibier pour s'en emparer constitue un fait de chasse, alors même que l'auteur du fait agit spontanément, sans armes ou moyens apparents de saisir le gibier. En conséquence commet le délit de chasse l'individu qui, voyant déboucher un lièvre blessé par d'autres chasseurs, se met à la poursuite du lièvre en excitant son chien qui s'en empare.

35. Promeneur. — Le fait d'avoir simplement accompagné à la chasse, sans fusil, un chasseur, sans qu'il soit démontré que l'on ait pris part à l'action de la chasse, ne peut légalement constituer le délit de complicité de chasse prohibée. (C. Lyon, 7 décembre 1897, *Mon. Lyon*, 15 février 1898).

36. Fait personnel. — Il n'y a de fait de chasse punissable à la charge du maître d'un chien trouvé poursuivant le gibier que si le maître a concouru personnellement à ce fait par un acte de sa volonté, en suivant lui-même son chien ou en le faisant suivre avec l'intention de rechercher, poursuivre et s'approprier le gibier. Ou si encore le maître, sans suivre ou appuyer son chien, l'a mis ou fait mettre en chasse et s'est posté pour guetter son chien et profiter du résultat de la poursuite. Mais il ne saurait en être de même lorsque le chien s'est échappé à l'insu de son maître, et que, guidé seulement par son instinct, il a poursuivi du gibier sur le terrain d'autrui sans la participation de personne. Et la circonstance que le maître du chien, plus ou moins négligent, l'aurait laissé chasser à plusieurs reprises sur le terrain d'autrui, malgré les avertissements réitérés et même une condamnation en simple police, ne transforme pas la situation et ne saurait fournir au prétendu délit l'élément essentiel qui lui manque. (Trib.corr. Rambouillet, 20 mai 1897, *Gaz. Pal.*, 1897.2.273).

37. Gibier mort. — La chasse consistant dans la recherche et la poursuite du gibier vivant et dans l'emploi des moyens propres à s'en emparer, il n'y a pas de délit dans le fait par

un berger de retirer de la gueule de son chien un lapin mort
que celui-ci a apporté sans qu'il ait été excité à le poursuivre
(C. Orléans, 12 février 1889, *La Loi*, 23 mars 1889).

38. Essai d'un chien. — Si le fait de laisser quêter un chien
sous ses yeux, alors même qu'on n'est pas armé, constitue le
fait de chasse, il n'en est pas ainsi quand on s'est contenté de
faire valoir les qualités d'un chien en le laissant quêter, mais
en le retenant par une laisse, en présence d'un amateur dési-
reux de l'acheter, dans le seul but de montrer qu'il était
dressé, et sans la moindre intention de capturer du gibier.
(Trib. corr. les Andelys, 22 août 1893, *Gaz. Pal.*, 1893.2.407).

39. Poissons tirés au fusil. — Le fait de tirer certains animaux ne constitue pas toujours un acte de chasse. Celui qui
tue une vipère d'un coup de fusil, des taupes dans un pré, des
grenouilles dans un fossé, ne chasse pas. Il en est ainsi du
fait de tirer à coup de fusil des poissons, ce qui constitue un
acte de pêche et non de chasse.

40. Troubles. — Il est une série de faits qui constituent non
pas des actes de chasse, mais un trouble apporté à la jouissance d'autrui en matière de chasse. Ces faits ne peuvent donner ouverture à une action pénale, mais bien à une action civile en dommages-intérêts basée sur le préjudice que causent
ces faits au chasseur qui en est victime.

41. Garde de gibier. — Le propriétaire d'un parc a incontestablement le droit d'user de moyens convenables pour
conserver le gibier qui se trouve sur son domaine et particulièrement celui élevé par ses soins et à ses frais. Il peut donc
charger un individu de faire du tapage et de claquer du fouet
sur un chemin longeant son parc pour obliger les faisans per-
chés sur la crête du mur à rentrer dans le parc. Ce fait, s'il
est commis sur le terrain d'autrui, ne saurait constituer un
acte de chasse, mais il peut engendrer au profit du propriétaire de ce terrain une action en dommages-intérêts purement

civile. (Trib. corr. Compiègne, 24 février 1885, *Gaz. Pal.*,1885. 2, *Suppl.*, 72).

42. Tapage. — Le propriétaire d'une chasse a le droit de faire sonner de la trompette ou jouer de la corne en bordure de ses bois uniquement dans le but d'empêcher les faisans qu'il élève à grands frais de sortir de ses bois et d'aller se répandre sur les terres du voisin. Mais ce voisin excède ses droits si, un jour de chasse, au milieu d'une battue, il frappe violemment sur un tambour, en se portant entre les rabatteurs et les tireurs, pour empêcher méchamment le gibier d'arriver jusqu'à ces derniers. Et l'auteur de ce fait doit être condamné à des dommages-intérêts. (Trib.civ. Corbeil, 2 mars 1898, *Gaz. Pal.*, 1898.1, *Suppl.*, 12).

43. Surveillance. — Mais l'individu qui fait une battue n'est pas fondé à actionner en dommages-intérêts, pour avoir empêché le gibier d'arriver jusqu'aux chasseurs et aux traqueurs, le propriétaire qui s'est borné à aller de l'un de ses champs à un autre pour les protéger et empêcher les chasseurs et les traqueurs de passer sur ses terres ensemencées. En agissant ainsi, le propriétaire ne fait qu'user d'un droit qu'on ne saurait sérieusement lni dénier, car quiconque use de son droit ne lèse personne. (Trib. paix Heurchin, 18 février 1896, *Monit. J. de paix*, 1896.256).

ANIMAUX DOMESTIQUES

Arrêtés préfectoraux, 67. — Chat, 45, 46. — Chien, 47, 48, 49, 50, 51. — Loi du 4 mars 1898, 66. — Pigeons, 53, 54. — Pigeons voyageurs, 55, 56, 57, 58, 59, 60, 61, 62, 63, 64, 65. — Réparations civiles, 69. — Sanctions, 44. — Volailles, 52.

44. Sanctions. — Le fait de tuer un animal domestique ne constitue pas un acte de chasse. Si j'en parle ici, c'est parce que le chasseur peut cependant,dans certaines circonstances, être amené à tuer des animaux qui ne sont pas réputés gibier.

La destruction des animaux domestiques constitue un délit spécial prévu par l'article 454 du Code pénal qui punit d'un emprisonnement de six jours au moins et de six mois au plus quiconque aura, *sans nécessité*, tué un animal domestique dans un lieu dont le maître de l'animal est propriétaire, locataire ou fermier. Quand l'animal est tué partout ailleurs, il n'y a plus là que la contravention de dommage à la propriété mobilière d'autrui prévue et réprimée par l'article 479 § 1 du Code pénal qui édicte dans ce cas une amende de 11 à 15 francs.

L'article 454 dit « sans nécessité ». Le prévenu du meurtre d'un animal domestique trouvera donc sa justification dans la preuve de l'obligation où il a été de détruire un animal qui lui causait un préjudice.

45. Chat. — Le propriétaire d'un terrain a incontestablement le droit de tuer les chats pour mettre fin aux dégâts que ces animaux ont causés ou prévenir ceux qu'ils causeraient. C'est d'ailleurs ce qui a été jugé par la Cour de cassation belge. « Attendu que si la preuve de l'intention criminelle résulte, dans la plupart des cas, du fait lui-même, il n'en peut être ainsi lorsqu'il s'agit d'un animal domestique tel qu'un chat, qui, s'introduisant dans une propriété close de murs et obéissant à ses instincts sauvages, peut y causer des dégâts plus ou moins considérables, et compromettre la sûreté des animaux et la conservation des choses quelconques que le propriétaire y a pu placer et doit pouvoir y placer en toute sécurité ; que, dans un cas pareil, c'est au maître de l'animal domestique à prendre les précautions convenables pour l'empêcher de pénétrer chez les voisins, et qu'il ne peut se plaindre d'un dommage qu'il ne peut qu'attribuer à sa propre incurie lorsqu'il n'est pas prouvé qu'il a été causé par malice et à dessein de nuire à sa propriété mobilière. » (Cass. belge ; Liège, 13 juin 1864, D. P.1866.5.23).

46. — Le fait de tuer un chat surpris en état de braconnage à la lisière d'un bois et à une grande distance de toute habitation n'est pas punissable.(Trib. police Magny-en-Vexin, 21 décembre 1895, *Pand.*, 1896.2.213).

47. Chien. — Le meurtre d'un chien peut être excusé. Il est certain que les tribunaux doivent se montrer plus difficiles à accueillir la justification quand il s'agit d'un chien, qui représente toujours une certaine valeur, que lorsqu'il s'agit d'une volaille ou d'un chat. Le meurtre d'un chien ne doit avoir lieu qu'en présence d'un danger sérieux, d'un préjudice incontestable et actuel.

48. — Le fait par un chien de parcourir une vigne chargée de ses fruits constitue le danger effectif qui place le gardien du vignoble en état de légitime défense et excuse le meurtre de cet animal. (Trib. Bordeaux, 23 octobre 1891, *Gaz. Pal.*, 1892.1, *Suppl.*, 20).

49. — La destruction d'un chien est licite quand cet animal, après avoir franchi le mur d'enceinte d'un parc à lapins, l'a parcouru d'un bout à l'autre. (Trib. Bordeaux, 4 mars 1879, S. 1879.2.102).

50. — Le garde particulier préposé à la surveillance d'une chasse peut, sans s'exposer à aucune responsabilité pénale ni civile, tuer un chien qu'il rencontre parcourant seul la chasse et y détruisant le gibier, alors surtout qu'il s'agit d'un chien inconnu, sans collier, et par cela seul, difficile à saisir. (Trib. corr. Melun, 27 décembre 1893, *Gaz. Trib.*, 13 février 1894).

51. — Le propriétaire d'un jardin clos de murs que des chiens envahissent nuitamment peut, pour défendre sa propriété et protéger ses cultures, tendre des pièges pendant la nuit seulement. Si un chien vient s'y prendre et y trouve la mort, cette destruction ne peut tomber sous l'application de l'article 479 § 1 du Code pénal. (Cass., 7 juillet 1871, *Pand.*, t. V, 1.33).

52. Volailles. — Aux termes de l'article 4 de la loi du

4 avril 1889 sur le Code rural, « celui dont les volailles passent sur la propriété voisine et y causent des dommages, est tenu de réparer ces dommages. Celui qui les a soufferts peut même tuer les volailles, mais seulement sur le lieu du dégât, et sans pouvoir se les approprier. »

53. Pigeons. — L'article 7 de la même loi donne aux propriétaires et fermiers le droit de tuer et s'approprier les pigeons qui seraient trouvés sur leurs fonds pendant le temps de la clôture des colombiers. En tout autre temps, les propriétaires et fermiers peuvent tuer les pigeons sur le lieu du dégât, mais sans se les approprier.

54. — Cependant, un propriétaire dans une ville, n'a pas le droit de tuer les pigeons qui viennent se reposer sur son toit et corrompre ses eaux, l'article 7 de la loi du 4 avril 1889 ayant pour but exclusif de protéger les exploitations rurales, et non une habitation de ville. (Trib. pol. Roye (Somme), 24 juillet 1896, *Pand.*, 1896.2.24).

55. Pigeons voyageurs. — Les pigeons voyageurs ne peuvent être considérés comme un gibier, puisque ce ne sont pas des animaux sauvages, mais bien des animaux domestiques qui ont un maître, qui habitent un colombier. Cependant, certains préfets n'ont pas hésité à parler de pigeons voyageurs dans leur arrêté réglementaire de la police de la chasse. Cette hérésie était provoquée par deux circulaires du ministre de l'intérieur aux préfets, l'une du 6 avril 1887, l'autre du 12 mars 1891. Dans la première, notamment, M. le ministre de l'intérieur s'exprimait ainsi : « Je vous prie de bien vouloir prendre un arrêté, à l'effet d'interdire dans votre département la capture et la destruction, en tous temps et par tous procédés, des pigeons voyageurs... cet arrêté visera la loi du 4 août 1789, la loi du 22 janvier 1874, l'arrêté, s'il y a lieu, qui régit la police de la chasse dans votre département. » Disons immédiatement que la mesure signalée par le ministre se justifiait par la nécessité de la protection des pigeons voyageurs. Mais il faut observer que le ministre commettait une grave erreur en voulant viser la loi sur la chasse, pour la protection d'animaux domestiques.

56. — Néanmoins, les préfets avaient obéi. Depuis le 6 avril 1887, ils inséraient dans leurs arrêtés sur la chasse des clauses interdisant la chasse aux pigeons voyageurs. Quelques-uns n'osaient pas imprimer le mot *chasse*, et se contentaient de dire que « la capture et la destruction en tous temps et par tous procédés, des pigeons voyageurs étaient formellement défendues ».

57. — Mais alors quelle était la sanction? Quel était le tribunal compétent en cas de poursuites? Puisque le préfet visait dans son arrêté la loi du 22 janvier 1874 qui a modifié la loi du 3 mai 1844 sur la chasse, le tribunal compétent devait être le tribunal correctionnel, et les peines celles de l'article 11, § 3, c'est-à-dire une amende de 16 à 100 francs, avec inscription au casier judiciaire.

58. — Si, au contraire, on considérait le pigeon voyageur comme un animal domestique, le délinquant ne pouvait être poursuivi que pour la contravention de dommage à la propriété mobilière d'autrui prévue et punie par l'article 479 du Code pénal d'une amende de 11 à 15 francs.

59. — La question avait été posée devant les tribunaux. Le tribunal civil de Troyes avait constaté que les pigeons voyageurs étaient des animaux domestiques. (Trib. Troyes, 3 juillet 1889, *Pand.*, 1890.1.522).

60. — La Cour de cassation n'hésita pas à casser ce jugement et déclara légal et obligatoire l'arrêté préfectoral pris en vertu des lois sur la chasse et interdisant la capture et la destruction des pigeons voyageurs. (Cass., 11 août 1890, *Pand.*, 1890.1.521).

61. — Cet arrêt, très justement critiqué par les jurisconsultes, ne fut pas le seul dans ce sens. Le tribunal de Valenciennes avait déclaré les pigeons voyageurs animaux domestiques et condamné à quinze francs d'amende un sieur Legrand qui avait tué un de ces oiseaux. (Trib. corr. Valenciennes, 11 octobre 1895, *Droit*, 23 janvier 1896).

62. — Sur appel du Procureur Général, la Cour de Douai, par arrêt du 15 janvier 1896, adopta la manière de voir du tribunal de Valenciennes et confirma le jugement. Le Procureur Général de Douai forma pourvoi contre cet arrêt, et la Cour de cassation cassa l'arrêt de Douai. « Attendu que l'article 9 de la loi du 3 mai 1844, complété par celle du 22 janvier 1874, porte ce qui suit : « Les préfets pourront prendre également des arrêtés : 1° pour prévenir la destruction des oiseaux ou pour favoriser leur repeuplement » ; que ce texte général et absolu ne distingue pas entre les différentes espèces d'oiseaux ; *qu'il suffit qu'il s'agisse d'oiseaux pouvant donner lieu à un fait de chasse pour que les dispositions relatives à la police de la chasse leur soient applicables ; que les pigeons voyageurs rentrent dans cette catégorie.* » (Cass., 16 avril 1896, *Pand.*, 1896.1.319).

63. — Et la Cour suprême renvoya la cause devant la Cour d'Amiens ; mais cette juridiction ne consentit pas à admettre la manière de voir erronée de la Cour de cassation et n'hésita pas à adopter la jurisprudence du tribunal de Valenciennes et de la Cour de Douai. (C. Amiens, 10 juillet 1896).

64. — Nouveau pourvoi et renvoi de l'affaire devant les Chambres réunies de la Cour de cassation. Cette fois, après rapport de M. le Conseiller Cotelle et conclusions de M. le Procureur Général Manau, la Cour suprême se déjugea : « Attendu que la loi du 3 mai 1844 et celle du 22 janvier 1874 qui en a modifié l'article 9, n'ont pas eu d'autre but que celui de réglementer la chasse, c'est-à-dire la poursuite et la capture des animaux qui, vivant à l'état sauvage et sans maître, deviennent la propriété de celui qui les prend ; que l'article 9, dans la protection dont il permet aux préfets de couvrir les oiseaux, et l'article 11, qui donne au précédent une sanction pénale, ne sauraient donc concerner les pigeons attachés à un colombier dont ils forment, aux termes des articles 524 et 564 du Code civil, une dépendance au point de vue de la propriété, ni par conséquent les pigeons voyageurs, dont le message pour le transport des dépêches est basé précisément sur leur esprit de retour sous le toit du maître qui les a élevés et qui les nourrit ; que la destruction de ces volatiles en dehors des circonstances où elle est permise par la loi sur la police rurale du 4 août 1889, ne peut constituer que le dommage à la propriété mobilière d'autrui, prévu par l'article 479 du Code pénal. » (Cass., 8 décembre 1896, *Pand.*, 1897.1.393).

65. — La question était donc définitivement jugée : le meurtre d'un pigeon voyageur était une contravention et non un délit.

66. Loi du 4 mars 1898. — Le 4 mars 1898, une loi modifiait l'article 6 de celle du 22 juillet 1896 relative aux colombiers de pigeons voyageurs et édictait « une amende de seize à cent francs sans préjudice de tous autres dommages-intérêts et de l'application, le cas échéant, des peines portées aux articles 454 et 401 du Code pénal contre toute personne qui, en n'importe quel lieu ou quel temps, par n'importe quel moyen, aura capturé ou détruit, ou tenté de capturer ou de détruire des pigeons voyageurs ne lui appartenant pas ». En cas de récidive, l'amende peut être portée au double et la peine d'emprisonnement de six jours à trois mois pourra être appliquée.

Les circonstances atténuantes peuvent être appliquées aux infractions prévues par cette loi.

67. Arrêtés préfectoraux. — Et cependant, depuis quatre

ans, avec une admirable ténacité, les préfets continuent à se baser sur les lois de 1844 et de 1874 pour interdire la chasse des pigeons voyageurs, et leurs arrêtés continuent à être illégaux.

68. — Dois-je dire qu'on ne tue pas, pour le plaisir de tuer, un pigeon voyageur ? Ceux qui tombent, atteints par un coup de feu, sont victimes d'une erreur : car rien n'est plus difficile que de reconnaître un voyageur, et ce malgré les termes de la circulaire ministérielle du 6 avril 1887 qui dit que « le chasseur reconnaîtra assez facilement le pigeon voyageur, oiseau de haut vol et de petite taille, pour ne pas les confondre avec les espèces domestiques ou sauvages ». Je fais des vœux pour que, grâce à ce signalement, le chasseur à qui la loi permet de tuer les pigeons sauvages, puisse distinguer ceux dont les fonctions postales lui commandent le respect.

69. Réparations civiles. — Celui qui tue un pigeon voyageur peut être condamné civilement à des dommages-intérêts envers le propriétaire de ce volatile. (Trib. civ. Valence, 17 avril 1888, *Loi*, 26 mai 1888).

ANIMAUX MALFAISANTS ET NUISIBLES

I. — Destruction.

II. — Battues administratives.

III. — Battues municipales.

70. Arrêtés préfectoraux. — Aux termes de l'article 9 de
la loi du 3 mai 1844, modifiée par celle du 22 janvier 1874,
ce sont les préfets qui, sur l'avis des conseils généraux, prennent des arrêtés pour déterminer les espèces d'animaux malfaisants ou nuisibles que le propriétaire, possesseur ou fermier pourra, en tout temps, détruire sur ses terres et les
conditions de l'exercice de ce droit. Ce droit n'est pas donné
directement par la loi, comme celui qui appartient au propriétaire ou au fermier de repousser et détruire les bêtes
fauves qui porteraient dommage à ses propriétés. Le premier,
celui qu'il s'agit d'examiner ici, émane de l'autorité administrative qui peut le modifier, l'étendre ou le restreindre. Il
consiste dans la faculté pour le propriétaire de détruire en
tout temps, en l'absence de tout dommage, sans permis de
chasse, les animaux classés par l'arrêté préfectoral comme
malfaisants ou nuisibles dans les conditions fixées par cet
arrêté. Le second, droit naturel, reconnu directement par la
loi, sera examiné V° *Bêtes fauves*.

71. Pouvoirs des maires. — Il faut dire immédiatement que
les maires, eux aussi, se sont vu attribuer des pouvoirs en
matière de destruction d'animaux nuisibles par l'article 90 de
la loi du 5 avril 1884.

72. Nomenclature des animaux nuisibles. — On classe généralement parmi les animaux malfaisants ou nuisibles :

Quadrupèdes : la belette, le blaireau, le chat sauvage, la fouine, le furet, l'hermine, le lapin de garenne, le loir, le loup, la loutre, la martre, le putois, le renard, le sanglier.

Oiseaux : l'aigle, l'autour, le balbusard, le bec croisé, la bondrée, le busard, la buse, le chat-huant, le choucas, la chouette, le circaète, le corbeau, le cormoran, la corneille, le duc, l'étourneau, l'épervier, le faucon, le fou, le geai, le goëland, le grèbe, le gypaète, le harle, le hibou, le jean-le-blanc, le milan, la phène, la pie, la pie-grièche, le pétrel, les pigeons sauvages, le plongeon, le pygargue, le saint-martin, la soubuse, le vautour.

73. Autorité préfectorale et Conseil général. — Mais ces listes ne peuvent suppléer à celle dressée dans l'arrêté préfectoral, et les tribunaux ne peuvent considérer comme malfaisants et nuisibles que les animaux classés comme tels. L'arrêté préfectoral aurait-il omis le loup ou le renard, le fait de tirer un de ces animaux après la fermeture de la chasse constituerait un délit. C'est donc au conseil général, sur l'avis duquel le préfet agit, à intervenir pour faire classer tel ou tel animal comme malfaisant ou nuisible. Mais le préfet n'est pas tenu de statuer conformément à cet avis. L'article 9 n'a pas soumis à l'approbation du ministre de l'intérieur les arrêts en question. Ces arrêtés sont exécutoires de plein droit et sans approbations. « Toutefois, disait le ministre de l'intérieur aux préfets dans sa circulaire du 20 mai 1844, vous savez que tous les actes de l'administration préfectorale ne s'exercent que sous l'autorité et le contrôle des ministres responsables ; ce principe est toujours réservé sans qu'il soit nécessaire de l'exprimer dans chaque loi spéciale. Vous devez donc m'adresser exactement une ampliation de tous les arrêtés que vous prendrez dans les différents cas prévus par l'article 9, afin que je puisse examiner si ces actes sont conformes à l'ensemble de la législation, et vous adresser, au besoin, telles observations qu'il appartiendrait. »

74. Droit du propriétaire. — La loi dit formellement que le droit de détruire les animaux nuisibles appartiendra au propriétaire, possesseur ou fermier. En se reportant aux travaux préparatoires, on voit que le législateur a entendu accorder sans conteste le même droit à l'usufruitier, à l'amphytéote, à tous ceux, en un mot, qui représentent le propriétaire à un titre quelconque, soit par délégation, soit par la force de la loi.

75. Droit du garde. — Le garde jouira des mêmes avantages. C'est ce qui résulte formellement d'une observation de M. Franck-Carré qui déclara à la Chambre des pairs que le garde était le représentant du propriétaire, et quand on écrit le propriétaire, on écrit le garde puisque le garde représente directement, essentiellement le propriétaire.

76. Fermier de culture et fermier de chasse. — Une question controversée est celle de savoir si par *fermier*, il faut entendre aussi le fermier, le locataire de la chasse. On a prétendu, et c'est notamment la thèse développée dans la circulaire du ministre de l'intérieur en date du 22 juillet 1851, que l'intérêt agricole seul avait motivé la disposition législative dont il s'agit, et que le locataire de la chasse, n'ayant pas de récoltes à protéger, ne pouvait être considéré comme fermier dans le sens de la loi. Cette théorie est absolument inexacte. Le locataire de la chasse est intéressé à détruire tous les animaux carnivores qui dévorent son gibier.

77. Délégation. — La jurisprudence reconnaît aux propriétaires ou fermiers la faculté de déléguer à des tiers l'exercice du droit de destruction, mais dans la mesure où ils le tiennent de la loi, c'est-à-dire conformément aux prescriptions de l'arrêté préfectoral. Dès lors doit être reconnu coupable du délit de chasse sans permis le garde particulier qui chasse sans permis le lapin sur les terres confiées à sa garde, et ce avec l'autorisation écrite du propriétaire, alors qu'il est constant que ce dernier ne se trouvait pas dans les conditions déterminées par les arrêtés préfectoraux pour la chasse des lapins.(C. Bourges, 18 décembre 1894, *Gaz. Pal.*, 1895.1.100).

78. Délégation verbale. — La délégation des tiers peut être donnée verbalement et la preuve peut en être fournie par tous les modes de droit commun. (Trib. corr. Pau, 21 mars 1900, *La Loi*, 27 avril 1900).

79. Délégation tacite. — Cette délégation peut être tacite et résulter notamment de ce fait que le propriétaire accorde une prime par animal détruit. (Trib. corr. Coulommiers, 22 avril 1884, *Gaz. Pal.*, 1884.2, *Supp.*, 60).

80. Limitation du droit de destruction. — Mais il incombe, en ce cas, tant aux propriétaires ou fermiers qu'à leurs délégués qui prétendent faire usage de l'exercice de ce droit de destruction, de prendre les précautions nécessaires pour limiter aux seuls animaux nuisibles les actes de chasse constatés à leur charge. Dans le département de la Vienne, un arrêté du préfet avait autorisé les propriétaires ou fermiers à détruire, en toute saison, les lapins à l'aide des pièges en usage, des armes à feu ou au moyen de furets et de bourses. C'est ainsi qu'un propriétaire délégua son droit à un sieur M. muni d'ailleurs d'un permis de chasse. Mais la chasse du terrain sur lequel il fut surpris armé d'un fusil et accompagné d'un chien, n'appartenait plus au propriétaire du sol, et avait été affermée à un tiers. La Cour de Poitiers, infirmant un jugement du tribunal correctionnel de Poitiers du 24 février 1897, déclara « qu'il est constant en droit et en jurisprudence, qu'il ne saurait être permis à qui que ce soit, de se livrer au plaisir de la chasse sans l'autorisation du détenteur du droit de chasse, sous prétexte de la destruction des animaux nuisibles ; que toutes les fois qu'il n'apparaît pas que le propriétaire, le fermier ou leur délégué ont pris les précautions nécessaires pour limiter aux seuls animaux nuisibles les actes de chasse constatés à leur charge, ils doivent en subir les conséquences civiles et pénales ; qu'il est établi que M. a chassé avec chien et fusil sur les terres affermées à X ; que non seulement il est établi que M. n'a pris aucune précaution pour limiter aux seuls animaux nuisibles l'action de ces divers moyens de chasse, il résulte au contraire et nécessairement de l'emploi qu'il en faisait, et particulièrement du chien qui l'accompagnait, que tout autre gibier, pouvait en souffrir ; qu'il importe peu, dès lors, que M. n'ait pas été surpris en flagrant délit de destruction de ce gibier ; qu'il n'avait pas obtenu du détenteur légitime du droit de chasse l'autorisation qui pouvait seule l'habiliter à se livrer à des actes de chasse sur ce terrain. » (C. Poitiers, 14 mai 1897, *Gaz. Pal.*, 1897.2. 206).

81. Justification à fournir. — Jugé dans le même sens que celui qui, trouvé chassant sans permis, invoque un arrêté préfectoral autorisant tout propriétaire à détruire les lapins sur ses terres, invoque une exception, doit en conséquence en faire la preuve et démontrer qu'il ne chassait que les lapins. (Trib. corr. Albi, 19 décembre 1885, *La Loi*, 24 juin 1886).

82. Stricte exécution de l'arrêté. — La destruction des animaux nuisibles ne peut donc avoir lieu que dans les strictes limites des termes de l'arrêté préfectoral. Si donc cet arrêté porte « que les propriétaires, possesseurs ou fermiers et les adjudicaires des chasses communales ou domaniales ou leurs co-fermiers sont autorisés à procéder, dans la limite de leurs droits respectifs et jusqu'au 15 avril inclusivement, à la destruction des animaux malfaisants ou nuisibles soit au moyen de traques ou battues, soit à l'aide de chiens ou de fusils ; que ces destructions ne pourront avoir lieu que par autorisation spéciale délivrée par le préfet sur l'avis des maires des communes sur le territoire desquelles elles devront être effectuées », un propriétaire n'a pas le droit de détruire, le 9 juillet, à l'aide de fusil, des lapins sur sa propriété. (C. Paris, 17 février 1899, *Gaz. Pal.*, 1899.1.456).

83. Modes et instruments de destruction. — Mais si l'arrêté préfectoral, tout en autorisant la destruction en tout temps et sans permis de chasse des animaux nuisibles, ne stipule pas formellement comme licite l'emploi des armes à feu, cette destruction ne pourra avoir lieu qu'au moyen des pièges usités, et spécialement la destruction des lapins ne pourra se faire qu'avec des bourses et des furets. (Trib. corr. Dreux, 28 décembre 1891, *Gaz. Pal.*, 1892.1.196).

84. Travail de pioche. — Dans ce cas, ne commettent pas un délit de chasse les propriétaires ou fermiers qui, pour détruire les lapins, les déterrent et les capturent au terrier en remplaçant le furet par un travail de pioche, et la bourse par l'action ou l'obstacle de leurs mains réunies. (Trib. corr. Mayenne, 21 mai 1897, *Rec. Angers*, 1897.380).

85. Nuit. — Quand l'arrêté préfectoral porte que le propriétaire ou fermier pourra détruire *en tout temps* les animaux nuisibles sur ses terres, il est incontestable que cette destruction peut avoir lieu en temps de chasse prohibée ou non, *pendant la nuit* comme pendant le jour. C'est là un droit que le propriétaire tient directement de la loi ; l'autorité préfectorale peut en réglementer les conditions, mais non le temps. (C. Douai, 22 mars 1886, *Gaz. Pal.*, 1886.1.685 ; Cass., 11 avril 1877, S. 1878.2.101).

86. Emploi de pièges. — L'arrêté préfectoral qui autorise les propriétaires et fermiers à se servir, pour la destruction des animaux nuisibles sur leurs propriétés de « pièges et autres moyens en usage », ne saurait viser que les pièges et moyens ordinairement licites et notamment ceux qui ont été spécialement indiqués dans des décisions administratives, mais non toute espèce de pièges ou moyens capables de détruire les animaux malfaisants, et notamment des engins prohibés comme les collets. (Trib. corr. du Mans, 8 janvier 1885, *Gaz. Pal.*, 1885.1.290).

87. Fausses trappes. — Le propriétaire ou fermier ne peut, non plus, sous prétexte de destruction des animaux nuisibles, se livrer en temps prohibé, et par des moyens plus ou moins déguisés, à de véritables actes de chasse. Il en serait ainsi, si le propriétaire, pour rendre ses chasses plus fructueuses, entourait ses champs d'un grillage muni d'un bas-volet avec des fausses trappes permettant au gibier de pénétrer sur le fonds sans pouvoir en sortir, et tuait ensuite les lapins, ainsi prisonniers, à coups de bâtons et avec l'aide de chiens. L'exception de l'article 9 a été introduite dans la loi par le législateur pour favoriser la destruction des animaux qui causent des dégâts sur le fonds, et non pour procurer au propriétaire le plaisir de la chasse d'une façon permanente. (Trib. corr. Corbeil, 9 mai 1900, *Gaz. Pal.*, 1900.2.23).

88. Filets. — En revanche, aucun texte n'interdit au propriétaire qui détruit les lapins, de tendre à l'extrémité de sa propriété, un filet ayant pour but et résultat unique de forcer ces animaux à rebrousser chemin vers le chasseur qui reste obligé de se servir de son fusil pour les atteindre. C'est là, d'ailleurs, une application de la jurisprudence aux termes de laquelle ne sont considérés comme engins prohibés que ceux qui procurent d'eux-mêmes la mort ou la capture du gibier. (V. V° *Engins prohibés* ; Trib. corr. Valenciennes, 26 septembre 1884, *Gaz. Pal.*, 1884.2.546).

89. Battues autorisées par l'administration préfectorale. — Aux termes de l'arrêté du 19 pluviôse an V, des battues peuvent être ordonnées par le préfet pour la destruction dans les forêts nationales et dans les campagnes des loups, renards, blaireaux et autres animaux nuisibles. La destruction des animaux nuisibles sur le terrain d'autrui, sans le consentement du propriétaire ne peut donc avoir lieu qu'en vertu d'un arrêté préfectoral ordonnant une battue, ou en vertu d'une autorisation particulière délivrée par le préfet. Le règlement du 1ᵉʳ germinal an XIII qui a créé les officiers de louveterie et celui du 20 avril 1814 qui l'a abrogé et le remplace ont dérogé à cette règle, mais seulement en ce qui concerne les loups, et ce, à cause du caractère dangereux de ces animaux. Le lieutenant de louveterie, qui veut chasser le sanglier sur le terrain d'autrui et sans le consentement du propriétaire, doit obtenir l'autorisation préfectorale, et ne peut opérer la battue d'une façon licite que sur le territoire où il est autorisé exceptionnellement à faire cette battue. De plus, la faculté accordée aux préfets par l'arrêté du 19 pluviôse an V d'autoriser des battues dans les bois des particuliers étant une atteinte portée, dans l'intérêt général, au droit de propriété qui comprend le droit de chasse, le législateur a exigé que ces battues fussent exécutées sous la direction et la surveillance des agents forestiers. (Cass., 18 janvier 1879, *Pand.*, VI.1.43).

90. Surveillance des agents forestiers. — Par les mots *agents forestiers*, le législateur entend non pas les brigadiers ou simples gardes forestiers, mais les fonctionnaires de l'administration des eaux et forêts, c'est-à-dire les conservateurs, inspecteurs, ou sous-inspecteurs. Le lieutenant de louveterie ou la personne chargée de la direction de la battue doivent donc informer l'administration forestière en temps utile de la date et du lieu de la battue. Cette formalité accomplie, la battue est licite alors même que le sous-inspecteur des forêts n'y serait pas présent ou représenté par le brigadier ou garde forestier qu'il peut valablement déléguer. (Cass., 30 mai 1895, *Gaz. Pal.*, 1896.1.6 ; C. Rennes, 20 novembre 1895, *Gaz. Pal.*, 1896 1.9).

91. Acte initial. — L'arrêté du 19 pluviôse an V interdisant la battue administrative quand elle a lieu sans la direction, l'inspection ou la surveillance des agents forestiers, le fait de faire le bois dans la propriété d'autrui en vue d'une battue qui doit s'y pratiquer le lendemain, constitue un acte initial qui doit être déclaré illicite si le piqueur, en faisant le bois, n'était accompagné d'aucun agent forestier. (Cass., 29 juin 1889, *Gaz. Pal.*, 1890.1.246 ; C. Orléans, 12 novembre 1889, *Gaz. Pal.*, 1890.1.246).

92. Expropriation du droit de chasse. — Contrairement à ce qui a lieu pour les battues organisées par les maires en vertu de l'article 90 de la loi du 5 avril 1884, point n'est besoin de notifier l'arrêté préfectoral prescrivant une battue aux propriétaires ou locataires de chasse intéressés. Il y a là une véritable expropriation momentanée du droit de chasse à laquelle les propriétaires ne peuvent se soustraire.

93. Séparation des pouvoirs. — Le propriétaire de la chasse ou le détenteur de ce droit ne peut se pourvoir devant les tribunaux de l'ordre judiciaire qui, en vertu du principe de la séparation des pouvoirs, sont incompétents pour apprécier un acte administratif. (Cass., 21 janvier 1864, D. P. 1864.1. 321).

94. Pourvoi devant le ministre. — Le détenteur du droit de chasse ne peut donc que se pourvoir, par voie gracieuse, devant le ministre de l'intérieur pour lui exposer ce que la mesure prise par le préfet peut avoir d'injustifié. Il peut appuyer son recours au moyen des attestations constatant que le nombre des animaux nuisibles n'est pas exagéré, et surtout le grand nombre de battues effectuées par lui-même. Mais ce recours au ministre ne peut produire un effet immédiat, et la battue administrative a lieu cependant pour la plus grande satisfaction de ceux qui l'ont sollicitée.

95. Traqueurs et tireurs. — Les traqueurs et les tireurs dont le concours est nécessaire à l'exécution de la battue viennent généralement sur l'invitation qui leur en est adressée par le lieutenant de louveterie. Mais, en cas de refus de leur part, ils peuvent être requis par le maire sous peine d'une amende de 10 fr. édictée par les arrêts du conseil du 26 février 1697 et 14 janvier 1698.

96. Adjudicataires. — Quand la battue administrative se fait dans une forêt appartenant à l'Etat ou à une commune, les adjudicataires des chasses doivent, aux termes des ordonnances du 24 juillet 1832 et 20 juin 1845, concourir à cette battue. Et s'ils n'obtempèrent pas à la requisition dont ils sont l'objet, ils tombent sous le coup de l'article 11 § 5 de la loi du 3 mai 1844 qui édicte une peine de 16 à 100 francs contre les fermiers de la chasse, soit dans les bois soumis au régime forestier soit sur les propriétés dont la chasse est louée au profit des communes ou établissements publics, qui auront contrevenu aux clauses et conditions de leurs cahiers de charges relatives à la chasse. Ce fait constitue donc non plus une contravention, mais un délit.

97. Lieutenants de louveterie. — Lorsqu'un arrêté préfectoral a ordonné des chasses et battues et a chargé deux lieutenants de louveterie, ainsi que des agents de l'administration des forêts de les diriger, il n'est pas contrevenu à cet arrêté par le fait que le second lieutenant de louveterie n'a pas été convoqué pour remplacer le premier qui se trouvait empêché, et la battue a été régulièrement dirigée par l'agent forestier. (Trib. corr. Bourges, 15 juin 1892, *La Loi*, 25 juillet 1892).

98. Assistance de l'agent forestier. — Le lieutenant de louveterie qui procède, en vertu d'un arrêté préfectoral, à une battue aux sangliers, sans se conformer aux conditions de cet arrêté, notamment en ne se faisant pas assister par un agent de l'administration des forêts, est passible des peines prévues par l'article 11 de la loi du 3 mai 1844. (Trib. corr. Caen, 13 novembre 1890, *Rev. Eaux et Forêts*, 1891-95).

99. Direction de la battue. — Quand l'arrêté préfectoral, en prescrivant une battue, n'indique pas quel en sera le directeur, ce sera le lieutenant de louveterie. A son défaut, ce sera l'agent forestier conformément à l'article 4 de l'arrêté du 19 pluviôse an V : « Les battues ordonnées seront exécutées sous la direction et la surveillance des agents forestiers ». Le préfet peut cependant confier la direction de la battue à un chasseur, au maire qui peut se faire remplacer par un adjoint, ou même par un conseiller municipal. Ces désignations sont regrettables et doivent être exceptionnelles. Le lieutenant de louveterie a l'autorité nécessaire pour semblable direction qui exige un sang-froid et une énergie capables d'aboutir à un résultat tout en évitant les accidents.

100. Emploi des chiens. — Bien qu'à la différence de la chasse, la battue ne comporte pas l'emploi de chiens, mais de traqueurs, les préfets peuvent permettre d'employer des chiens dans une battue, mais il faut que ce point soit nettement précisé dans leurs arrêtés, une chasse avec chiens pouvant être beaucoup plus préjudiciable au gibier qu'une battue proprement dite. (Cass., 30 mai 1895, *Gaz. Pal.*, 1896.1.6).

101. Animaux à détruire. — L'arrêté du 19 pluviôse an V vise les « loups, renards, blaireaux et autres animaux nuisibles ». On admet généralement que parmi les animaux nuisibles que cet arrêté ne désigne pas nominativement il faut comprendre le sanglier dont la multiplicité justifie des arrêtés préfectoraux permettant des battues pour parvenir à leur destruction. Mais ces battues ne peuvent pas être dirigées contre les cerfs qui ne sont pas des animaux nuisibles au sens de l'arrêté du 19 pluviôse an V. (Cons. d'Etat, 3 août 1888, *France jud.*, 1888.357).

102. — Ces battues ne peuvent davantage être dirigées contre les lapins et l'arrêté préfectoral qui ordonne la destruction de ces animaux en se basant sur l'arrêté du 19 pluviôse an V, est entaché d'excès de pouvoir. (Cons. d'Etat, 1er avril 1881, *Pand.*, VI, 3.30).

103. Pouvoirs de l'autorité municipale. — L'autorité municipale a été investie de pouvoirs étendus quant à la distinction des animaux nuisibles par la loi du 5 avril 1884 relative à l'organisation municipale. L'article 90 de cette loi est ainsi conçu : « Le maire est chargé sous le contrôle du conseil municipal et la surveillance de l'administration supérieure : de prendre de concert avec les propriétaires ou les détenteurs du droit de chasse dans les buissons, bois et forêts, toutes les mesures nécessaires à la destruction des animaux nuisibles désignés dans l'arrêté du préfet pris en vertu de l'article 9 de la loi du 3 mai 1844 ; de faire pendant le temps de neige, à défaut des détenteurs du droit de chasse à ce dûment invités, détourner les loups et sangliers remis sur le territoire ; de requérir, à l'effet de les détruire, les habitants avec armes et chiens propres à la chasse de ces animaux ; de surveiller et d'assurer l'exécution des mesures ci-dessus et d'en dresser procès-verbal. » Il faut voir dans ce texte deux sortes d'attributions absolument distinctes que j'examinerai successivement : 1º destruction des animaux classés comme malfaisants ou nuisibles par l'arrêté préfectoral ; 2º destruction des loups et sangliers en temps de neige.

104. Animaux nuisibles. — Pour commenter l'article 90 de la loi du 5 avril 1884, il n'est pas possible de recourir aux travaux préparatoires, le paragraphe 9 ayant été introduit sous forme d'amendement au texte primitif et n'ayant été l'objet d'aucun débat. On ne peut donc que se reporter au texte même, et à la circulaire du ministre de l'intérieur aux préfets, en date du 4 décembre 1884. Il résulte de ces deux textes que le maire ne peut prendre des mesures pour détruire les animaux nuisibles que dans les buissons, bois et forêts, à l'exclusion des plaines.

105. Procédés et modes de destruction. — En chargeant les maires de prendre « toutes les mesures nécessaires à la destruction des animaux nuisibles »,la loi a entendu leur permettre d'autoriser, sans excès de pouvoir, l'emploi de moyens différents de ceux qui ont été déterminés par l'arrêté préfectoral. « Les procédés les plus communément usités, dit la circulaire du 4 décembre 1884, sont les pièges, le poison et les armes à feu. Certains animaux peuvent être enfumés dans leurs terriers. Il n'est pas douteux qu'en chargeant les maires de se concerter avec les propriétaires pour prendre « toutes les mesures nécessaires » le législateur n'ait visé tous les procédés de destruction sans en excepter un seul. » (Cons. d'Et., 8 août 1890. D. P. 1892.2.39 ; C. Rouen. 22 février 1886, *Droit*, 24 février 1886).

106. Battues municipales. — Il est donc indiscutable que le maire peut organiser des battues, et l'autorisation donnée par ce magistrat peut être verbale, aucune disposition législative n'exigeant qu'elle soit donnée sous la forme d'un arrêté. Le maire peut même, pour rendre une battue aux lapins plus efficace, autoriser l'emploi des panneaux. Ainsi qu'on l'a fait remarquer, « l'innovation introduite par la loi de 1884 aurait été sans intérêt, si elle n'avait visé comme moyen de destruction de lapins que les bourses et furets mentionnés dans l'article 9 de la loi de 1884 puisque, aux termes de cette dernière disposition, tout porteur d'un permis de chasse pouvait déjà prendre des lapins à l'aide de bourses et de furets. » (Cass., 12 juin 1886, D. P. 1887.1.45).

107. Emploi de pièges et engins. — Les maires peuvent donc, l'article 90 de la loi du 5 avril 1884 leur ayant laissé une latitude absolue pour le choix des mesures nécessaires à la destruction, autoriser l'emploi de collets, pièges à planche, trébuchets, etc., pour la destruction des lapins ; mais ils doivent se renfermer étroitement dans les termes de la loi et se conformer strictement à ses prescriptions. Il faut qu'ils se trouvent en présence des propriétaires ou des détenteurs du droit de chasse dans les buissons, bois et forêts avec lesquels ils se sont concertés sur les mesures à prendre dont ils doivent surveiller l'exécution. Les maires ne pourront donc jamais, sans excéder leur droit et sans violer la loi, prendre d'une manière générale et permanente et pour une durée indéterminée les mesures permises par l'article 90, car ils ne pourraient en surveiller l'exécution. (Trib. corr. Evreux, 25 février 1892, *Pand.*, 1893.2.25).

108. **Entente avec les détenteurs du droit de chasse.** — Si, dans la forêt où doit avoir lieu la battue, le droit de chasse à tir et le droit de chasse à courre ne sont pas détenus par la même personne, le maire doit agir de concert avec l'un et l'autre de ces détenteurs, tous deux pouvant subir un préjudice par suite de battue aux animaux nuisibles. (C. Amiens, 26 novembre 1885, *Gaz. Pal.*, 1886.1, *Suppl.*, 127).

109. **Opposition des adjudicataires.** — Les termes de l'article 90 édictant que les mesures ordonnées par les maires doivent être prises « de concert avec les propriétaires ou les détenteurs du droit de chasse dans les buissons, bois et forêts » rendent ces dispositions à peu près illusoires, puisque, ainsi que le constate la circulaire du 4 décembre 1884, l'opposition des parties intéressées peut empêcher les battues de cette espèce. Si donc l'adjudicataire de la chasse se charge de faire des battues pour détruire les animaux nuisibles, point n'est besoin de l'intervention du maire. Si l'adjudicataire n'agit pas par lui-même, le maire ne peut l'y contraindre, puisqu'il suffira à l'adjudicataire d'opposer un refus formel. Les abus ne sont donc pas à craindre.

110. **Circonscription communale.** — En tous cas, des maires ne relèvent que les battues ne dépassant pas les limites de la circonscription communale ; si elles devaient porter sur les territoires de plusieurs communes, seul le préfet pourrait les ordonner. L'administration forestière n'aurait à intervenir dans ces battues que si elles étaient exécutées dans les forêts soumises à son régime.

111. Remise des loups et sangliers. — La seconde mission donnée aux maires par l'article 90 de la loi du 5 avril 1884, est de « faire pendant le temps de neige, à défaut des détenteurs du droit de chasse à ce dûment invités, détourner les loups et sangliers remis sur le territoire, et requérir, à l'effet de détruire ces animaux, les habitants avec armes et chiens propres à les chasser ». La circulaire ministérielle du 4 décembre 1884 ajoute : « les battues ordonnées par le maire, soit en temps ordinaire, soit en temps de neige, demeurent naturellement placées sous sa surveillance. Il lui appartient donc de veiller à ce qu'elles ne soient pas détournées de leur objet, et ne servent pas de prétexte pour commettre des délits de chasse. Il prendra soin que la direction en soit remise en bonnes mains, soit qu'il désigne lui-même le chasseur chargé de conduire les opérations, soit qu'il en laisse le choix au propriétaire intéressé. »

112. Mise en demeure. — Ici encore, la loi, soucieuse du respect de la propriété, exige la mise en demeure préalable adressée au détenteur du droit de chasse d'avoir à détourner les sangliers et loups de ses bois, ou même des buissons de la plaine, car il est à remarquer qu'il s'agit de tout « le territoire » de la commune et non plus seulement, comme dans la disposition précédente, des « buissons, bois et forêts ». Comment doit se faire la mise en demeure ? « Il ne suffit pas, répond à cette question le tribunal de Langres, que les propriétaires des bois ou les adjudicataires des chasses soient invités à détruire les loups et les sangliers, il faut qu'ils le soient *dûment,* expression empruntée par la loi au langage de la procédure et qui signifie que la mise en demeure doit être faite suivant les formes de droit commun ; il est donc nécessaire : 1º que cette mise en demeure soit constatée par écrit, c'est-à-dire par un arrêté du maire, et cela, afin que, conformément à un principe général de droit administratif, les intéressés puissent exercer un recours soit hiérarchique soit contentieux contre cet arrêté ; 2° que cette mise en demeure soit publiée, c'est-à-dire notifiée aux intéressés suivant un mode quelconque, mais de façon à ce qu'elle leur soit certainement connue ; 3° qu'entre l'invitation de détruire les fauves et les battues municipales, il s'écoule un délai suffisant pour permettre aux intéressés de faire droit aux injonctions du maire. » (Trib. corr. Langres, 2 mai 1885, *Gaz. Pal.*, 1885.1. 688).

113. Invitation suffisante. — Ce jugement a été vivement critiqué ; il est certain qu'une telle jurisprudence rendrait à peu près impossible les battues municipales, sauf dans le cas de temps de neige persistant, et qu'on ne peut exiger d'un maire, en cas d'urgence, une série d'actes administratifs susceptibles de recours. Je n'hésite pas à partager la manière de voir nettement exprimée devant la chambre criminelle de la Cour de cassation par M. le conseiller Sallantin qui estime qu'un arrêté du maire serait, sans doute, le mode de procéder le plus régulier, mais qu'il n'est pas prescrit par la loi, et que si le maire justifie qu'il a invité d'une manière quelconque le propriétaire de la chasse à détourner les loups ou sangliers, la battue qu'il a ordonnée est régulière. (Cass., 12 juin 1886, *Gaz. Pal.*, 1886.2.277).

114. Délai. — Il faut donc admettre que l'invitation adressée par le maire au détenteur du droit de chasse d'avoir à détourner les loups ou sangliers peut être faite par lettre recommandée, et un délai de trois jours est largement suffisant pour permettre au destinataire d'obtempérer à cette invitation.

115. Compétence. — Le fait du maire qui procède à une battue municipale sans avoir mis en demeure le détenteur de la chasse d'y procéder lui-même, constitue non un acte administratif, mais un fait personnel, et dès lors c'est la juridiction correctionnelle qui est compétente pour en apprécier la nature et les conséquences. (Cass., 12 juin 1886, *Gaz. Pal.*, 1886.2. 277 ; C. Bourges, 30 décembre 1886, *Pand.*, 1887.2.194).

116. Responsabilité pénale des tireurs. — Quelle est la situation des citoyens qui ont pris part, sur la convocation du maire, à une battue municipale irrégulière qui constitue à la charge de ce magistrat un délit de chasse ? Il faut distinguer. Si le maire s'est contenté d'*inviter* ses concitoyens à une battue qu'ils ont considérée comme une véritable partie de chasse, et à laquelle ils se sont rendus spontanément, ces chasseurs ont incontestablement commis le délit de chasse sur le terrain d'autrui sans le consentement du propriétaire. Car en matière de chasse, la bonne foi des délinquants ne suffit pas pour les mettre à l'abri des condamnations qu'ils ont encourues, s'ils ont librement et volontairement chassé. (C. Bourges, 30 décembre 1887, *Pand.*, 1887.2.194).

117. Tireurs requis. — Mais il en est autrement si chacun des chasseurs n'a fait que se rendre à une véritable réquisition dans le sens légal du mot, à laquelle il était tenu d'obéir sous peine de contravention à l'article 475 § 12 du Code pénal. En ce cas, il est évident que les chasseurs ainsi réquisitionnés sont parfaitement excusables.

APPEAUX, APPELANTS, CHANTERELLES

118. Article 12. — Aux termes de l'article 12 de la loi du 3 mai 1844, § 6, « seront punis d'une amende de 50 à 200 francs et pourront en outre l'être d'un emprisonnement de 6 jours à deux mois, ceux qui auront chassé avec appeaux, appelants ou chanterelles ».

119. Définition. — Les appeaux sont des sifflets ou instruments du même genre avec lesquels on imite le cri des animaux et surtout des oiseaux pour les attirer. Les appelants ou chanterelles sont des oiseaux en cage dont les cris ou les chants attirent leurs congénères. Ces définitions ne sont pas inutiles, car un arrêtiste prenant le Pirée pour un homme et la chanterelle pour un engin, s'étonne que la Cour de cassation proclamant délit l'emploi d'une chanterelle, n'en ait pas ordonné la confiscation.

120. Détention licite. — Les appeaux, appelants ou chanterelles constituent des moyens de chasse interdits, mais leur détention n'est pas illicite au domicile ; il faut en conclure que leur usage est permis au propriétaire qui, usant de la faculté qui lui est conférée par l'article 2 de la loi du 3 mai 1844, chasse sur les possessions attenantes à son habitation et entourées d'une clôture continue, les appelants ne servant qu'à attirer le gibier et non à l'appréhender. (C. Nîmes, 20 janvier 1898, *Gaz. Pal.*, 1898.1.367 ; Trib. corr. Valence, 29 décembre 1882, *Gaz. Pal.*, 1884.1.86).

121. Procédés. — Si, en principe, et ailleurs que dans un enclos attenant à une habitation, l'usage des appeaux et celui des appelants ou chanterelles est interdit par l'article 12, l'article 9 donne le droit aux préfets « de prendre des arrêtés pour déterminer l'époque de la chasse des oiseaux de passage et *les procédés de cette chasse* » (V. V° *Oiseaux de passage*).

122. Canard domestique. — Un préfet peut donc valablement autoriser, conformément à l'article 9 de la loi du 3 mai 1844 l'emploi du canard privé, comme appelant, pour la chasse du canard sauvage. (Cass., 16 juin 1848, *Pand.*, III, 1.109).

123. Appelants congénères. — Certains tribunaux ont jugé que l'arrêté préfectoral qui permet la chasse d'oiseaux déterminés avec filets et à l'aide d'appeaux ou d'appelants doit être interprété en ce sens que les appelants autorisés ne peuvent être exclusivement que les congénères des oiseaux que l'on peut chasser. Commettrait donc le délit de chasse avec engins prohibés celui qui serait surpris chassant le sansonnet en se servant de vanneaux pour appelants, alors même qu'il paraîtrait établi que le vanneau peut attirer le sansonnet, parce qu'il attire surtout le vanneau, oiseau dont la chasse n'est pas permise dans les mêmes conditions par l'arrêté préfectoral. (C. Nîmes, 23 décembre 1897, *Gaz. Trib.*, 1898, 2ᵉ partie, 1.351).

124. — Mais cette manière de voir n'est pas admissible ; on ne peut juridiquement condamner quelqu'un pour avoir attiré tel ou tel genre d'oiseau. Pour prononcer une condamnation justifiée, il eut fallu établir qu'à l'aide de l'appelant vanneau, le prévenu avait capturé un ou des vanneaux. Et c'est avec raison qu'il a été jugé que lorsqu'un arrêté préfectoral a autorisé la chasse aux sansonnets à l'aide de filets, appeaux et appelants, sans spécifier que l'on devra employer exclusivement des congénères pour attirer les sansonnets, l'emploi de vanneaux empaillés est licite, et l'article 12 de la loi du 3 mai 1844 ne serait applicable que s'il était démontré que le prévenu a capturé d'autres oiseaux que ceux qui ont été exceptés par ledit arrêté. (Trib. corr. Aix, 5 novembre 1896, *Gaz. Pal.*, 1897.1. *Suppl.*, 18).

125. Emploi de la main comme appeau. — Ne commet pas de délit la personne qui se sert de la main comme d'un appeau pour attirer le gibier. (Trib. corr. Périgueux, 8 décembre 1886, *Gaz. Trib.*, 15 décembre 1886).

BAUX DE CHASSE

III. — Propriétés des établissements publics.

IV. — Fleuves et rivières.

V. — Baux entre particuliers, 140.

126. Propriétés de l'Etat. — On verra, V° *Terrains de chasse*, que le droit de chasse sur les terrains appartenant à l'Etat et notamment les forêts est affermé et mis en adjudication. C'est la loi du 24 avril 1833 qui autorise cette mise en valeur qui, d'autre part, est réglementée par une ordonnance du 20 juin 1845 toujours en vigueur.

Le cahier des charges varie peu. On en trouvera le texte plus loin.

127. Propriétés des communes. — Les communes ne doivent pas permettre de chasser gratuitement sur leurs propriétés quand elles peuvent tirer un profit de la location de ce droit. Mais aucun mode de mise en valeur ne leur est imposé, et elles peuvent le mettre en adjudication, le louer de gré à gré, ou donner des permissions de chasse moyennant une redevance.

Le plus souvent, le droit de chasse est loué par voie d'adjudication. (V. le texte du cahier des charges).

128. Adjudication du droit de chasse. — L'adjudication
du droit de chasse sur des biens communaux est nulle quand
elle a lieu sur une mise à prix réduite par le maire sans autorisation du conseil municipal, et en violation du cahier des
charges. (C. Paris, 29 juin 1891, D. P. 1892.2.614).

129. Maire adjudicataire. — Aux termes de l'article 1596
du Code civil, les administrateurs ne peuvent se rendre adjudicataires, sous peine de nullité, des biens des communes
confiés à leurs soins. Mais cet article ne vise que l'aliénation
proprement dite d'un bien communal et ne saurait s'appliquer à la seule location. D'ailleurs les incapacités sont de
droit étroit. Il faut donc admettre que le maire peut valablement se porter adjudicataire de la chasse des bois communaux
et friches de sa commune. (Trib. civ. Châtillon-sur-Seine,
21 mars 1899, *Gaz. Pal.*, 1899.2.18).

130. Compétence. — C'est l'autorité judiciaire qui est compétente pour statuer sur la validité du contrat de droit civil
par lequel un maire, autorisé par délibération de son conseil
municipal, a loué le droit de chasse dans les bois communaux ; sauf à cette autorité, dans le cas où elle reconnaî-
trait que son jugement est subordonné à l'appréciation d'actes
administratifs intervenus préalablement à la formation du
contrat, à renvoyer devant l'autorité compétente l'appréciation de ces actes. En conséquence, un habitant de la commune n'est pas recevable à demander au Conseil d'Etat l'annulation pour excès de pouvoir de la délibération du conseil
municipal qui a autorisé cette location. (Cons. d'Etat, 11 mai
1900, D. P. 1901.3. 77).

131. Cession d'actions de chasse. — Les communes peuvent aussi, sans avoir recours à l'adjudication, autoriser les
habitants de la commune et les personnes étrangères à chas-

ser dans les biens communaux moyennant le paiement d'une redevance annuelle sous forme de souscription d'actions de chasse. Mais ce procédé ne constitue pas un bail de chasse, mais seulement un règlement du mode de jouissance d'un bien communal.

132. Conseillers actionnaires. — Le conseil municipal ayant ainsi réglé l'exercice du droit de chasse, et l'ayant fait en faveur, non seulement des habitants de la commune, mais encore de personnes ne résidant pas sur son territoire, certains membres du conseil municipal souscripteurs d'actions de chasse ne peuvent être considérés comme ayant un intérêt personnel à la délibération et ont pu y participer. (Cons. d'Etat, 6 juillet 1895, S. 1897.3.119).

133. Droit du maire. — Un maire ne peut disposer du droit de chasse dans les bois ou terrains communaux et ne peut légalement donner des autorisations individuelles de chasse. (C. Chambéry, 22 décembre 1881, *Gaz. Pal.*,1881-82. 1.472 ; Cass., 5 février 1848, S. 1848.1.408).

134. Arrêté municipal. — L'autorisation de chasser sur les biens communaux ne peut, en principe, émaner que d'un règlement délibéré par le conseil municipal et approuvé par le préfet, conformément au décret du 25 prairial an XIII. Un arrêté du maire autorisant à chasser sur les biens communaux ceux-là seuls qui représenteront une carte signée par le maire et délivrée contre le versement d'une certaine somme à la caisse municipale, peut être considéré comme illégal, mais il contient la prohibition de chasser sur les biens communaux que l'autorité municipale peut formuler. Celui qui y chasse sans autorisation tombe sous l'application de l'article 11 de la loi du 3 mai 1844. (Trib. corr. Aix, 18 février 1897, *Gaz. Pal.*, 1897.1.519 ; Trib. corr. Aix, 9 mars 1894, *Le Droit*, 28 décembre 1894).

135. Location du droit de chasse par les établissements publics. — Le droit de chasse (V. V° *Propriétés des établissements publics*) est donné à bail conformément aux règles du droit commun par les administrateurs de ces établissements.

136. — La location du droit de chasse sur les biens d'un hospice est parfaite, non seulement à dater de la signature du bail, mais bien dès que les propositions du locataire ont été acceptées par la commission administrative de l'hospice qui a capacité pour régler les conditions des baux, et dont les délibérations sont immédiatement exécutoires, sous la réserve du droit qui appartient au préfet d'annuler la délibération dans le délai de trente jours. (C. Rouen, 22 février 1878, D. P. 1880.2.164).

137. Location du droit de chasse sur les fleuves et rivières. — Les fleuves et rivières navigables ou flottables font partie du domaine public (V. V° *Domaine public*).

138. Adjudication. — Les droits de chasse et de pêche sur les fleuves et rivières navigables ou flottables sont concédés simultanément par voie d'adjudication publique conformément à la loi du 15 avril 1829. C'est l'administration des ponts et chaussées qui rédige le cahier des charges. L'adjudication est annoncée par voie d'affiches apposées dans le chef-lieu du département et dans les communes riveraines et voisines des cours d'eau.

139. Permissions de chasse. — L'adjudicataire d'un lot de pêche et de chasse a le droit d'accorder, avec l'agrément de l'ingénieur en chef des ponts et chaussées, un nombre de permissions fixé par le cahier des charges.

Ces permissions de chasse sont conformes au modèle ci-dessous :

Modèle de permission de chasse.

PONTS ET CHAUSSÉES

DÉPARTEMENT DE MEURTHE-ET-MOSELLE

PERMISSION DE CHASSE

16e LOT DE PÊCHE

—

Le Sʳ L. PEULTIER
demeurant à Nancy,
adjudicataire

—

Le Sʳ L. LARCHER
demeurant à Nancy,
permissionnaire

—

	du Conducteur.	14
	de l'Ingénieur ordinaire.....	14
	de l'Ingénieur en chef......	14

Nᵒ d'ordre du sommier

Je soussigné L. Peultier   , adjudicataire du 16ᵉ lot de pêche et de chasse de la Moselle   , déclare donner permission du droit de chasse sur toute l'étendue du lot à dater du 1ᵉʳ janvier mil huit cent quatre-vingt-seize, jusqu'au 31 décembre mil neuf cent-quatre au Sieur Lucien Larcher, avocat à la Cour, demeurant à Nancy.

A Nancy, le 15 mars 1896.

(Signature.)

Vu et transmis par le conducteur soussigné,

A Nancy, le 15 mars 1896.

(Signature.)

Vu et proposé par l'Ingénieur ordinaire soussigné, en conformité de l'article 10 du cahier des charges de l'adjudication.

A Nancy, le 16 mars 1896.

(Signature.)

Vu et agréé par l'Ingénieur en chef soussigné,

Nancy, le 17 mars 1896.

(Signature.)

140. Baux entre particuliers. — Le propriétaire peut donner à bail sa propriété. La chasse étant un attribut de la propriété, le bailleur peut en disposer en faveur du preneur et lui abandonner le droit de se livrer à la chasse sur ses terres, pendant une certaine période et moyennant un loyer. En général les règles du louage de choses doivent s'appliquer à ce genre de louage.

141. Formes du bail. — Les formes du bail sont donc celles des baux à loyer. Le bail de chasse peut être écrit ou verbal ; quand il est écrit, il peut être sous seings privés ou authentique.

142. Bail verbal. — Si le bail est verbal, il y a lieu d'en faire la déclaration si le montant du loyer est supérieur à cent francs ou si la durée du bail excède trois années.

143. Bail sous seings privés. — Le bail sous seings privés doit être fait en autant d'originaux qu'il y a de parties contractantes, et rédigé sur papier timbré. Il est soumis à la formalité de l'enregistrement dans les trois mois de sa signature.

144. Modèle de bail de chasse. — Entre les soussignés :
M. René Benoit, propriétaire, demeurant à Mazerulles, d'une part,
Et M. Lucien Larcher, Avocat à la Cour d'appel de Nancy, d'autre part.
A été dit, convenu et arrêté ce qui suit :
M. René Benoit cède et donne à bail à M. Lucien Larcher qui accepte le droit de chasse sur toutes les propriétés qu'il possède territoire de Mazerulles, comprenant notamment le bois du Chanot et le bois du Fays, les terres cultivées ou friches, prés, plantations, etc.
Le présent bail est consenti aux conditions suivantes :
La jouissance commencera le 15 avril 1900 pour une période de neuf années devant expirer le 15 avril 1909 ; faute par

les parties de s'être donné congé six mois avant l'expiration du bail, il continuera par tacite reconduction, mais pour une année seulement, et ainsi de suite.

Le prix du loyer est fixé à cent francs payables d'avance, le premier terme le 15 avril 1900 au domicile du bailleur.

Le preneur aura la jouissance du pavillon de chasse situé à la corne Est du bois du Chanot. Il devra l'entretenir et le rendre à la fin du bail en parfait état.

Le bailleur se réserve le droit de changer ses prairies en terres labourées et réciproquement, mais en conservant la proportion actuelle.

Le bailleur décline toute responsabilité au sujet de la diminution du gibier par suite de manœuvres militaires ayant lieu sur la chasse louée.

Le preneur pourra s'adjoindre des associés, amis ou invités, mais sans que le nombre de fusils présents puisse excéder six.

Le preneur restera seul responsable des dégâts commis par le gibier aux propriétés riveraines sans pouvoir, en aucun cas, appeler en garantie le bailleur.

Le bailleur décline toute responsabilité au sujet du préjudice causé par un incendie, quelle qu'en soit la cause, se produisant dans les bois ou plantations.

Fait en double à Mazerulles, le cinq février mil neuf cent.

J'approuve l'écriture :
BENOIT.

J'approuve l'écriture :
LUCIEN LARCHER.

Enregistré à Nancy, le 15 février 1900.

Folio 6, Case 2.

Reçu.

145. Cession absolue ou limitée. — La cession du droit de chasse peut être absolue ou limitée, c'est-à-dire que le propriétaire du fonds peut se dépouiller d'une façon complète et sans réserve en faveur du cessionnaire ; ou bien, tout en cédant le droit de chasse, le propriétaire peut se réserver pour

lui personnellement la faculté de chasser en même temps que
le cessionnaire. Ces conventions ont le caractère d'un bail,
surtout si elles sont faites à titre onéreux, c'est-à-dire moyennant le paiement d'un loyer, et leur exécution sera soumise
aux règles du contrat de louage édictées par les articles 1714
et suivants du Code civil. (Cass., 13 avril 1899, *Gaz. Trib.*,
1899.2.112).

146. Bail avec réserves. — A le caractère d'un bail la convention par laquelle des propriétaires concèdent à un particulier, par acte sous signatures privées, le droit de chasse
sur leurs propriétés, avec réserve à leur profit du droit d'y
chasser eux-mêmes, ou d'y laisser chasser toute personne
munie d'une permission par écrit de l'un d'eux, à charge seulement par le concessionnaire de faire garder lesdites propriétés à ses frais. La nullité dudit bail ne saurait être demandée pour défaut de stipulation de prix, le prix consistant, en
fait, dans les avantages que les propriétaires doivent retirer
de la garde de leurs propriétés. (C. d'Amiens,19 février 1885,
Gaz. Pal., 1885.1.685).

147. Cession absolue.—Mais si le propriétaire du fonds,en
cédant son droit de chasse, n'a pas stipulé formellement dans
le bail qu'il se réservait un droit de chasse personnel, il ne
peut invoquer un droit dont il s'est dépouillé au profit du locataire ; il n'a plus le droit de chasse. En cas de contravention,
quelle sera la sanction ? L'article 11, § 2, de la loi du 3 mai
1844 ne déclarant délictueux que le fait de chasse sur le terrain d'autrui sans le consentement du propriétaire, et l'interprétation extensive par voie d'analogie ne pouvant trouver
place en matière pénale, ne peut être déclaré coupable du
délit prévu par l'article de loi précité le propriétaire qui,
ayant loué le droit de chasse sur un terrain lui appartenant,
se livre sur ledit terrain à des faits de chasse au mépris du
bail qu'il a consenti. Le locataire pourra faire verbaliser contre
son cédant, mais la seule sanction consistera en une action en

dommages-intérêts introduite devant la juridiction civile, à l'exclusion de la juridiction correctionnelle manifestement incompétente. (Trib. corr. Etampes, 11 avril 1900, *Gaz. Pal.*, 1900.1.709 ; Trib. corr. Etampes, 29 avril 1884, *Gaz. Pal.*, 1884.1.805 ; C. d'appel Paris, 12 février 1884, *Gaz. Pal.*, 1884. 1.684).

148. Convention intuitu personæ. — Mais le droit de chasse est, aux termes d'une jurisprudence constante. un droit personnel, et les conventions qui interviennent entre propriétaire et locataire pour en réglementer l'exercice, doivent être, en principe, réputées conclues *intuitu personæ*. C'est ainsi que la clause d'un bail de chasse, aux termes de laquelle le bailleur se réserve le droit de chasse sur son domaine pour lui et son garde nommément désigné audit bail, contient ainsi une réserve exclusivement stipulée en considération des personnes, et dont l'avantage ne peut, en cas de vente du domaine, être revendiqué par le nouveau propriétaire. (Cass., 31 octobre 1898, *Gaz. Pal.*, 1898.2.559).

149. Réserve en cas de vente. — Le vendeur d'un immeuble peut valablement se réserver la jouissance temporaire du droit de chasse sur les biens vendus par une clause ainsi conçue : « Réserve est faite en faveur du vendeur du droit exclusif de chasse sur les biens vendus pendant cinquante ans à partir d'aujourd'hui, pour lui l'exercer soit par lui-même, soit en le transmettant à autrui. » Cette réserve a tous les caractères d'un contrat de louage, et l'acquéreur de l'immeuble est, aux termes de l'article 1743 du Code civil, tenu de respecter les baux consentis par son vendeur et ayant date certaine, soit qu'ils s'appliquent à l'immeuble entier, soit qu'ils se restreignent à la jouissance d'un des droits inhérents à la propriété. (Cass., 10 janvier 1893, *Pand.*, 1894.1.321).

150. Bail opposable à l'acquéreur. — Si le droit de chasse ne constitue ni un démembrement de la propriété, ni une servitude réelle, en telle sorte que la cession de ce droit n'est pas opposable au tiers acquéreur, il en est autrement, et le bail du droit de chasse sur un immeuble, consenti par le propriétaire, est opposable à l'acquéreur de l'immeuble, lorsque l'existence et le maintien de ce bail ont fait l'objet d'une stipulation spéciale du contrat de vente. En pareil cas, l'acquéreur, tenu de respecter le bail consenti par le précédent propriétaire, ne peut autoriser un tiers à chasser sur le terrain dont la chasse est louée, et l'autorisation donnée à ce tiers ne saurait le mettre à l'abri des poursuites pour délit de chasse intentées à la requête du locataire de la chasse. (C. Douai, 10 février 1890, S. 1892.2.113).

151. Capacité légale du mari. — Le mari ayant, sous le régime de la communauté réduite aux acquêts, la capacité légale de louer les propres immobiliers de sa femme, le bail de chasse consenti par le mari sur « ses propriétés » comprend la location de la chasse sur les propres de la femme. (C.Douai, 25 janvier 1899, S. 1900.2.25).

152. Délivrance du droit de chasse. — Le bailleur est obligé de délivrer au preneur la chose louée. L'entrée en jouissance par le locataire d'une chasse se prouve par certains faits indépendants de ceux de chasse. Notamment, le locataire est mal fondé à refuser le paiement du fermage de chasse quand il a fait nommer et installer un garde et que ce garde a dressé, à sa requête, divers procès-verbaux contre des délinquants. (Trib. civ. Béziers, 26 janvier 1895, *Rép. Enreg.*, 1895.376).

153. Extractions de cailloux. — Est applicable en matière de bail de chasse, l'article 1719 du Code civil, aux termes duquel le bailleur est obligé d'entretenir la chose louée en état de servir à l'usage pour lequel elle a été louée, et d'en faire jouir paisiblement le preneur pendant la durée du bail. Le locataire auquel le propriétaire ou bailleur n'assurerait pas cette jouissance paisible serait fondé à demander soit une diminution du prix du bail, soit même la résiliation avec dommages-intérêts. Mais pour cela, il faut établir des abus de nature à rendre impraticable ou tout au moins très difficile l'exercice du droit de chasse.

Spécialement, des extractions de cailloux pratiquées par les habitants d'une commune conformément à une clause de réserve insérée au cahier des charges, ne portent pas légalement atteinte au droit de l'adjudicataire ; elles ne doivent pas non plus être considérées comme rendant l'exercice de la chasse impraticable alors que les surfaces occupées par ces extractions sont peu profondes, cantonnées dans un même côté et minimes eu égard à l'étendue du terrain loué. (Rouen, 17 mai 1899, *Gaz. Trib.*, 1899.2.412).

154. Manœuvres militaires. — Lorsque l'administration militaire fait exécuter des manœuvres et tirer des coups de feu dans un bois qui appartient à l'Etat et dont il a loué la chasse, le preneur ainsi troublé dans sa jouissance peut demander des dommages-intérêts. (C. Dijon, 12 novembre 1886, *Pand.*, 1887.2.48).

155. — Cet arrêt fut attaqué par l'Etat qui forma un pourvoi en cassation fondé sur ce que l'autorité judiciaire était incompétente et qu'au surplus le préjudice causé au locataire provenait d'un cas de force majeure. Mais la Cour de cassation rejeta le pourvoi en décidant que le bail du droit de chasse dans une forêt étant un contrat de droit commun, les contestations auxquelles son exécution peut donner lieu entre l'administration qui l'a consenti et l'adjudicataire de ce droit sont de la compétence de l'autorité judiciaire, et cette compétence résultant de la nature même du contrat, ne peut être modifiée par le caractère des faits qui auraient causé la privation totale ou simplement partielle de la jouissance alléguée par le preneur, lorsque l'action dirigée contre le bailleur est fondée sur l'inexécution des conditions du bail. (Cass., 23 juin 1887, *Pand.*, 1887.1.232).

156. Interprétation du cahier des charges. — Au point de vue compétence, il a été jugé et il est maintenant de jurisprudence constante que le bail de chasse dans une forêts domaniale n'a pas le caractère d'un acte administratif, mais constitue un contrat de droit commun. En conséquence, c'est à l'autorité judiciaire, et non au ministre de l'agriculture, sauf recours au Conseil d'État, qu'il appartient d'interpréter le cahier des charges du bail, pour déterminer le droit et les obligations respectives de l'Etat et du locataire de la chasse. (Cons. d'Etat, 13 juin 1890, S. 1892.3.112).

157. Prairies et terres labourées. — Le principe élémentaire et obligé de toute exploitation agricole étant le roulement des cultures, le locataire d'une chasse qui comprend des prairies et des terres labourées ne peut s'opposer à la transformation des terres labourées en prairies et réciproquement ; il a seulement le droit d'exiger que la proportion sur laquelle il avait le droit de compter entre les prés et les terres labourées soit maintenue. (Trib. civ. Seine, 2 juin 1894, *Gaz. Trib.*, 19 juillet 1894).

158. Coupes anticipées. — Le locataire du droit de chasse dans un bois n'est pas fondé à se plaindre des coupes anticipées faites par le propriétaire lorsqu'il a pu prévoir cette anticipation au moment de la signature du bail. (Trib. civ. Rouen, 16 juillet 1895, *Gaz. Trib.*, 27 août 1895).

159. Coupes habituelles. — Le propriétaire qui, en louant la chasse de son domaine, s'est réservé expressément le droit d'exploiter ses bois comme il l'entendrait, ne peut être contraint par le locataire à procéder aux coupes habituelles auxquelles est tenu un bon père de famille, alors même que les taillis étant devenus impraticables, le gibier n'y trouverait pas l'abri qui lui est nécessaire et ne pourrait ni rester ni se reproduire dans la propriété. (Trib. civ. Seine, 2 juin 1894, *Gaz. Trib.*, 19 juillet 1894).

160. Bêtes bovines. — Constitue une cause d'indemnité la substitution de chevaux de prix aux bêtes bovines qui se trouvaient sur le domaine au moment où le bail de chasse a été passé, s'il est reconnu que cette substitution modifie d'une façon fâcheuse l'usage de la chose louée. (Trib. civ. Seine, 2 juin 1894, *Gaz. Trib.*, 13 juillet 1894).

161. Mousses et bruyères. — L'enlèvement des mousses et bruyères en dehors des coupes en exploitation apportant un changement à l'état de la chose louée et nuisant à la tranquillité et par suite à la multiplication du gibier, peut être une cause de diminution du prix de location. (Trib. civ. Rouen, 16 juillet 1895, *Gaz. Trib.*, 27 août 1895).

162. Clôtures. — L'adjudicataire du droit de chasse dans une forêt de l'Etat qui prétend que l'adjudicataire d'un lot voisin a troublé son droit de jouissance en faisant apposer des clôtures, peut traduire devant les tribunaux l'Etat son bailleur, si ces clôtures ont été dressées avec l'autorisation de l'administration, pour obliger l'Etat à faire cesser ce trouble. (Cass., 18 mai 1892, D. P. 1892.1.349).

163. Champ de courses. — Les adjudicataires du droit de chasse dans les forêts de l'Etat peuvent, malgré les dispositions du cahier des charges, s'opposer à l'établissement d'un champ de courses sur les terrains loués. (Trib. civ. Rambouillet, 7 juin 1889, *Rev. Eaux et Forêts*, 1891.121).

164. Champ de tir. — Le locataire de la chasse de bois communaux est fondé à demander à la commune une réduction du prix de location, en cas d'installation par l'Etat d'un champ de tir dans ces bois. Mais l'Etat doit indemniser la commune de cette perte et même lui rembourser les frais du procès qu'elle a dû soutenir contre l'adjudicataire et qu'elle a été condamnée à payer. (Cons. d'Etat, 17 mars 1899, D. P. 1900.3.64).

165. Cession exclusive. — Les tribunaux sont chargés d'apprécier si une convention constitue un bail entraînant la cession du droit de chasse exclusif ou si elle représente seulement une permission de chasser. (C. Paris, 27 mars 1882, *Gaz. Pal.*, 1881-82.1.14).

166. Treillages. — Le bailleur doit au preneur la jouissance paisible de la chose louée. Spécialement, un fermier qui a loué le droit de chasse sur les terres qu'il exploite est obligé d'assurer la jouissance du locataire et de ne rien faire qui puisse, dans une mesure quelconque, y porter atteinte. S'il établit des treillages pour garantir ses récoltes des atteintes du gibier, il gêne en même temps la marche des chasseurs et les oblige à un détour, ce qui empêche le preneur de jouir de la chose suivant les prescriptions de l'article 1719 du Code civil. (C. Paris, 4 janvier 1884, *Gaz. Pal.*, 1884.1.496).

167. Grillages. — Lorsqu'en affermant son domaine, un propriétaire s'est expressément réservé le droit de chasse pour en jouir par lui-même ou par autrui, et a loué ensuite à un tiers ce droit qu'il s'était réservé, ce tiers est recevable et fondé à agir directement contre le bailleur pour obtenir la suppression des grillages que le fermier des terres aurait établis et qui constitueraient un trouble à sa jouissance. On ne saurait, au regard du locataire de la chasse, considérer cette contravention du fermier des terres aux clauses du contrat qui le lie envers le propriétaire comme une simple voie de fait dont, aux termes de l'article 1725 du Code civil, le bailleur n'est pas tenu de garantir le preneur. (Trib. civ. Melun, 5 mars 1886, *Gaz. Pal.*, 1886.1.864).

168. Permission caduque. — Celui qui, en vertu d'un bail enregistré, a été investi sans restriction ni réserve de la plénitude du droit de chasse sur une terre ne peut voir son droit amoindri par une simple permission que le propriétaire de la

terre aurait donnée antérieurement et valablement à un tiers.
Le tiers cité en police correctionnelle par le locataire de la
chasse, ne saurait se prévaloir de cette permission verbale
qui lui aurait été antérieurement donnée par le propriétaire.
(Cass., 17 juin 1899, D. P. 1900, 2).

169. Sous-location. — Les règles du contrat de louage s'appliquant aux baux de chasse, il faut admettre que le locataire
a le droit de sous-louer à moins de conventions contraires insérées dans le bail (art. 1717, C. civ.). Il en résulte que lorsque le locataire résilie son bail avant l'expiration du délai
fixé, les droits du sous-locataire prendront fin au même instant, la doctrine et la jurisprudence admettant que la résiliation du bail entraîne celle des sous-baux. Dans ce cas, le sous-
locataire qui continuerait à chasser après la résiliation du bail
sans avoir obtenu l'autorisation du propriétaire, commettrait
le délit de l'article 1er de la loi du 3 mai 1844. (C. Angers,
11 janvier 1890, *Gaz. Pal.*, 1890.1.275).

170. Droits du locataire. — Est recevable à poursuivre devant le tribunal correctionnel la réparation des dommages
qu'il éprouve par suite des délits de chasse exercés sur les
terres dont la chasse lui est louée, le locataire de ce droit de
chasse par bail en vertu d'acte sérieux, quelque modique que
soit le prix y stipulé ; il ne peut être opposé à son action
aucune fin de non-recevoir tirée de ce qu'il n'aurait agi que
comme mandataire d'une prétendue société de chasse, alors
que le bail est fait en son nom et enregistré à sa date, et qu'il
s'est particulièrement chargé du soin de faire assermenter le
garde-chasse qui a verbalisé. (Rennes, 13 juillet 1887, D. P.
1888.2.229).

171. Baux successifs. — La question des baux successifs
a été longtemps controversée. Si le propriétaire d'un terrain
a cédé à deux personnes différentes le droit de chasse sur le
même terrain, à qui faut-il attribuer définitivement le droit de

chasse ? Incontestablement, à celui dont le titre a le premier acquis date certaine, et la deuxième cession est absolument sans valeur. Mais s'ensuit-il que le premier cessionnaire, celui qui détient réellement le droit de chasse, ait le droit d'actionner le second devant le tribunal correctionnel sous la prévention de chasse sur le terrain d'autrui ?

172. Conséquences pénales. — Un certain nombre de décisions ont admis la négative. « Pour qu'il y ait délit dans les termes de l'article 11,§ 2, de la loi du 3 mai 1844, disait-on, il faut avoir chassé sur le terrain d'autrui sans le consentement du propriétaire ; en matière pénale, tout est de droit étroit et en présence de termes aussi clairs que ceux dont s'agit, il n'y a lieu de recourir à aucune interprétation. Sans avoir à rechercher les motifs qui ont conduit le propriétaire du fonds à louer successivement la même chasse à deux personnes différentes, il est certain que ces agissements sont susceptibles de donner ouverture au profit du premier locataire à une action en dommages-intérêts, mais non à une action correctionnelle. » (Trib. corr. Compiègne, 23 mai 1888, *Gaz. Pal.*, 1888.1. *Suppl.* 123 ; Trib. corr. Langres, 30 décembre 1885, *Gaz. Pal.*, 1886.1. 367; C. Paris, 12 février 1884, *Gaz. Pal.*, 1884.1.684).

173. — Au contraire, d'autres tribunaux avaient pensé que dans le cas de deux baux successifs, le second devait être absolument sans effet, la bonne foi du chasseur ne pouvant lui servir d'excuse et ne pouvant le mettre à l'abri d'une répression correctionnelle. (Trib. corr. Lille, 6 novembre 1889, *Gaz. Pal.*, 1890.1.19 ; C. Orléans, 19 décembre 1893, *La Loi*, 23 décembre 1893).

174. — Mais la question se trouve définitivement tranchée dans ce dernier sens par la Cour de cassation cassant un arrêt de Nancy du 17 juin 1899. « Attendu, dit la Cour suprême, que l'article 1er de la loi du 3 mai 1844 qui subordonne la faculté de chasser sur le terrain d'autrui au consentement du propriétaire ou de ses ayants droit, n'envisage la propriété du terrain que relativement au droit de chasse ; que lorsqu'un propriétaire s'est dépouillé de son droit de chasse sur son terrain au profit d'un tiers, celui-ci le représente dans l'exercice de ce droit et devient le véritable propriétaire au regard dudit article 1er de la loi du 3 mai 1844 ; qu'il suit de là qu'au cas de concours de deux baux successifs concédant le droit exclusif de chasse, le dernier en date doit rester sans effet pendant toute la durée du précédent, le propriétaire du fonds n'ayant pu valablement céder l'exercice d'un droit, qui, pour cette période, avait cessé de lui appartenir. » Il en résulte que le fait de chasse du titulaire du second bail sur le terrain loué, constitue le délit de chasse sur le terrain d'autrui dont le titulaire du premier bail est fondé à poursuivre correctionnellement la répression. (Cass., 22 décembre 1899, *Gaz. Pal.*, 1900.1.138).

175. Date certaine. — Lorsque la chasse d'une propriété a été louée exclusivement à deux personnes différentes, l'une d'elles ne peut être poursuivie pour délit de chasse sur le terrain d'autrui par l'autre, si le bail du poursuivant a acquis date certaine postérieurement au bail du prévenu. Il importe peu que l'acte sous seings privés qui constitue le titre de celui des locataires qui est l'objet de poursuites de la part de l'autre ne porte pas la mention qu'il a été fait en autant d'originaux qu'il y avait de parties ayant un intérêt distinct et ne puisse ainsi fournir qu'un commencement de preuve par écrit, si le complément nécessaire à la perfection de la preuve résulte de présomptions graves, précises et concordantes. (C. Douai, 25 janvier 1899, S. 1900.2.25).

176. Réserve d'une chasse à un gibier spécifié. — On peut rapprocher un arrêt de la Cour de Rouen, postérieur à l'arrêt de la Cour suprême précité, dans une espèce analogue. L'H.. propriétaire d'un lot de chasse de la forêt d'Evreux avait, suivant bail ayant date certaine au 22 mai 1897, loué la chasse

à E... en stipulant que, dans aucun cas, le preneur ne pourrait
tirer les cerfs et les biches ; suivant un autre bail ayant date
certaine au 26 août 1897, L'H... avait concédé à G... le droit
exclusif de chasser à courre les cerfs et les biches sur ce troisième lot de la forêt d'Evreux. Un invité de E... fut surpris tirant une biche. La Cour de Rouen décida qu'il n'y avait pas
là délit de chasse sur le terrain d'autrui, le lot considéré
comme terrain de chasse étant commun entre les deux
locataires, dont aucun ne pouvait se dire exclusivement propriétaire. En tirant une biche, l'invité de E... n'avait fait
qu'enfreindre une des conditions de ce bail et abuser de la
jouissance concédée à son auteur. La Cour décida que la forêt
d'Evreux appartenant à un particulier, la chasse faisait l'objet
de conventions purement privées, et les infractions à ces conventions ne pouvaient être érigées en délit et sanctionnées
par la pénalité de l'article 11 de la loi de 1844, mais seulement
susceptibles d'être poursuivies par la voie civile et sanctionnées par la résiliation du contrat ou l'allocation de dommages-intérêts. (C. Rouen, 28 mai 1900, *Gaz. Pal.*, 1900.2.143).

177. Vente du fonds. — Le propriétaire qui a livré le droit
de chasse sur son domaine pour un temps déterminé avec
faculté de résiliation en cas de vente du domaine, ne peut se
prévaloir de cette clause qu'en cas de vente totale. (Trib.civ.
Seine, 27 juin 1892, *La Loi*, 1er septembre 1892).

178. Année de chasse. — Quand un bail de chasse est muet
sur les dates d'entrée en jouissance et de fin de bail, comment
faut-il entendre l'année de chasse ? Evidemment de fermeture
à fermeture d'après l'usage général qui veut qu'on récolte ce
qu'on a semé, y compris le gibier, conformément aux articles
1774 et 1776 du Code civil. (Trib. Seine, 23 novembre 1886,
Le Droit, 12 décembre 1886 ; Cass., 13 avril 1899, *Gaz. Trib.*,
1899.2.112, *Le Droit,* 20 juin 1899).

179. Congé. — Quand un bail de chasse écrit a créé entre les parties une année de chasse conventionnelle, c'est cette année *sui generis* qui continue à faire la loi des contractants, même après l'expiration du bail, au cas où le preneur a conservé la jouissance de la chose louée en vertu d'une tacite reconduction. Spécialement, lorsque l'année de chasse fixée par le bail commence au 1ᵉʳ avril pour finir au 31 mars suivant, celui des contractants qui veut résilier la location doit, en se conformant à l'usage établi pour toutes les locations faites à l'année, donner congé six mois à l'avance, c'est-à-dire avant le 1ᵉʳ avril, soit au 30 septembre précédent. (Paris, 15 décembre 1897, *Gaz. Trib.*, 2ᵉ partie, 1898.1.142).

180. Entretien de gibier. — Si, en général, le louage d'un droit de chasse doit être assimilé au louage ordinaire des choses, on ne peut soutenir que le locataire sortant d'une chasse a l'obligation de conserver et d'entretenir sur les lieux loués un minimum d'animaux. En matière ordinaire, le preneur s'oblige nécessairement à conserver, tandis que le bail de chasse, subrogeant le locataire aux droits du propriétaire, implique la faculté de détruire, et cette faculté n'a d'autres limites, à moins de stipulations contraires, que celles imposées par les lois et règlements sur la chasse. Il en résulte notamment que le nouveau locataire d'une chasse qui y a mis en liberté en vue de son repeuplement un certain nombre de faisans, et ce avant que le bail de l'ancien locataire ne soit expiré, ne peut se plaindre de ce que ce dernier ait détruit ces faisans. (Trib. civ. Douai, 1ᵉʳ février 1893, *Gaz. Pal.*, 1893.1.438).

181. Bail à ferme. — La cession d'un droit ne se présume pas. Quand un bail à ferme ne contient aucune cession du droit de chasse, le propriétaire continue à détenir ce droit, et peut poursuivre les personnes qui ont chassé sur son terrain sans son autorisation. C'est d'ailleurs ce qui est formellement exprimé par l'article 5 de la loi du 18 juillet 1889 sur le code rural, qui déclare qu'en matière de bail à colonat partiaire ou

métayage, les droits de chasse et de pêche restent au propriétaire.

182. Incapacité du fermier de culture. — Le fermier dont
le bail est muet en ce qui concerne le droit de chasse sur la
propriété louée, est sans qualité pour poursuivre correctionnellement l'auteur non autorisé d'un fait de chasse sur cette
propriété. Il peut seulement poursuivre devant le juge de
simple police la répression de la contravention de passage
sur un terrain couvert de sa récolte prévue par l'article 471,
§ 3, du Code pénal. (Trib. corr. Nevers, 2 mai 1885, *Gaz.
Pal.*, 1885.1.688).

183. Droit d'invitation. — Quand un bail de chasse ne
contient aucune limitation du droit d'invitation, ce droit peut
être exercé sans limites par le locataire de la chasse. Il en est
ainsi, du moins, alors que le droit d'invitation a été ainsi
exercé par le locataire, sans protestations, depuis plusieurs
années. En pareil cas, ne commettent pas le délit de chasse
sur le terrain d'autrui les individus qui, sur l'invitation du
locataire de la chasse qui les accompagnait et dirigeait la
battue, ont pris part à une partie de chasse sur les terres dont
la chasse était louée. A supposer d'ailleurs que le locataire
eût excédé son droit en invitant un nombre exagéré de chasseurs, cet agissement pourrait constituer un abus donnant
ouverture à des dommages-intérêts, mais ne saurait autoriser
contre les invités des poursuites pour chasse sur le terrain
d'autrui. (C. Douai, 7 avril 1897, *J. Pal.*, 1898.2.112).

184. Action de chasse. — Lorsque le preneur, dans un
bail de chasse, est autorisé à amener tel nombre de parents
ou d'amis qu'il lui conviendra, et qu'il est stipulé qu'il devra
jouir du droit de chasse à lui concédé en bon père de famille,
avec ses parents et ses amis, on ne saurait conclure de ce mot
« avec » que ces parents et ces amis ne puissent chasser
qu'accompagnés du preneur. On doit d'ailleurs considérer

comme ami, dans le sens de la convention, celui qui a été recruté par suite d'une demande faite dans un journal spécial, un candidat à une action de chasse n'étant jamais admis sans les plus sérieuses références et par le seul fait de son admission devenant un ami dans le sens littéral de ce mot... alors même qu'il participerait pécuniairement aux dépenses de la chasse.(C. Paris, 6 février 1896, *Gaz. Pal.*, 1896.1,table nº 1).

185. Bail exclusif de permission antérieure. — Lorsque le propriétaire, par un bail dûment enregistré, a conféré la plénitude du droit de chasse à un locataire, la permission postérieurement accordée par ce propriétaire à un tiers est sans valeur et ne peut dès lors excuser un fait de chasse.(C. Rennes, 1er juin 1898, *J. Parq.*, 1898.2.103).

186. Colocataires indivis.— Quand une chasse est louée à deux colocataires indivis, cette association de fait résultant du bail fait en commun est contractée essentiellement *intuitu personæ*. L'un des locataires indivis ne peut donc accorder à un tiers une autorisation permanente de chasser sur le terrain à lui loué, sans le consentement de son colocataire.(Trib. corr. Troyes, 19 novembre 1889, *Gaz. Pal.*, 1890.1.75).

BÊTES FAUVES

Affût, 211. — Blaireaux, 200. — Cerfs, 204, 206. — Chats sauvages, 203. — Chevreuils, 205, 206. — Corbeaux, 220. — Définition des « bêtes fauves », 196. — Dommage, 189. — Droit de légitime défense, 187. — Imminence du dommage, 190. — Inconvénients de l'article 9, 210. — Jurisprudence de la Cour de cassation, 216. — Lapins, 208. — Lièvres, 207. — Loups, 193, 198. — Loutres, 202. — Mesures préventives, 191. — Moineaux, 218. — Nuit, 209. — Oiseaux de proie, 221. — Oiseaux nuisibles, 215. — Petits carnivores, 201. — Pièges, 214. — Pies, 219. — Pigeons ramiers, 217. — Présence prolongée de fauves, 191. — Qualité de l'agent, 188. — Renards, 194, 199. — Sangliers, 195, 197. — Transports, 213.

187. Droit de légitime défense. — La loi du 3 mai 1844 a accordé aux propriétaires certains avantages : celui notamment de chasser en tout temps et même sans permis dans un enclos attenant à une habitation. (V. V⁰ *Terrain clos*). L'article 9 de la même loi permet encore « au propriétaire ou au fermier de repousser ou de détruire, même avec des armes à feu, les bêtes fauves qui porteraient dommage à ses propriétés ». C'est là un véritable droit de légitime défense, commandé par les intérêts de l'agriculture. Il ne s'agit plus des animaux que l'autorité préfectorale aura qualifiés nuisibles et que le propriétaire pourra détruire en tout temps, même lorsqu'ils ne font pas de dégâts. La faculté donnée au propriétaire de détruire les bêtes fauves prises en flagrant délit de dommage n'exige que la réalisation de deux conditions : qualité de l'agent et actualité du dommage.

188. Qualité de l'agent. — La loi vise le propriétaire et le fermier ; mais le même droit ne peut être contesté au possesseur, à l'usufruitier, à l'usager, à l'emphytéote, à l'antichrésiste. Et ce droit de destruction n'est pas tellement personnel que l'une des personnes que je viens d'énumérer n'ait pas le droit de se servir d'auxiliaires et d'employer un parent, un garde ou un domestique. Les tiers qui, sur l'appel ou du consentement des propriétaires, possesseurs ou fermiers, les assistent ou les suppléent dans l'exercice de cette faculté légale, profitent virtuellement de l'immunité accordée à ces derniers. (Cass., 28 avril 1883, *Gaz. Pal.*, 1884.1.22 ; Trib. corr. Neufchâtel-en-Bray, 28 février 1890, *Le Droit*, 9 mai 1890).

189. Dommage. — En principe il faut, pour autoriser la destruction du fauve, un dommage probable ou la menace d'un danger absolument imminent. Par exemple, un fermier voit un renard emporter une poule ; il saisit un fusil et tue le renard. C'est là le type de l'acte de défense autorisé par la loi. Mais il y a quantité de circonstances dans lesquelles cet acte est licite. La question de dommage et la légitimité de destruction seront abandonnées à l'appréciation des tribunaux. (C. Nancy, 11 novembre 1875, *Journ. min. publ.*, 1875.

284 ; C. Douai, 6 décembre 1882, *Gaz. Pal.*, 1882-83.262 ; C. Orléans, 3 février 1893, *Gaz. Pal.*, 1893.1.678).

190. Imminence du dommage. — Les tribunaux ne doivent pas se montrer trop difficiles pour admettre l'actualité ou l'imminence du danger. On ne peut attendre pour se défendre que le mal soit accompli. Le fermier voyant des loups rôder autour de son troupeau, devra-t-il attendre pour tirer ces animaux qu'un mouton ait été saisi et emporté ? Une troupe de sangliers passant sur son terrain, le propriétaire ne pourra-t-il faire feu que si les animaux s'arrêtent pour *vermiller* et bouleverser les champs de pommes de terre ? Faudra-t-il attendre pour prendre son fusil que le renard ait emporté un poulet ? Poser ces questions, c'est les résoudre. Il suffira que le dommage soit imminent.

191. Présence prolongée des fauves. — Spécialement, la présence prolongée de bêtes fauves sur une propriété ou dans le voisinage de cette propriété, peut être à juste titre considérée comme un dommage actuel ou imminent, de nature à justifier l'emploi pour la destruction de ces bêtes fauves de tous les moyens usités en pareil cas et même des armes à feu. Et les battues organisées dans ce but constituent non pas un acte de chasse, mais bien l'exercice d'un droit de légitime défense qui n'est soumis à aucune condition. (Cass., 29 décembre 1883, *Gaz. Pal.*, 1884.1.667 ; C. Metz, 28 novembre 1867, D. P. 1868.2.123).

192. Mesures préventives. — Le droit de légitime défense inscrit dans la loi de 1844 n'exige pas comme condition de son exercice que le dommage soit actuel. M. Crémieux voulant faire connaître à la Chambre des députés l'esprit du paragraphe dont l'addition venait d'être proposée par la commission, reconnaît au propriétaire le droit de se défendre, alors que l'animal « menace ou attaque sa propriété » ; cette défense pour être utile ou efficace doit, en effet, consister **non seule-**

ment à faire cesser le dommage existant, mais surtout à empêcher ce dommage de se produire. On ne pourrait admettre que, lorsque la certitude et l'imminence du danger sont constantes, on puisse retirer au propriétaire le droit de s'en préserver par une mesure préventive, tout à l'heure nécessaire. (C. Douai, 17 février 1897, *Gaz. Pal.*, 1897.1.552).

193. Loups. — La présence des loups dans un canton où ils occasionnent des dégâts importants peut être considérée, à juste titre, comme portant un dommage actuel et imminent justifiant l'emploi par les propriétaires, possesseurs ou fermiers, pour la destruction de ces animaux, de tous moyens usités en pareil cas. L'emploi d'une meute dans ces circonstances, loin de constituer un délit de chasse à courre en temps prohibé, doit être considéré comme l'exercice du droit de légitime défense, surtout lorsqu'il est constaté que l'usage de la meute a donné le résultat cherché. (Cass., 28 avril 1883, *Gaz. Pal.*, 1884.1.22).

194. Renards. — Les renards doivent être considérés comme bêtes fauves alors même qu'ils n'ont pas été déclarés nuisibles par arrêté préfectoral. Le fermier ou propriétaire, qui se livre à la destruction de ces animaux en temps prohibé, à l'aide de fusils et de chiens, soit sur ses terres, soit dans une forêt voisine, n'accomplit pas un fait de chasse, mais un acte de légitime défense en vertu du droit qui lui est reconnu par l'article 9, § 3 *in fine*, de la loi de 1844. Il n'est pas nécessaire, pour justifier ce droit, que le dommage s'accomplisse au moment même où l'acte de destruction est exercé ; il suffit qu'il soit assez imminent pour expliquer les moyens préservatifs employés. Le propriétaire qui se livre dans ces conditions à la destruction des bêtes fauves n'a besoin d'aucune autorisation préalable et peut également, sans autorisation, se faire assister de tiers pour opérer cette destruction. (C. Rennes, 18 juillet 1887, *Gaz. Pal.*, 1887.2.215).

195. Sangliers. — Mais un propriétaire est à bon droit condamné comme coupable de délit de chasse en temps prohibé pour avoir tiré un sanglier qui, poursuivi par des chasseurs pratiquant une battue administrative, fuyait à travers sa propriété, alors que cette propriété n'a pas été endommagée par l'animal et qu'un dommage quelconque n'était pas à prévoir, ni à redouter. (Cass., 14 novembre 1896, D. P. 1897.1.472).

196. Définition des « bêtes fauves ». — Quels sont les animaux que le législateur a entendu désigner sous le nom de « bêtes fauves » ? En langage cynégétique, les bêtes fauves sont les cerfs, les daims et les chevreuils. Ce n'est pas cette signification que le législateur a voulu donner aux mots « bêtes fauves », et il faut bien admettre qu'il s'est servi d'une expression impropre ; il faut évidemment comprendre dans la liste des animaux contre lesquels le propriétaire pourra exercer son droit de légitime défense, les bêtes noires : sangliers, laies et marcassins, et les bêtes rousses : loups, renards, loutres, blaireaux, martres, putois, etc. Mais ce n'est pas encore assez général, et en se reportant aux travaux préparatoires, on constate que le législateur envisage comme bêtes fauves « toutes les bêtes sauvages qui portent dommage aux propriétés ». C'est ce qui résulte notamment d'un arrêt de la Cour de Douai : « Attendu que le terme « bête fauve » dont se sert la loi de 1844 a un sens beaucoup plus étendu que celui dans lequel il était jadis employé dans les ouvrages de vénerie ; que s'il fallait s'en tenir à cette dernière acception, il ne s'appliquerait qu'aux cerfs, daims et chevreuils, excluant ainsi même les bêtes noires telles que le sanglier, et les bêtes rousses telles que les loups, renards, blaireaux, fouines et putois ; qu'une interprétation aussi restrictive est manifestement contraire à l'intention du législateur de 1844, dont le but évident a été de défendre la propriété aussi bien mobilière qu'immobilière, et les droits qui en découlent, contre les attaques des animaux que leur nature ou leurs habitudes rendent particulièrement redoutables ; qu'en effet M. Crémieux, rapporteur de cette loi à la Chambre des députés, a déclaré, au nom de la commission, que par les mots

« bêtes fauves » elle a entendu désigner tous les animaux qui portent dommage aux propriétés ; que cette même idée ressort encore des paroles de M. Franck-Chauveau, rapporteur du projet de loi à la Chambre des Pairs : « Les animaux nuisibles ou malfaisants ne pourront être détruits que suivant les conditions déterminées par les arrêtés des préfets, *sauf le cas où ils porteront dommage aux propriétés* » ; attendu qu'il importe peu que le législateur se soit servi d'un terme « bêtes fauves » qui, pris dans son sens originaire, présenterait une acception bien plus restrictive ; que lorsqu'il s'agit d'appliquer une loi, ses termes doivent être interprétés, principalement lorsqu'ils sont extensifs d'un droit, dans le sens et avec la portée que le législateur a entendu leur donner, surtout lorsque, comme en l'espèce, ce sens et cette portée se trouvent éclairés par l'opinion des rapporteurs qui en sont les premiers et souvent les plus fidèles interprètes. (C. Douai, 17 février 1897, *Gaz. Pal.*, 1897.1. 552).

197. Sangliers. — Il faudra donc considérer comme bêtes fauves, dans le sens de l'article 9 de la loi de 1844, les animaux nuisibles, alors même que l'arrêté préfectoral ne les classerait pas comme tels : le sanglier d'abord qui fait dans les récoltes et notamment les champs de pommes de terre, et les plantations d'avoine et de blé des dégâts considérables. Souvent même des plantations d'arbres à haute tige sont anéanties par ces animaux quand le sol renferme des racines ou des tubercules dont ils sont très friands. La jurisprudence est d'ailleurs absolument fixée à cet égard.

198. Loups. — Les loups qui s'attaquent aux moutons, aux chevaux, parfois même aux êtres humains.

199. Renards. — Les renards qui détruisent beaucoup de volailles aux environs des fermes et font aussi des dégâts notables dans les vignobles, ces animaux étant aussi frugivores que carnivores.

200. Blaireaux. — Les blaireaux, très amateurs de raisins, de pommes et autres fruits. Ces animaux, qui descendent la nuit dans les vignobles, dévorent une très grande quantité de raisins dont ils avalent les graines en laissant la rafle pendue au cep.

201. Petits carnivores. — Les martres, fouines, putois, furets, hermines, belettes qui s'introduisent dans les poulaillers et pigeonniers dont ils saignent les habitants.

202. Loutres. — La loutre, animal vorace, avide de poissons, qui ne quitte guère les bords des rivières et des lacs, qui dépeuple les étangs, fait dans les rivières autant de ravages qu'un putois dans un poulailler et détruit même beaucoup plus de poissons qu'elle n'en peut manger. (C. Douai, 17 février 1897, *Gaz. Pal.*, 1897.1.552).

203. Chats sauvages. — Le chat sauvage, grand destructeur de gibier à poil et à plumes, mais habitant habituellement les grands massifs forestiers et sortant rarement en plaine.

204. Cerfs. — Le cerf qui pâture les prairies enclavées dans les forêts ou sur les lisières. (Cass., 26 novembre 1895, D. P. 1896.1.236 ; Cass., 14 avril 1848, D. P. 1848.1.135 ; Trib. corr. Reims, 24 juillet 1886, *La Loi*, 13 août 1886).

205. Chevreuils. — Le chevreuil qui broute les jeunes pousses des arbres et peut, dans une certaine mesure, nuire aux plantations. (C. Orléans, 25 juillet 1861, D. P. 1861.2. 172).

206. — Mais, en ce qui concerne les cerfs et chevreuils, j'estime que les tribunaux ne doivent admettre l'excuse de légitime défense que lorsque les circonstances de la cause démontrent jusqu'à l'évidence le dommage actuel causé par la bête. Tel serait le cas d'un chevreuil ou d'un cerf qui, s'étant introduit dans un jardin potager, y causerait des dégâts.

207. Lièvres. — Le lièvre ne saurait être considéré comme une bête fauve. (Cass., 20 juillet 1883, *Gaz. Pal.*,1884.1.279).

208. Lapins. — Il est généralement admis que le lapin, malgré les nombreux dégâts qu'il commet, ne peut être considéré comme bête fauve. (Trib. corr. Dreux, 28 décembre 1891, *Gaz. Pal.*, 1892.1.196).

209. Nuit. — La destruction des bêtes fauves peut avoir lieu en tout temps, et le propriétaire peut user de son droit de légitime défense aussi bien la nuit que le jour, plus encore la nuit, car c'est seulement après le coucher du soleil que la destruction sera le plus souvent efficace. (Trib. corr. Marseille, 3 novembre 1898, *La Loi*, 1er décembre 1898).

210. Inconvénients de l'article 9. — Je ne discuterai pas les avantages que cette faculté donnée par la loi au propriétaire et au fermier peut apporter au braconnier. La possibilité d'aller la nuit tirer un sanglier procure l'occasion de voir les lièvres et lapins sortir du bois pour aller prendre leurs ébats en plaine. L'isolement, l'obscurité constituent pour le fermier peu scrupuleux une tentation d'autant plus grande que la répression est peu probable, et maint civet servi dans une ferme isolée, a une provenance délictueuse. Cependant, le propriétaire trouvé sur son terrain porteur d'un fusil, même la nuit, doit être présumé dans l'exercice du privilège que lui accorde la loi, et pour réprimer efficacement les abus, il faudrait rayer de la loi une disposition des plus légitimes. Les tribunaux auront donc à examiner de très près les circonstances dans lesquelles le propriétaire a été surpris pour déterminer le caractère légitime ou délictueux de son acte.

211. Affût. — Le propriétaire ou fermier pouvant défendre, la nuit, ses propriétés et ses récoltes, on ne peut lui contester le droit de se mettre à l'affût et de s'embusquer à l'avance pour pouvoir tirer dans de bonnes conditions les animaux nuisibles. D'ailleurs c'est là une conséquence de la jurisprudence, aux termes de laquelle le droit de légitime défense prend naissance en cas de dommage imminent aussi bien qu'en cas de dommage actuel. (Trib. corr. Tours, 13 février 1892, *La Loi*, 11 mai 1892 ; C. Rouen, 8 février 1889, *Rec. Rouen*, 1889.1.154).

212. Poursuite. — Il est admis que le propriétaire qui a commencé sur son terrain un acte de défense en blessant un animal, peut poursuivre cet animal au dehors de sa propriété ; il est certain que le voisin sur les terres duquel a lieu la poursuite ne peut en faire grief à son auteur, puisqu'elle ne peut lui être qu'utile. (Trib. Fontainebleau, 13 août 1879, *Fr. jud.*, 1878-79.728).

213. Transport. — Si la chasse est fermée, et par conséquent le transport du gibier interdit aux termes de l'article 4, le propriétaire, après avoir tué une bête fauve, aura cependant le droit de la rapporter à son domicile, si sa chair est mangeable. S'il s'agit d'un animal dont la chair n'est pas comestible, le transport et même la vente en sont licites.

214. Pièges. — Le propriétaire ayant le droit « de repousser et de détruire, même avec des armes à feu, les bêtes fauves », s'ensuit-il que l'usage de pièges doive être considéré comme licite ? La question est controversée. Et cependant, il résulte du texte même que ce n'est pas qu'avec des armes à feu que le propriétaire peut défendre son bien. Alors n'est-ce pas avec des pièges ? Je n'irai pas jusqu'à soutenir que l'usage de tous les engins même prohibés pourra être employé. Mais les pièges destinés à prendre les loups, renards, putois, etc. ne peuvent être confondus avec les engins prohibés destinés à la capture du gibier. Les collets sont prohibés et ne peuvent être employés. Les pièges en fer, amorcés avec de la chair, ne peuvent être destinés qu'à la destruction des bêtes fauves. Il n'y a pas de confusion possible, et les tribunaux ne peuvent en faire.

215. Oiseaux nuisibles. — Les oiseaux nuisibles peuvent-ils être considérés comme des bêtes fauves ? Au premier abord, la question peut paraître oiseuse, et si on la pose à brûle-pourpoint, la réponse n'est pas douteuse : non un oiseau n'est pas une bête fauve. Mais en se reportant à ce qui a été dit plus haut, en considérant que les mots « bêtes fauves » constituent une expression impropre dont s'est servi le législateur, en lisant les travaux préparatoires de la loi de 1844 qui établissent nettement que le législateur a voulu désigner *tous* les animaux sauvages susceptibles de porter à la propriété un dommage sérieux, il faut bien admettre que les animaux sauvages et nuisibles peuvent être quadrupèdes ou volatiles. Les oiseaux, quand ils font des dégâts, peuvent donc être considérés comme des bêtes fauves. (Trib. corr. Château-Thierry, 29 mars 1895, *La Loi*, 1er mai 1895).

216. Jurisprudence de la Cour de cassation. — Ce n'est pas l'avis de la Cour de cassation qui a cassé un arrêt de la Cour d'Aix reconnaissant au propriétaire le droit de tirer sur des bandes de moineaux au moment où ces oiseaux pillards ravageaient sa récolte d'orge. Mais les motifs donnés par la Cour suprême ne peuvent modifier ma conviction. « Attendu, dit l'arrêt, que l'appellation de *bêtes fauves* n'a jamais été appliquée par les ouvrages de vénerie ou par les anciennes ordonnances au même gibier, spécialement aux oiseaux ; qu'il ne peut pas en être autrement aujourd'hui, sans détourner les mots de leur véritable acception, et sans faire violence au texte même de la loi. » Mais cet arrêt (Cass., 5 janvier 1883, *Pand.*, VI.1.165) est en contradiction formelle avec l'intention nettement exprimée du législateur que la Cour de cassation n'a pas recherchée.

217. Pigeons ramiers. — Il a été jugé, avec raison, que les pigeons ramiers peuvent être assimilés aux bêtes fauves et repoussés ou détruits au moment où ils portent dommage à la propriété. Je citerai notamment un jugement du tribunal correctionnel de Clermont (Oise), antérieur de quinze ans à l'arrêt de Cassation précité, et qui a l'avantage sur cet arrêt d'être fortement et juridiquement motivé. « Attendu qu'on objecterait vainement que la qualification de bêtes fauves ne peut s'appliquer à des pigeons ramiers ; qu'en effet, dans la pensée du législateur, cette expression ne doit pas être prise dans un sens littéral ou limitatif ; qu'elle ne diffère que par une nuance de celle d'animaux malfaisants et nuisibles qui la précède dans le texte légal ; que celle-ci s'applique au cas où il s'agit de détruire les animaux malfaisants et nuisibles par leur nature, encore qu'ils ne nous portent aucun préjudice dans le moment de la chasse ; que celle-là est relative au cas où il s'agit de détruire ou de repousser les animaux nuisibles au moment même où ils nous portent préjudice ; que c'est ce qui ressort de la discussion à laquelle a donné lieu à la Chambre des députés et à celle des Pairs, le paragraphe 3 de l'article 9 ; qu'ainsi M. Crémieux s'est exprimé en ces termes : « A côté du droit de chasse, il y a un autre droit pris dans la loi de 1790 et dans laquelle nous l'avons copié ; droit naturel d'ailleurs, et qui n'est pas contestable, c'est-à-dire pour le propriétaire de détruire *tout animal malfaisant, quel qu'il soit, en tout temps*, quand il menace ou attaque sa propriété. Le droit qui nous appartient à nous propriétaires de détruire les animaux malfaisants qui viendraient ravager nos récoltes, nul ne peut le réglementer, le restreindre. » (Trib. corr. Château-Thierry, 29 mars 1895, *Pand.*, 1896.2.21 ; Trib. corr. Clermont (Oise), 26 mars 1868, *Pand.*, VI.1.165).

218. Moineaux. — Le propriétaire peut donc défendre ses récoltes contre des moineaux. (C. Douai, 6 décembre 1882, D. P. 1883.2.44).

219. Pies. — Contre des pies. (Trib. corr. Mans, 6 février 1874, D. P. 1874.2.178).

220. Corbeaux. — Contre des corbeaux. (C. Rouen, 7 août 1862, *Pand.*, VI.1.165).

221. Oiseaux de proie. — A plus forte raison le droit de légitime défense peut-il s'exercer contre les oiseaux de proie, buses, busards, éperviers, etc., qui mettent en coupe réglée les volailles.

CHASSE A COURRE

222. Définition. — La chasse à courre consiste à lever un gibier, à le poursuivre, à le forcer et à le prendre. Très répandu jadis, ce genre de chasse tend à devenir de plus en plus rare en France où le morcellement excessif de la propriété, qui s'accentue sans cesse, finira par le rendre à peu près impossible.

223. Ouverture et clôture. — La chasse à courre peut s'ouvrir en même temps que la chasse à tir, avant ou après, et depuis la loi du 22 janvier 1874 qui est venue modifier celle de 1844, les préfets peuvent valablement proroger le temps pendant lequel la chasse à courre restera ouverte, tout en fermant la chasse à tir. Il est certain que c'est-là un véritable privilège créé en faveur d'une minorité, privilège qui peut être critiqué surtout dans une démocratie. De plus, la chasse à courre est une cause incontestable de destruction du gibier à l'époque où celui-ci devrait pouvoir se reproduire en paix. Si le résultat direct d'une chasse à courre n'est en somme que la prise d'un cerf ou d'un chevreuil, le résultat indirect en est souvent la destruction d'un certain nombre de levrauts surpris par les chiens. De plus, si l'animal de chasse fait plaine, il s'ensuit des dégâts aux récoltes souvent considérables. Et les intéressés, quoique indemnisés, préféreraient de beaucoup ne pas voir leurs propriétés saccagées.

224. Nécessité du permis. — L'obtention du permis est

nécessaire pour la chasse à courre comme pour la chasse à tir.

225. Gibier de poil, gibier de plumes. — La chasse à courre peut avoir aussi bien comme objectif un gibier à plumes qu'un gibier de poil. Certains auteurs ont contesté ce droit, mais il ne me paraît pas contestable, la loi n'ayant fait aucune réserve relative à tel ou tel gibier. En fait, il est évident qu'on chasse habituellement à courre des quadrupèdes. Cependant, un propriétaire ayant à sa disposition de grandes plaines, pourrait y forcer des perdreaux ou des cailles. Ce fait serait absolument licite.

226. Chasseurs ou spectateurs. — Quelles sont, dans une chasse à courre, les personnes qui doivent être considérées comme faisant acte de chasse ? les unes sont chasseurs, les autres spectateurs. Sur cette question, V.V° *Permis de chasse.* D'une manière générale on ne peut considérer comme chasseur l'invité qui se contente de suivre la chasse dans l'espoir d'assister à l'hallali. Au contraire, est chasseur celui qui prend part active à la chasse en sonnant de la trompe, en appuyant les chiens, en relevant un défaut.

227. Armes. — En principe, la chasse à courre se fait sans armes ; cependant un piqueur peut être armé pour mettre fin à l'agonie d'un animal qui doit, dans sa fureur, être considéré comme constituant un péril imminent pour les chasseurs, les chevaux et les chiens.

228. Passage à cheval. — Le fait de passer à cheval sur la propriété d'autrui par une personne assistant à une chasse à courre ne constitue que la simple contravention de l'article 471 § 13 du Code pénal, s'il n'est pas justifié que cette personne était à ce moment à la poursuite du gibier. (C. Poitiers, 7 août 1889, *Gaz. Pal.*, 1889.2.293).

CHASSE AU FURET

Conditions, 229. — Description, 230.

229. Description. — Le furet est un petit mammifère carnassier du genre des putois. On s'en sert pour faire sortir les lapins de leurs terriers. « La chasse du lapin au furet n'est qu'une sorte de battue où le furet remplit le rôle de rabatteur souterrain. Dès que le lapin terré sent un furet à ses trousses, il jaillit de son trou avec une vitesse de projectile. Le chasseur posté à l'ouverture n'a que le temps de tirer ». (L. Boppe, *Chasse et pêche en France*, p. 97).

230. Conditions. — La loi de 1844 permet la chasse aux furets comme la chasse à tir et la chasse à courre ; mais elle est soumise aux mêmes conditions que celles-ci.

CHASSE AU LÉVRIER

Arrêtés préfectoraux, 232. — Chiens charnigues, 233. — Emploi comme chien d'arrêt, 235. — Emploi de lévriers, 231. — Sanction, 236.

231. Emploi des lévriers. — L'emploi des chiens lévriers pour la chasse est interdit. Bien qu'aucune disposition de la loi de 1844 ne l'ait formellement interdit, cette prohibition résulte implicitement de l'article 9 qui réserve aux préfets la faculté de prendre des arrêtés « pour autoriser l'emploi des chiens lévriers pour la destruction des animaux malfaisants ou nuisibles ». En consultant les travaux préparatoires de la loi de 1844, on constate que le texte du projet de loi laissait aux préfets la faculté de prendre des arrêtés pour interdire l'emploi des lévriers. Mais sur la réclamation d'un grand nombre de chasseurs, on substitua le mot *autoriser* au mot *interdire*. La prohibition est donc la règle, l'autorisation est l'exception. La contravention à cette interdiction est punie par l'article 11 d'une amende de 16 à 100 francs.

232. Arrêtés préfectoraux. — La conséquence des prescriptions de l'article 9 est que les préfets ne pourraient pas légalement prendre un arrêté autorisant d'une façon absolue l'emploi du lévrier.

233. Chiens charnigues. — Cette prohibition s'étend nécessairement aux chiens qui sont dérivés du lévrier lorsqu'il est reconnu qu'ils possèdent les mêmes qualités ou des qualités de même nature, et peuvent, comme lui, par leur seule action, procurer la capture du gibier. Il en est ainsi du chien charnigue, variété ou congénère du lévrier qui possède comme lui, grâce à l'instinct et à l'agilité dont il est doué, une aptitude particulière pour s'emparer du lapin. (Cass., 9 août 1889, *Gaz. Pal.*, 1889.2.346).

234. — La variété de lévrier dite charnigue et appelée par Littré « charnaigre », lévrier forçant le gibier dans les ronces, est plus destructive encore que le lévrier de pure race, car outre la rapidité de course du lévrier ordinaire, elle a l'odorat plus fin que celui-ci. Le charnaigre est un lévrier métis, connu en histoire naturelle sous le nom de lévrier à poil de loups et produit par le croisement du lévrier et du griffon. (Trib. corr. Brignolles, 6 octobre 1888, *Gaz. Pal.*, 1889.1.361).

235. Emploi comme chien d'arrêt. — L'emploi du lévrier à la chasse est donc formellement interdit, et peu importe que le chasseur l'ait employé comme chien d'arrêt. Il est donc impossible d'admettre avec certains auteurs et certains tribunaux que le fait de faire quêter un chien lévrier alors que le chasseur se sert du fusil pour détruire le gibier ne constitue pas un mode de chasse prohibé. (Trib. corr. Narbonne, 9 novembre 1900, *La Loi*, 8 mai 1901).

236. Sanction. — Le fait de chasse avec lévrier constitue donc le délit prévu et réprimé par l'article 12, § 2, de la loi du 3 mai 1844 qui punit d'une amende de 50 à 200 francs, et, éventuellement, d'un emprisonnement de 6 jours à 2 mois, ceux qui auront chassé à l'aide d'engins prohibés, ou par d'autres moyens que ceux qui sont autorisés.

CHASSE A TIR

Définition, 238. — Modes de chasse autorisés, 237.

237. Modes de chasse autorisés. — Aux termes de l'article 9 de la loi du 3 mai 1844, le permis donne à celui qui l'a obtenu, le droit de chasser de jour à tir et à courre. Cet article autorise aussi l'emploi des furets et des bourses destinées à prendre le lapin.

238. Définition. — La chasse à tir peut être définie, ainsi que le fait un auteur : « Le fait de rechercher, poursuivre, ou attendre le gibier, étant porteur d'une arme destinée à le tuer ». La chasse à tir peut avoir lieu avec l'aide d'un chien d'arrêt, ou de chiens courants. Elle se fait au moyen de traques ou battues. La chasse à l'affût, qui consiste à se poster armé pour attendre le gibier au passage est un mode de chasse à tir permis, pourvu que cette chasse n'ait pas lieu la nuit. (V. V° *Acte de chasse*).

CIRCONSTANCES ATTÉNUANTES

Inapplicabilité, 239. — Loi Bérenger, 240.

239. Inapplicabilité. — Aux termes de l'article 20 de la loi du 3 mai 1844, l'article 463 du Code pénal n'est pas applicable aux délits de chasse. Cet article permet aux tribunaux, lorsqu'ils reconnaissent l'existence, dans la cause, de circonstances atténuantes, de diminuer les peines d'amende et d'emprisonnement et même de substituer l'amende à l'emprisonnement. Le législateur de 1844 a pensé que le minimum des peines en matière de chasse était tel qu'il n'y avait pas lieu de les diminuer encore.

240. Loi Bérenger. — Depuis, la loi du 26 mars 1891 est venue permettre aux tribunaux d'aller plus loin encore dans la voie de l'indulgence, en appliquant au condamné le bénéfice du sursis. (V. V° *Sursis*).

COLPORTAGE

Vente, achat et transport du gibier.

241. Prohibition. — L'article 4 de la loi du 3 mai 1844 est ainsi conçu : « Dans chaque département, il est interdit de mettre en vente, de vendre, d'acheter, de transporter et de colporter le gibier pendant le temps où la chasse n'y est pas permise. En cas d'infraction à cette disposition, le gibier sera saisi et immédiatement livré à l'établissement de bienfaisance le plus voisin, en vertu, soit d'une ordonnance du juge de paix, si la saisie a lieu au chef-lieu du canton, soit d'une autorisation du maire, si le juge de paix est absent, ou si la saisie a été faite dans une commune autre que celle du chef-lieu. Cette ordonnance ou cette autorisation sera délivrée sur la requête des agents ou gardes qui auront opéré la saisie ou sur la présentation du procès-verbal régulièrement dressé. La recherche du gibier ne pourra être faite à domicile que chez les aubergistes, chez les marchands de comestibles ou dans les lieux ouverts au public. »

242. Mesures contre le braconnage. — L'intention du législateur n'est pas douteuse : il a voulu atteindre le braconnage et empêcher cette coupable industrie d'exercer ses ravages. C'est en effet après la fermeture de la chasse, quand les plaines et les bois cessent d'être parcourus et par conséquent surveillés par les chasseurs, que les braconniers commencent leurs travaux. Sous la législation antérieure, quoique la chasse fût interdite pendant une partie de l'année, le commerce du gibier était autorisé en tout temps. S'il n'y avait pas de recéleurs, il n'y aurait pas de voleurs Si certains aubergistes ou marchands de comestibles n'achetaient pas le gibier pris ou tué en fraude, le braconnage aurait vécu. Tout au moins disparaîtraient ces vastes associations de braconniers, admirablement organisées qui, dans une nuit, dévastent tout un canton. Les termes de l'article 4 sont impératifs, absolus.

243. Gibier. — J'ai dit V° *Gibier* ce qu'on entend par ce mot : ce sont les animaux vivant à l'état sauvage, dont la chair est comestible.

244. Mise en vente. — La mise en vente constitue le fait de tenir à la disposition des acheteurs, et ce dans un endroit quelconque. C'est en vain que certains auteurs soutiennent que pour qu'il y ait mise en vente, et par conséquent délit, il faut que le gibier ait été exposé aux regards des acheteurs sur une place, dans un magasin, à l'étalage d'une boutique. Prétendre que mise en vente veut dire exposition en vente, c'est supprimer dans la loi l'article 4, les marchands que les braconniers approvisionnent en temps prohibé, les recéleurs de gibier n'étant pas assez naïfs pour l'exposer à leur étal et attirer ainsi l'attention de la police. La loi n'a pas entendu rendre aussi difficile la constatation du délit ; ce qu'elle interdit, c'est la détention du gibier destiné à être vendu. C'est ainsi qu'il a été jugé que l'exposition ou l'étalage de gibier dans une cour d'hôtel après la fermeture de la chasse, constitue un délit de chasse. (Trib. corr. Gien, 11 avril 1900, *La Loi*, 8 mai 1900).

245. Vente et achat. — Le braconnier n'a pas le droit de vendre ; le recéleur n'a pas le droit d'acheter. Ainsi que l'a dit M. Gillon au moment de la discussion du projet de loi : « Vous voulez faire une loi de répression ; supprimez l'acheteur et vous supprimez en grande partie le braconnage ». Les termes de la loi sont généraux et absolus ; il est interdit de vendre et d'acheter du gibier après la fermeture dans quelque lieu que ce soit, et aussi bien dans les magasins que sur la voie publique.

246. Echange. — L'échange doit être assimilé à la vente ou à l'achat, puisque c'est une acquisition à titre onéreux. Celui qui est trouvé nanti de gibier serait donc mal venu à soutenir qu'il l'a reçu à titre d'échange.

247. Don. — Le don, au contraire, n'ayant pas été prévu par la loi, le détenteur de gibier en temps prohibé pourrait se disculper en établissant qu'il a reçu ce gibier à titre de cadeau, c'est-à-dire gratuitement.

248. Consommation. — Un consommateur est surpris, au mois de juillet, dans un restaurant, en train de manger un civet de lièvre. Commet-il un délit ? Certains auteurs font une distinction et répondent : oui, s'il a demandé qu'on lui servît du gibier. Non, s'il s'est fait servir le repas du jour dans le menu duquel figure le plat délictueux. Cette distinction est trop subtile, et le consommateur est assurément aussi coupable que le restaurateur et le braconnier. Il paie son repas, et tombe sous le coup de la loi en achetant ainsi du gibier en temps prohibé.

249. Transport. — L'article 4 interdit d'une façon absolue la circulation du gibier, son transport à quelque titre que ce soit. Se rendent donc coupables du délit de l'article 4 les voituriers, bateliers, agents des compagnies de chemins de fer qui transporteraient du gibier après la fermeture. Les agents des compagnies de chemins de fer n'ont pas le droit de vérifier le contenu des colis postaux ; ils sont aux lieu et place des employés des postes et ne peuvent être assujettis à toutes les obligations imposées aux transporteurs ordinaires. Mais ils tombent sous l'application de la loi de 1844 qui défend le transport de gibier en temps prohibé, si, par une inscription quelconque sur le colis transporté, ils ont pu connaître le contenu de ce colis qui renfermait du gibier. (Trib. corr. Vannes, 30 novembre 1899, *Gaz. Trib.*, 2ᵉ partie, 1900.1.309).

250. Transport inconscient. — Voiturier. — Mais si ce colportage du gibier est un délit contraventionnel que la bonne foi du poursuivi est impuissante à faire disparaître, encore est-il nécessaire à son existence qu'il ait été commis volontairement avec connaissance ; car, même en matière de contravention, on ne peut condamner l'auteur inconscient d'un fait qu'il a commis sans le savoir. Si donc un morceau de gibier a été déposé dans le véhicule d'un voiturier en son absence et à son insu, et qu'il ne s'en est aperçu qu'à son arrivée et sur la révélation d'un tiers, le voiturier doit être relaxé. (Trib. corr. Mayenne, 25 mai 1899, *Gaz. Pal.*, 1899.2.371).

251. Facteur de messageries. — De même un facteur de messageries poursuivi pour transport de gibier en temps prohibé doit être acquitté s'il démontre qu'il n'a ni connu ni pu connaître le contenu du colis dans lequel le gibier était renfermé. (Cass., 9 décembre 1859, D. P. 1860.1.144).

252. Gibier tué accidentellement. — Je citerai à titre de curiosité la condamnation intervenue contre un ouvrier agricole coupable d'avoir rapporté chez lui une perdrix qu'il avait tuée en fauchant un pré. Cette décision est absolument juridique et la seule personne à blâmer est le chef du parquet qui a soumis pareille affaire au tribunal. (Limoges, 27 septembre 1860, D. P. 1861).

253. Gibier tué dans un clos. — Le gibier tué dans un enclos attenant à une habitation ne peut être colporté ou transporté. Le ministre de la justice, dans sa circulaire du 9 mai 1844, s'est expliqué à cet égard : « Celui qui usera du droit exceptionnel de chasser en temps prohibé sur son terrain attenant à une habitation et entouré d'une clôture continue, n'aura pas plus que tout autre, la faculté de vendre et de transporter son gibier. On a pensé que lui accorder cette faculté, c'eût été donner à d'autres le moyen d'éluder la loi, c'eût été rendre illusoires toutes les prohibitions contenues dans l'article 4. »

254. Transit. — Le transit du gibier en temps prohibé est interdit, c'est-à-dire qu'un colis de gibier tué dans un département où la chasse est ouverte et destiné à un autre département où la chasse est aussi ouverte ne peut traverser un département où la chasse est fermée. Excepter les départements intermédiaires, ce serait enlever à la loi son efficacité en facilitant la fraude qu'elle a eu pour but de rendre impossible. (C. Paris, 22 novembre 1844, *Pand.*, II.2.236).

255. Gibier de volière. — On ne peut se soustraire à l'application de l'article 4 en alléguant que les animaux transportés ont séjourné en volière et sont destinés à être conservés en vie comme appelants ; c'est ainsi qu'un gamin de 14 ans, trouvé à Marseille, transportant en temps prohibé un certain nombre de petits oiseaux, pinsons ou ortolans, a été condamné. (Trib. corr. Marseille, 16 novembre 1885, *Gaz. Pal.*, 1886, 1, *Suppl.*, 43).

256. Complicité. — L'individu qui remet au chemin de fer, avant l'ouverture de la chasse, un paquet de gibier se rend complice du délit de colportage de gibier en temps prohibé commis par les employés de chemin de fer. (Trib. corr. Seine, 30 décembre 1885, *Le Droit*, 2 et 3 janvier 1886).

257. Clôture de la chasse. — Le droit de transporter le gibier cesse dans chaque département le jour même de la clôture de la chasse, et le transport de gibier effectué le lendemain même du jour de la clôture de la chasse constitue un délit sans qu'il puisse être excusé sous prétexte de bonne foi. (C. Angers, 1er avril 1851, S. 1852.2.16).

258. Tolérance nécessaire. — Ces prescriptions de la loi sont extrêmement draconiennes, et une certaine tolérance est nécessaire. Par exemple si la chasse se ferme le 31 janvier à la tombée de la nuit, il peut arriver que des chasseurs, rapportant du gibier, prennent dans la soirée un train qui les ramène chez eux à 11 h. 50 du soir. Supposez que ce train ait 10 minutes de retard : il en résulte que les chasseurs commettent le délit de colportage en temps prohibé, et pour exécuter la loi à la lettre, les employés de l'octroi devraient saisir le gibier et verbaliser, ce qui serait absurde. En pareil cas, il appartient aux employés de l'octroi de ne pas verbaliser, et. le cas échéant, au procureur de la République de ne pas exercer de poursuites.

259. Temps de neige. — Il est de doctrine et de jurisprudence constantes que la mise en vente, la vente, l'achat, le transport et le colportage du gibier ne sont interdits par l'article 4 que pendant le temps compris entre les arrêtés généraux de clôture et d'ouverture de la chasse. Cette interdiction n'implique pas la défense de vendre et de colporter du gibier pendant la suspension accidentelle de la chasse en temps de neige. Et même un arrêté préfectoral édictant cette défense serait illégal. (Trib. corr. Le Puy, 26 décembre 1893, *Rec. Riom*, 1894, 188).

260. Impossibilité de l'interdiction en temps de neige. — Cette jurisprudence qui est générale a été blâmée par certains arrêtistes qui ont fait observer que permettre la vente et le colportage du gibier quand il est défendu, même temporairement, de chasser, c'est favoriser et encourager les braconniers. L'interdiction est absolue, dit-on, et le texte ne fait pas de distinction entre le temps où la chasse est interdite temporairement et celui où elle est close jusqu'à sa réouverture. Mais ces adversaires de la jurisprudence n'ont pas songé que l'interdiction du colportage en temps de neige ne pourrait être sanctionnée ; qu'une commune a son territoire couvert de neige alors que la commune voisine en est indemne ; que la fonte des neiges sur un versant ensoleillé est complète alors que l'autre versant de la même colline est encore tout blanc ; dans ces conditions, on pourrait transporter du gibier sur le territoire indemne, on ne pourrait pas traverser une tache de neige de quelques mètres. L'exécution de la loi ainsi comprise donnerait lieu à des difficultés innombrables.

261. Gibier d'eau et oiseaux de passage. — Alors que la chasse générale est fermée, l'arrêté de fermeture proroge pendant un certain temps la durée de la chasse du gibier d'eau et des oiseaux de passage. Il est évident que le colportage de ces gibiers en reste licite. C'est d'ailleurs ce qui résulte formellement de la circulaire du garde des sceaux du 9 mai 1844 : « Il est inutile de faire observer que le gibier d'eau et les oiseaux de passage pourront être vendus et transportés pendant le temps où la chasse en sera permise par les arrêtés des préfets alors même que la chasse, et conséquemment la vente et le transport du gibier ordinaire seraient interdits. » Il en sera de même du sanglier.

262. Chasse à courre. — Lorsque la chasse à tire st close et que la chasse à courre est encore ouverte, l'individu prévenu d'avoir mis en vente du gibier doit être acquitté si le ministère public n'administre pas la preuve que ce gibier a été tué dans une chasse à tir ; cette preuve, qui doit être faite conformément aux règles du droit commun, ne saurait résulter uniquement du silence du prévenu sur l'origine de l'animal. (Trib. corr. Neufchâtel-en-Braye, 24 mai 1889, *Le Droit*, 12 juin 1889).

263. Conserves de gibier. — Il est donc avéré que la prohibition du colportage pendant la période de fermeture est absolue. Elle doit s'appliquer aussi bien au gibier vivant qu'au gibier mort et au gibier cuit. Mais que décider à l'égard des pâtés, terrines et conserves de gibier ? La loi ne fait pas de distinction. La Cour de Paris a confirmé par adoption de motifs un jugement du tribunal correctionnel de Chartres décidant que la vente ou la mise en vente d'un pâté de gibier en temps prohibé constitue un délit. « En admettant même que le perdreau saisi dans un pâté soit un perdreau conservé, le délit n'en existe pas moins car la loi ne fait aucune distinction entre le gibier frais et le gibier conservé ; qu'il n'en peut être autrement, à moins de supprimer la loi sur la chasse, car à toute époque de l'année, les pâtissiers, restaurateurs, etc., convertiraient du gibier en pâté, et se borneraient à répondre que c'est du gibier de conserve. » (C. Paris, 23 juin 1882, *Gaz. Pal.*, 1881-82.2.271).

264. Procès célèbre. — Conformément à cette jurisprudence, M. Marguery, le restaurateur bien connu, ayant fait figurer sur ses menus *perdrix aux choux* pendant la période de fermeture, fut actionné devant le tribunal correctionnel de la Seine et condamné à 50 francs d'amende. « Le fait, disait le tribunal, de soumettre une pièce de gibier à la cuisson et de l'enfermer, soit dans une boîte, soit dans une terrine, soit dans une croûte, n'en change pas la nature, et cette pièce reste toujours un véritable gibier. » M. Marguery fit appel et fut acquitté par la Cour de Paris. « A la vérité, dit l'arrêt, par cela seul que le gibier dit de conserve est transporté et vendu en temps prohibé, il y a présomption qu'il a été obtenu par fraude à la loi. » Et la Cour ajoutant que cette présomption n'exclut pas la preuve contraire, considère que M. Marguery a prouvé avoir acheté, préparé et mis en boîtes les perdrix dont s'agit en décembre 1881, alors que la chasse était ouverte. (C. Paris, 22 janvier 1883, *Pand.*, VI. 2.94).

265. Interprétation erronée. — Cet arrêt a été vivement

critiqué par les jurisconsultes. Il constitue, il faut le reconnaître, une interprétation erronée de la loi. Mais il a fait jurisprudence et il est désormais établi que la prohibition de la vente de gibier ne s'applique pas aux conserves de gibier.

266. Gibier exotique. — Les arrêtés préfectoraux autorisent l'importation, le transport, le colportage, la mise en vente et la chasse des espèces de gibier de provenance étrangère dont les noms suivent : le gibier d'eau exotique, les grouses d'Ecosse, la gélinotte à queue fourchue, la gélinotte blanche, la gélinotte cupido, la perdrix blanche, les colins de Virginie et de Californie, le lièvre blanc recouvert de sa peau, le renne, les faisans dorés, argentés, vénérés et de Lady Amherst, à la condition que les oiseaux de ces quatre dernières espèces soient recouverts de leurs plumes.

267. Gibier vivant. — Il avait été question, pendant la discussion de la loi de 1844, de modifier l'article 4 pour permettre le transport des animaux vivants destinés au repeuplement, et à la reproduction. La proposition de M. Dejean dans ce sens fut repoussée. Mais une circulaire du ministre de l'intérieur du 22 juillet 1851 vint apporter un tempérament à la rigueur de la loi en permettant à l'administration d'autoriser ce transport.

268. Recherche et surveillance.—Peines.— La sanction de l'article 4 se trouve dans l'article 12, § 4, qui punit d'une amende de cinquante à deux cents francs et facultativement d'un emprisonnement de six jours à deux mois, ceux qui, en temps où la chasse est prohibée, auront mis en vente, vendu, acheté, transporté ou colporté du gibier. Ces délits ne seront qu'exceptionnellement constatés par les agents énumérés dans l'article 22 de la loi du 3 mai 1844, c'est-à-dire maires et adjoints, commissaires de police, officiers, sous-officiers, brigadiers de gendarmerie ou gendarmes, gardes forestiers, champêtres, ou particuliers. En cette matière les procès-verbaux seront le plus souvent dressés par les employés des contributions indirectes et des octrois. — Les visites domiciliaires sont interdites et l'article 4 ne permet la recherche du gibier à domicile que chez les aubergistes, les marchands de comestibles et dans les lieux ouverts au public, c'est-à-dire les cafés, salles de débits, magasins et boutiques, halles et marchés, rues et chemins publics. Cependant la loi a, ici encore, une grave lacune. Les agents chargés par les articles 22 et 23 de la loi du 3 mai 1844, de la police de la chasse, peuvent sommer tous particuliers qu'ils soupçonnent de se livrer à un acte délictueux de transport ou de colportage, d'avoir à laisser visiter les paniers et autres objets équivalents dont ils sont porteurs. Mais c'est en vain qu'on rechercherait dans la loi du 3 mai 1844 une sanction pénale spéciale encourue par le particulier qui, sur la sommation des agents autorisés, aurait refusé à ceux-ci la visite de ses paniers. (Trib. corr. Dax, 12 juillet 1899, *Gaz. Pal.*, 1899.2.228).

269. Rébellion. — Seulement, il est bon de faire remarquer que si, en présence du refus de laisser visiter son panier, l'agent passe outre et emploie la force, le particulier sera bien obligé de laisser faire, sous peine de rébellion, délit prévu par les articles 209 et suivants du Code pénal.

COMPLICITÉ

270. Règles du droit commun. — En matière de complicité, les règles du droit commun doivent être appliquées aux délits de chasse. Les dispositions des articles 59, 60 et 62 du Code pénal s'étendent non seulement aux crimes et délits prévus par le Code pénal, mais encore à toutes les infractions de même nature réprimées par ne loi spéciale à moins qu'une exception y soit formellement insérée. (Trib. corr. Alais, 15 février 1895, *Pand.*, 1895.2.108).

271. **Recel.** — La complicité par recel existe par le fait seul de la détention volontaire de la chose dont on connaît l'origine délictueuse. Le fait de recevoir et garder du gibier que l'on sait avoir été obtenu à l'aide d'un délit de chasse constitue la complicité, alors même que l'auteur principal reste inconnu. (Trib. corr. Alais, précité).

272. Transport. — Se rend complice du délit de transport de gibier en temps prohibé, l'individu qui aide le délinquant à charger le gibier sur ses épaules et se charge lui-même du fusil. (Cass., 10 novembre 1864, *Pand. chr.*, IV.1.163).

273. Enlèvement d'œufs. — Se rend complice par recel du délit d'enlèvement d'œufs prévu et puni par les articles 4, §§ 4 et 11 de la loi du 3 mai 1844, celui qui en parfaite connaissance de leur origine, reçoit, conserve et met couver sous une poule des œufs de perdrix. (Cass., 20 janvier 1877, *Pand. chr.*, V.1.297 ; Nîmes, 1ᵉʳ mars 1877, *Pand. chr.*, V.1.297).

274. Chasse de nuit. — Se rend complice, par aide et assistance, du délit de chasse de nuit et à l'aide d'engins prohibés, l'individu qui, deux fois par semaine, loue une voiture à un braconnier, et, en agissant ainsi, l'aide à se livrer au braconnage, à emporter le gibier qu'il a capturé, ou à se procurer un alibi en favorisant une fuite précipitée. (Trib. corr. Melun, 5 janvier 1881, *Pand. chr.*, V.1.297).

275. Chasse avec engins prohibés. — Doit être déclaré complice par recel du délit prévu par l'article 12 § 2, de la loi de 1844, l'individu trouvé détenteur de gibier pris à l'aide d'engins prohibés, s'il est établi qu'il avait connaissance de l'origine délictueuse de ce gibier. Il en est ainsi notamment alors que l'animal saisi porte au cou des traces de collet et ne porte aucune trace de coups de feu. (Trib. corr. Blois, 10 novembre 1876, D. P. 1878.5.85).

276. Colportage de gibier. — Se rend complice du délit de transport de gibier en temps prohibé l'expéditeur qui adresse du gibier dans un département où la chasse n'est pas permise, et pas plus que le transporteur lui-même, il n'est admis à exciper de ce qu'il aurait ignoré que dans ce département la chasse et le transport du gibier étaient prohibés. (C. Rouen, 4 décembre 1873, D. P. 1874.2.135).

277. Auxiliaires. — Dans le cas de délit de chasse commis par des chasseurs sur le terrain d'autrui, les traqueurs chargés de battre les terres pour faire lever le gibier et le pousser vers le lieu où les chasseurs, armés de fusils, étaient embusqués, doivent être considérés comme coauteurs ou complices du délit. Les traqueurs ne doivent pas être considérés comme des instruments des faits du chasseur, mais ce sont des êtres intelligents et libres qui ont toute faculté de ne pas se soumettre aux ordres et aux instructions des chasseurs. (Cass., 16 janvier 1872, *Pand. chr.*, V.1.58).

V. V° Terrain d'autrui, n° 914.

V° Colportage, n° 256.

V° Acte de chasse, n° 35.

V° Permis de chasse, n° 710.

V° Propriété du gibier, n° 858.

CONFISCATION ET DÉSARMEMENT

Appeaux, appelants, 286. — Armes d'autrui, 283. — Chasse de nuit, 281. — Chasse en temps de neige, 282. — Engins prohibés, 284. — Furet ou lévrier, 285. — Peine accessoire, 278. — Prohibition de saisir les armes, 279. — Saisie de gibier et d'armes, 280.

278. Peine accessoire. — Aux termes de l'article 16 de la loi du 3 mai 1844 « tout jugement de condamnation prononcera la confiscation des armes, excepté dans le cas où le délit aura été commis par un individu muni d'un permis de chasse dans le temps où la chasse est autorisée. Si les armes n'ont pas été saisies, le délinquant sera condamné à les représenter ou à en payer la valeur suivant la fixation qui en sera faite par le jugement, sans qu'elle puisse être au-dessous de cinquante francs ». La confiscation est donc une peine accessoire, mais obligatoire, que le tribunal est *obligé* de prononcer.

279. Prohibition de saisir les armes. — Rapprochons immédiatement de l'article 16 les termes de l'article 25 qui dit que « les délinquants ne pourront être saisis ni désarmés ». Il faut en conclure que les agents verbalisateurs ne pourront s'emparer des armes des délinquants que dans le cas où ceux-ci consentent à les remettre, ou si le braconnier jette ou laisse tomber son arme en fuyant.

280. Saisie de gibier et d'armes. — En dehors du cas de l'article 12, § 4 (colportage en temps prohibé), le chasseur ne peut jamais être dépouillé du gibier dont il s'est emparé, même à la suite d'un acte de chasse délictueux. C'est ainsi que, dans une forêt domaniale, un brigadier et trois gardes forestiers, ayant surpris pendant son sommeil un braconnier d'habitude, s'emparèrent de son fusil et de cinq gélinottes qu'il avait tuées. Le braconnier fut condamné pour le délit de chasse, mais les gardes le furent aussi. « Attendu, dit la Cour de Grenoble, que l'article 25 interdit expressément aux officiers de police judiciaire de désarmer les chasseurs ; que cette disposition doit être considérée comme absolue si l'on veut éviter les dangers que le législateur a eu soin de prévenir ; que les termes de la loi n'impliquent nullement qu'elle n'interdit que le désarmement avec violence ; que le désarmement du chasseur, par surprise, pendant son sommeil, qui pouvait être également l'occasion d'une lutte, doit être considéré comme ayant le même caractère et doit être frappé de la même prohibition ; que le seul droit du garde était de décrire le fusil dont le tribunal serait appelé à prononcer la confiscation ; qu'on objecte vainement que l'article 16 a prévu le cas de la saisie des armes ; que les termes de cet article se réfèrent à la saisie du fusil abandonné ou à la saisie résultant de la remise volontaire; attendu quant à la saisie des gélinottes que la loi de 1844 est muette sur le gibier ; que l'article 16 qui prescrit la confiscation des armes ou autres engins de chasse saisis ou non saisis, ne parle ni de la saisie, ni de la confiscation du gibier, et qu'il est d'autant plus inadmissible que le législateur de 1844 ait voulu se référer à l'article 35 du Code d'instruction criminelle pour la saisie du gibier, que le projet de loi primitif prononçait la confiscation du gibier ; que cette disposition ayant été retranchée, le législateur a voulu évidemment restreindre la saisie du gibier aux seuls cas prévus par l'article 4, faisant revivre dans la loi nouvelle un principe de l'ancienne jurisprudence qui respectait le gibier en la possession du chasseur. » Les gardes furent condamnés à payer au braconnier la somme de dix francs à titre de réparation du dommage à lui causé par la saisie illégale des 5 gélinottes. (C. Grenoble, 11 mars 1879, D. P. 1880.2.75).

281. Chasse de nuit. — Le fait de chasse de nuit entraîne-t-il la confiscation ? Elle ne peut être prononcée dans le cas où le délit relevé a été commis par un individu muni d'un permis de chasse dans le temps où la chasse est autorisée. La chasse pendant la nuit n'étant pas considérée par l'article 12 de la loi de 1844 comme chasse en temps prohibé, une fois la chasse ouverte par l'arrêté préfectoral, il n'y a pas lieu de prononcer la confiscation à raison du seul délit de chasse pendant la nuit. (C. Paris, 14 novembre 1892, *Gaz. Pal.*, 1893.1, 2e part., 26).

282. Chasse en temps de neige. — La même solution doit intervenir si le délit a été commis en temps de neige par un individu muni d'un permis. Il est bon de remarquer que le chasseur tient son droit de chasse de l'article 9 ; les préfets ont seulement la faculté d'interdire la chasse pendant les temps de neige. Cependant la jurisprudence est divisée sur ce point.

283. Armes d'autrui. — La confiscation de l'arme doit être prononcée alors même que le délinquant justifierait que l'arme dont il était porteur ne lui appartenait pas. Le véritable propriétaire ne peut, dans ce cas, la revendiquer. Il aura seulement son recours contre celui auquel il l'a prêtée et entre les mains de qui elle a été confisquée.

284. Engins prohibés. — Aux termes de l'article 16, le jugement de condamnation doit prononcer la confiscation des filets, engins et autres instruments de chasse, et ordonner la destruction des instruments de chasse prohibés. Il est bien évident que la loi n'a entendu viser que les engins inanimés. On ne peut confisquer le furet destiné à la chasse aux lapins. (C. Poitiers, 10 mars 1865, S. 1866.2.84).

285. Furet ou lévrier. — Pas plus qu'on ne pourrait confisquer un lévrier. (Trib. corr. Jonzac, 11 décembre 1844, *Gaz. Trib.*, 11 janvier 1845).

286. Appeaux, appelants. — La confiscation prescrite par l'article 16 ne doit comprendre que les instruments de chasse proprement dits et non ceux qui ne constituent que des moyens secondaires servant à appeler le gibier, c'est-à-dire les appeaux, appelants et chanterelles. (C. Aix, 2 mars 1876, S. 1879.2.133 ; Cass., 7 mars 1868, S. 1868.1.273).

CONSENTEMENT DU PROPRIÉTAIRE

287. Consentement du propriétaire. — L'article 1er, § 2, de la loi du 3 mai 1844 est des plus nets. « Nul n'aura la faculté de chasser sur la propriété d'autrui *sans le consentement du propriétaire ou de ses ayants droit.* » Il en résulte que la prohibition est la règle et l'autorisation l'exception. Cette prohibition étant présumée, le chasseur qui entre en action de chasse sur le terrain d'autrui commet un acte délictueux, sauf à prouver qu'il en a l'autorisation. (V. Vᵒ *Terrain d'autrui*).

288. Personnes pouvant autoriser. — Peuvent donc donner l'autorisation : 1° le propriétaire ; 2° ses ayants droit. Par là, il faut entendre toutes les personnes à qui appartient le droit de chasse.

289. Propriétaires indivis. — Au cas d'indivision, un des copropriétaires ne peut valablement autoriser un tiers à chasser sur le terrain indivis sans le consentement des autres copropriétaires. (Cass., 19 juin 1875. S. 1875.1.328 ; Trib. corr. Epernay, 20 décembre 1884, *Gaz. Pal.*, 1885.1.690).

290. Fermier de culture. — Le fermier ne peut accorder l'autorisation que si son bail comprend explicitement le droit de chasse. (V. Vᵒ *Bail de chasse*).

291. Mari ou tuteur. — L'autorisation de chasser peut être accordée par les représentants légaux du propriétaire *incapable* ; le mari peut accorder l'autorisation de chasser sur les terres appartenant à sa femme non séparée de biens ; le tuteur sur les terres de l'interdit ou du mineur.

292. Caractère exprès ou tacite du consentement. — Si le consentement du propriétaire est nécessaire, doit-il être exprès ou tacite ? Lors de la discussion de la loi devant la Chambre des députés, la question avait été soulevée, et M. Barillon avait proposé d'ajouter dans le texte les mots « exprès ou tacite » au mot « consentement ». Il est certain que l'adoption de cet amendement aurait évité bien des difficultés. Mais il fut repoussé après les observations du rapporteur qui déclara qu'un consentement ne peut être donné que d'une manière expresse ou tacite, et que la loi imposant la nécessité du consentement du propriétaire, en reconnaissait forcément la valeur, de quelque manière qu'il fût donné. Le consentement peut donc résulter des faits et des circonstances dont l'appréciation souveraine appartient aux tribunaux. (Trib. civ. St-Gaudens, 28 novembre 1895, *La Loi*, 30 mars 1896).

293. Consentement exprès. — Par consentement exprès, on entend un acte notarié, ou un acte sous seing privé, ou une simple déclaration écrite émanant du propriétaire.

294. Nature du consentement. — Si, pour exercer une action correctionnelle en répression d'un délit de chasse commis sur le terrain d'autrui, sans le consentement du propriétaire, il faut, de toute nécessité, être possesseur d'un titre régulier, il suffit, pour échapper à la répression de ce délit, d'avoir un titre tel que, d'après les circonstances laissées à l'appréciation des tribunaux, il devait le paraître à toute personne le possédant, par exemple une convocation faite par un fils à l'accompagner à la chasse sur la propriété de son père, celui-ci fut-il jaloux de sa chasse, ou encore une autorisation donnée par une personne considérée notoirement, par suite de circonstances spécialement significatives, comme mandataire ou gérant d'affaires du propriétaire. On ne peut raisonnablement exiger davantage pour être réputé n'avoir pas chassé volontairement sur le terrain d'autrui sans le consentement du propriétaire, mais au contraire sous l'empire d'une erreur moralement invincible qui a empêché de voir un délit dans l'acte de chasse. (C. Nancy, 7 avril 1897, *Gaz. Pal.*, 1897. 2.10).

295. Preuve du consentement. — Le propriétaire d'un terrain qui poursuit correctionnellement un tiers pour délit de chasse sur le terrain d'autrui peut s'opposer à ce que le prévenu justifie du droit qu'il invoque autrement qu'en rapportant une preuve écrite. Mais si le propriétaire a consenti à une enquête portant sur l'existence d'une prétendue permission de chasser que le prévenu allègue avoir obtenue du propriétaire, celui-ci est irrecevable à soutenir, lors du jugement définitif, que le prévenu ne pouvait rapporter qu'une preuve écrite. Si le prévenu a fait la preuve qu'une autorisation lui avait été donnée, c'est au propriétaire à prouver qu'il aurait retiré formellement cette autorisation avant le fait de chasse incriminé. (C. Orléans, 11 juin 1887, *Gaz. Pal.*, 1887. 2.123).

296. Consentement tacite. — Par consentement tacite, on entend l'autorisation qui peut résulter du fait que, pendant plusieurs années, le propriétaire n'a pas empêché la chasse sur ses terres. Les tribunaux décideront, d'après les éléments de preuve existant dans chaque affaire s'il y a, ou non, consentement du propriétaire. (Trib. corr. Dreux, 11 janvier 1892, *Gaz. Pal.*, 1892.1.*Suppl.*, 19).

297. Fin du consentement. — Mais si le propriétaire, après avoir donné son consentement tacite résultant du silence qu'il a gardé après que les premiers faits de chasse sont parvenus à sa connaissance, change de volonté et fait cesser son consentement, par quels faits, par quel genre de notification avertira-t-il les intéressés ? La loi est muette à cet égard, et il y a là une source de difficultés. Le consentement même tacite continue à produire effet au profit de la personne autorisée, tant que le propriétaire n'a pas manifesté une intention contraire. (Trib. corr. Corbeil, 25 novembre 1898, *Mon. Lyon*, 7 janvier 1899 ; C. Douai, 24 mars 1897, *Le Droit*, 29 août 1897).

298. Consentement non révoqué par la mort du propriétaire. — Lorsqu'un propriétaire a donné à un tiers une autorisation de chasser sur ses terres, s'il vient à mourir laissant pour héritiers ses enfants qui n'ont ni loué ni fait défendre la chasse, l'autorisation tacite donnée par le père continue nécessairement son effet au regard de ses enfants continuateurs de sa personne et tenus de ses actes. (C. Angers, 22 juillet 1898, *Rec. d'Angers*, 1898.1.184).

299. Consentement général tacite. — Le consentement tacite peut être général. Le propriétaire qui a toléré pendant un certain temps qu'on chassât sur son fonds et qui n'a formulé aucune défense générale ni spéciale à ce sujet, doit être considéré comme ayant donné un consentement général tacite de chasse sur sa propriété. Par suite, un prévenu poursuivi pour avoir chassé sans autorisation sur cette propriété doit être relaxé. (Trib. corr. Barbezieux, 30 octobre 1899, *Rec. Bordeaux*, 1901.2.7).

300. Consentement du tiers détenteur. — Il a été jugé que le fait de chasse sur une terre dont le droit de chasse est aux mains d'un tiers en vertu d'un titre ayant date certaine, constitue le délit de chasse sur le terrain d'autrui, lors même que ce tiers aurait jusqu'alors toujours laissé chasser librement soit par tolérance, soit par consentement tacite, cette tolérance ou ce consentement tacite ne pouvant avoir le caractère d'une permission de chasse dont on puisse user jusqu'à rétractation, ou jusqu'à signification du bail aux chasseurs étrangers, ou encore jusqu'à notification que la chasse est réservée. Commettent une négligence à eux seuls imputable les chasseurs qui ne s'assurent pas, avant de pénétrer sur une terre, que le propriétaire n'a pas disposé de son droit de chasse ; ils doivent au préalable se renseigner, soit auprès du propriétaire, soit auprès du concessionnaire ou de son garde, soit au bureau d'enregistrement. (C. Douai, 15 juin 1897, *Gaz. Trib.*, 23 juillet 1898).

301. Retrait du consentement. — D'autre part, on a jugé que le consentement exprès ou tacite, verbal ou par écrit peut être retiré par le propriétaire quand bon lui semble ; mais ce retrait ne peut avoir d'effet qu'autant qu'il a été porté à la connaissance de ceux auxquels l'autorisation avait été accordée. Le fait par le propriétaire de céder par bail le droit de chasser sur ses terres manifeste clairement le retrait de toute autorisation antérieure donnée à des tiers, mais ne leur est opposable qu'autant que cette cession a été portée à leur connaissance. (C. Lyon, 26 mai 1897, *Mon. Lyon*, 11 septembre 1897).

302. Consentement mutuel. — De même, quand un accord tacite est intervenu entre deux propriétaires qui ont réciproquement chassé sur les terres l'un de l'autre, il en résulte une autorisation mutuelle dont l'effet subsiste jusqu'à ce qu'elle ait été révoquée. Cette autorisation n'est pas révoquée par la concession d'un bail de chasse même enregistré faite à un tiers par l'un des propriétaires, alors que l'autre n'en a pas eu connaissance. (Paris, 9 mars 1892, *Gaz. Trib.*, 9 avril 1892).

303. Retrait du consentement mutuel. — Mais commet le délit de chasse sur le terrain d'autrui celui qui, ayant chassé pendant longtemps sur des terres ne lui appartenant pas avec le consentement tacite des propriétaires qui avait été le résultat d'une tolérance réciproque, continue à chasser sur ces mêmes terres alors qu'il a adhéré à la constitution d'un syndicat de chasse auquel les dits propriétaires ont refusé de se joindre, manifestant ainsi tacitement leur intention de retirer aux syndiqués l'autorisation de chasser sur eux. (C. Paris, 22 juillet 1896, *Gaz. Pal.*, 1896.2.264).

304. Abstention et autorisation. — Les arrêts ci-dessus rapportés sont des arrêts rendus dans des espèces particulières. Je considère qu'il convient de faire une distinction entre l'autorisation expresse ou tacite et la simple abstention par le propriétaire de réserver sa chasse. Dans ce dernier cas, le propriétaire peut modifier instantanément, sans être obligé de prévenir les tiers, la situation résultant de sa simple inaction antérieure. « L'abstention du propriétaire, dit la Cour de Paris, de réserver son droit de chasse, circonstance qui peut, il est vrai, conduire les tiers, sans distinction de personne, à chasser sur des terres, ne doit pas être confondue avec le consentement donné ; cette abstention ne crée aucun lien de droit entre les tiers et le propriétaire, et ceux qui se voient dresser des procès-verbaux à sa requête ne peuvent que s'imputer à faute de ne pas s'être assurés qu'ils pouvaient s'aventurer sur un terrain où ils n'auraient chassé qu'à leurs risques et périls. » (C. Paris, 22 juillet 1896, *Gaz. Pal.*, 1896.2.266).

305. Révocation du consentement. — Mais quand il y a eu de la part du propriétaire non pas abstention de réserver sa chasse, mais bien autorisation expresse ou tacite, ce consentement continuera à produire effet au profit de la personne autorisée, tant que le propriétaire n'aura pas manifesté d'une manière non équivoque et porté à la connaissance de celle-ci son intention contraire. Spécialement le fait par le propriétaire de donner à bail le droit de chasse sur ses terres est une manifestation claire de la volonté de révoquer toute permission de chasse antérieurement donnée à des tiers ; cette révocation n'est opposable qu'aux permissionnaires qui ont eu, en fait, connaissance de ce bail. (C. Douai, 24 mars 1897, *Gaz. Pal.*, 1897.2.406 ; C. Lyon, 26 mai 1897, *Gaz. Pal.*, 1897.2. 406 ; Trib. corr. Corbeil, 25 novembre 1898, *Gaz. Pal.*, 1899. 2.65).

CONTRAINTE PAR CORPS

306. Loi du 22 juillet 1867. — Cette matière est réglée par la loi du 22 juillet 1867 qui, tout en supprimant la contrainte par corps en matière commerciale et civile, l'a main-

tenue en matière criminelle, correctionnelle et de simple
police, et par conséquent pour l'exécution des peines prononcées pour délits de chasse.

307. Réparations civiles. — Aux termes de l'article 4 de la
loi de 1867, la contrainte par corps peut être exercée par les
particuliers pour le recouvrement des condamnations prononcées en leur faveur pour réparation des délits. Un propriétaire qui, se portant partie civile dans une action correctionnelle, a obtenu des dommages-intérêts peut donc exercer la
contrainte par corps contre le condamné.

308. Durée de la contrainte. — La durée de la contrainte
est fixée par l'article 9 de la loi de 1867 : de 2 jours à 20 jours
lorsque l'amende et les autres condamnations n'excèdent pas
50 francs ; — de 20 jours à 40 jours lorsqu'elles sont supérieures à 50 francs et qu'elles n'excèdent pas 100 francs ; — de
40 jours à 60 jours lorsqu'elles sont supérieures à 100 francs
et qu'elles n'excèdent pas 200 francs ; — de 2 mois à 4 mois
lorsqu'elles sont supérieures à 200 francs et qu'elles n'excèdent pas 500 francs.

309. Réduction pour les insolvables. — Mais ces prescriptions de l'article 9 se trouvent considérablement atténuées
par les articles 10 et 14, aux termes desquels les condamnés
qui justifient de leur insolvabilité ou ceux qui ont commencé
leur soixantième année, sont mis en liberté après avoir subi
la contrainte pendant la moitié de la durée fixée par le jugement.

310. Justification de l'insolvabilité. — Pour justifier de leur
insolvabilité, les condamnés devront produire, conformément
à l'article 420 du Code d'instruction criminelle, un extrait du
rôle des contributions directes constatant qu'ils paient moins
de 6 francs, ou un certificat du percepteur de leur commune
portant qu'ils ne sont point imposés ; 2° un certificat d'indigence délivré par le maire ou l'adjoint de la commune de leur
domicile, visé par le sous-préfet et approuvé par le préfet.

311. Conséquences. — La plupart des vrais braconniers, vivant exclusivement de cette industrie étant insolvables, ne font jamais que la moitié de la contrainte prononcée.

312. Représentation des armes. — Aux termes de l'article 16 de la loi du 3 mai 1844, quand les armes ou engins de chasse n'ont pas été saisis, le délinquant est condamné à les représenter ou à en payer la valeur qui ne peut être fixée à moins de 50 francs. La contrainte par corps peut être exercée pour le paiement de la somme fixée.

313. Mineurs et responsables. — Une exception a été introduite dans l'article 28 de la loi de 1844 en ce qui concerne la responsabilité des père, mère, tuteur, maîtres et commettants, responsabilité qui ne s'appliquera qu'aux dommages-intérêts et frais sans pouvoir donner lieu à la contrainte par corps, ni contre le mineur, ni contre la personne responsable. (C. Limoges, 16 décembre 1897, *Rec. Riom*, 1898.99.527).

CUMUL DES PEINES

314. Règle générale. — Aux termes de l'article 17 de la loi du 3 mai 1884, « en cas de conviction de plusieurs délits prévus par la présente loi, par le Code pénal ordinaire ou par les lois spéciales, la peine la plus forte sera seule prononcée. Les peines encourues pour des faits postérieurs à la déclaration du procès-verbal de contravention, pourront être annulées, sans préjudice des peines de la récidive ». Le législateur a entendu insérer dans la loi de 1844 la règle générale de l'article 365 du Code d'instruction criminelle dont il a, d'ailleurs, adopté les termes.

315. Signification au prévenu. — Il est bien évident que par les mots « déclaration du procès-verbal de contravention » le législateur n'a pas entendu le seul cas où le garde verbalisateur, s'adressant au délinquant, l'aurait verbalement prévenu qu'il lui dressait procès-verbal. La chose est impossible, notamment si le garde verbalise contre un inconnu qui prend la fuite. Mais si le garde apprend ensuite quel est le délinquant, la déclaration du procès-verbal résultera suffisamment de la citation signifiée au prévenu.

316. Définition du cumul. — Suivant la définition donnée par M. Ortolan, « le cumul est cette situation dans laquelle l'agent s'est rendu coupable de plusieurs délits, n'ayant encore été condamné pour aucun : d'où la conséquence que ces délits sont tous encore à punir ».

317. Application du cumul. — Si donc un individu est prévenu d'avoir commis plusieurs délits, tant qu'il n'a pas reçu d'avertissement des agents verbalisateurs, il a droit à l'indulgence de la loi ; une seule peine (la plus forte, il est vrai) lui sera appliquée. Mais si, après s'être fait déclarer procès-verbal, ou après avoir reçu citation à comparaître, sous la prévention de délit de chasse, devant un tribunal répressif, cet individu commet encore de nouveaux délits, il sera frappé d'autant de peines, alors même que les délits divers auraient été commis le même jour.

318. Mention de déclaration. — En conséquence, le tribunal déclarant le même individu coupable de deux délits de chasse et prononçant contre lui une peine d'emprisonnement pour chacun de ces délits, doit mentionner dans son jugement que le procès-verbal constatant le premier délit lui avait été verbalement déclaré, ou avait été porté à sa connaissance d'une manière quelconque avant la perprétation du second délit. Faute de cette mention, le jugement manquerait de base légale et devrait être cassé. (Cass., 21 novembre 1891, *Pand.*, 1892.1.447).

319. Peine accessoire. — La prohibition du cumul des peines ne s'étend pas à la confiscation des armes et engins prohibés qui constitue une peine accessoire. (Cass., 13 mars 1856, D. P. 1856.1.331).

DES DÉGATS COMMIS PAR LE GIBIER

I. — Responsabilité du propriétaire.

II. — Loi du 19 avril 1901.

I. — De la responsabilité du propriétaire.

320. Nécessité d'une faute du propriétaire. — Cette matière est régie par les articles 1382 et 1383 du Code civil, par l'article 5 de la loi du 25 mai 1838 et par la loi du 19 avril 1901. L'article 1382 du Code civil, qui en est assurément le plus connu, est ainsi conçu : « Tout fait quelconque de l'homme, qui cause à autrui un dommage, oblige celui par la faute duquel il est arrivé, à le réparer. » L'article 1383 du même Code dit : « Chacun est responsable du dommage qu'il a causé non seulement par son fait, mais encore par sa négligence ou par son imprudence. » L'animal sauvage n'appartient pas en principe au propriétaire du sol sur lequel il vit. Il en résulte que celui-ci n'est pas de plein droit responsable des dégâts causés aux propriétés voisines par les animaux sauvages qui vivent sur ce fonds. Il faut donc, pour établir sa responsabilité, administrer la preuve qu'il a commis une faute en favorisant par son fait ou sa négligence la multiplication de ces animaux. Ce sont là des principes généraux sur lesquels la jurisprudence est unanime. (Cass., 26 février 1901, *Gaz. Pal.*, 1901.1. 396 ; Cass., 4 janvier 1899, *Gaz. Pal.*, 1899.1.137 ; Cass., 27 décembre 1898, *Gaz. Pal.*, 1899.1.112).

321. Preuve à administrer. — Le fardeau de la preuve incombe donc au propriétaire qui réclame sous forme de dommages-intérêts la réparation du préjudice que causent à ses récoltes les animaux sauvages vivant sur les propriétés voisines. Il lui faudra donc prouver : 1º la faute du voisin, 2º le préjudice causé. Inversement, le défendeur pourra s'exonérer de toute responsabilité en prouvant qu'il a fait, sur son terrain, des chasses et des battues pour détruire les animaux nuisibles et empêcher leur multiplication excessive. L'existence de nombreux terriers ne saurait, à elle seule, constituer une faute, s'il n'est pas établi que les lapins s'y trouvent en quantité anormale. (Cass., 15 janvier 1900, *Gaz. Pal.*, 1900. 1.225).

322. Nombre excessif d'animaux. — Il ne suffit même pas, pour condamner le propriétaire d'un bois à des dommages-intérêts envers un voisin dont les récoltes ont souffert, qu'il soit acquis qu'il a favorisé la multiplication des lapins en ne détruisant pas les terriers et en faisant soigneusement garder la chasse, s'il n'est pas en même temps constaté que le nombre de ces animaux dans le bois est excessif. (Cass., 27 décembre 1898, *Gaz. Pal.*, 1899.1.112).

323. Servitude naturelle. — « On ne saurait, dit le tribunal de Sens, rendre un propriétaire responsable de la présence dans ses bois de rares lapins qui y ont été attirés par leur instinct nomade et vagabond et contre lesquels, par des chasses quotidiennes, des battues fréquentes, des furetages répétés, il a appliqué tous les procédés d'extermination. D'ailleurs, quelques moyens énergiques dont on use pour détruire les lapins, il n'est pas possible, étant donnée la rapidité de leur reproduction, de les faire disparaître totalement des bois. Les propriétaires ou fermiers des terres contiguës doivent toujours s'attendre à souffrir plus ou moins des incursions de ces rongeurs ; c'est là une servitude naturelle, inhérente à la situation des lieux, dont il convient de tenir compte. » (Trib. civ. Sens, 27 février 1897, *Gaz. Pal.*, 1897.1. *Suppl.*, 33).

324. Quantité normale de gibier. — Le tribunal civil de Versailles s'est exprimé dans les mêmes termes. « Attendu, dit-il, que le demandeur est tombé dans l'erreur commune à bien des propriétaires riverains de bois qui oublient que l'emplacement même de leurs terres les astreint à supporter une sorte de servitude résultant du voisinage même des bois, et que, pas plus qu'ils ne peuvent faire abattre les arbres qui occasionnent de l'ombre sur leurs terres, les privant par ce fait d'une partie de la récolte, ils ne peuvent réclamer des dommages-intérêts pour les dégâts commis par le gibier qui se trouve d'une façon normale dans un bois parce que ledit gibier est *res nullius*. » (Trib. civ. Versailles, 21 février 1896, *Gaz. Pal.*, 1896.1. *Suppl.*, 20).

325. Négligence. — Le propriétaire d'un bois dans lequel se trouvent des lapins vivant à l'état sauvage n'est responsable des dommages causés par eux aux récoltes des fonds voisins que s'il est établi que, par son fait ou sa négligence il a, soit attiré ces animaux, soit favorisé leur multiplication en telle sorte qu'ils soient devenus nuisibles. Et dès lors, doit être cassé le jugement qui, pour accueillir l'action en indemnité formée par un cultivateur contre l'adjudicataire du droit de chasse dans un bois, se fonde simplement sur ce que « les lapins du bois sont assez nombreux pour détruire les récoltes des terrains voisins, que des traces anciennes ou récentes semblent démontrer que c'est à ces lapins qu'on doit attribuer la destruction des récoltes, et que le propriétaire du bois ne prouve pas avoir fait pratiquer des furetages ou des battues ». (Cass., 11 mars 1902, D. P. 1902.1.112).

326. Insuffisance de destruction. — Mais le propriétaire d'un bois est à bon droit déclaré responsable des dégâts causés aux récoltes des riverains par les lapins séjournant dans ce bois, lorsqu'il est constant qu'il a commis l'imprudence de n'avoir pas fait, pendant deux années consécutives, un nombre suffisant de battues et d'avoir négligé de faire procéder au furetage et à la destruction des terriers. (Cass., 26 février 1901, *Gaz. Pal.*, 1901.1.396 ; Cass., 21 octobre 1895, *Gaz. Pal.*, 1895.2.553).

327. Autorisation de destruction. — Mais le propriétaire d'un bois, pour s'exonérer de la responsabilité qui lui incombe au sujet des dégâts commis par les lapins sur les terrains des riverains, peut-il invoquer l'autorisation qu'il a accordée à ceux-ci de détruire ces animaux, en pénétrant dans son bois ?

328. Responsabilité nulle. — Le tribunal des Andelys a admis l'affirmative. Des riverains d'un bois s'étant plaint des dégâts causés à leur blé par les lapins, le locataire de la chasse du bois fit immédiatement signifier aux plaignants « l'autorisation d'une façon générale, absolue et sans réserves, de pénétrer dans ledit bois, à l'effet de détruire soit au fusil, soit aux furets les lapins pouvant s'y trouver, et au besoin de défoncer les terriers ». Le tribunal a considéré que le dommage devait, sinon totalement disparaître, du moins être considérablement amoindri si les lapins avaient été détruits par les plaignants aussitôt l'autorisation donnée, tandis que ceux-ci n'en avaient absolument rien fait. Et le tribunal a débouté les plaignants. (Trib. civ. Les Andelys, 16 juin 1885, *Gaz. Pal.*, 1887.2.123).

329. Responsabilité. — Mais cette manière de_ voir n'est pas celle de la Cour de cassation. Dans un arrêt de 1901, elle décide que la responsabilité du propriétaire d'un bois existe quand, depuis de longues années, la chasse y est sévèrement gardée, que les battues ont été rares, qu'il n'y a été procédé à aucun furetage autrement que pour rendre les battues plus fructueuses, et que les terriers qui s'y trouvent en nombre considérable n'y ont pas été défoncés. Et la Cour suprême conclut que le propriétaire a, dès lors, commis une faute, et que l'autorisation de détruire les lapins qu'il a accordée aux riverains, ne saurait en aucune manière le décharger de l'obligation qui lui incombait à lui-même de prendre les mesures nécessaires pour empêcher la multiplication excessive de ces animaux sur sa chasse. (Cass., 26 février 1901, *Gaz. Pal.*, 1901.1.396).

330. Autorisation inopérante. — Cette jurisprudence de la Cour de cassation paraît absolument conforme au bon sens le plus élémentaire. Il n'est pas admissible qu'un propriétaire puisse dire à son voisin : venez faire ma besogne, je vous y autorise. On ne peut convoquer de la sorte ses voisins à venir détruire chez soi les animaux nuisibles qui s'y trouvent, pas plus que le propriétaire d'un jardin ne peut s'exonérer de l'obligation de l'échenillage en autorisant ses voisins à venir détruire dans son jardin les nids de chenilles qui s'y trouvent.

331. Chasse gardée. — Lapins. — Le fait imputé à un propriétaire de faire garder rigoureusement sa chasse étant l'exercice d'un droit, ne saurait engager sa responsabilité. Mais il en serait autrement s'il était démontré qu'il a apporté dans ses bois des lapines pour favoriser le repeuplement. (Trib. paix Clères, 8 mai 1900, *Rec. Rouen*, 1900.211).

Toutes les décisions citées plus haut sont relatives aux dégâts causés par les lapins. C'est le cas le plus fréquent. Mais d'autres animaux causent, eux aussi, des dégâts aux propriétés riveraines des forêts qui constituent leur retraite.

332. Lièvres. — La responsabilité incombant aux propriétaires de chasses dans lesquelles se trouvent des lièvres ne peut être la même que celle qui résulte de la présence des lapins. Si, pour les lapins, il est aisé de constater d'où viennent les auteurs des dégâts, il en est tout autrement pour les lièvres. On ne peut suivre à la piste un lièvre qui a causé du dégât, et déterminer d'une façon certaine dans quel lieu il séjourne habituellement. Souvent, en effet, il fait des trajets fort longs pour venir au gagnage dans la plaine. Il se tient à certaines époques de préférence dans les bois, à d'autres dans la plaine, et s'il est souvent chassé dans une partie de la contrée qu'il habite, il la quittera momentanément pour aller là où il trouvera plus de tranquillité. Il en résulte que la responsabilité du propriétaire est très limitée. (Trib. civ. Meaux, 14 juin 1882, *Gaz. Pal.*, 1882.1.396).

333. Cerfs et chevreuils. — Les cerfs et chevreuils qui, non seulement broutent les récoltes, mais s'attaquent encore aux pousses des jeunes arbres, peuvent causer des dégâts considérables. La Cour de cassation a rejeté un pourvoi formé par la duchesse d'Uzès contre un jugement du tribunal civil de Rambouillet la condamnant à payer 1046 francs de dommages-intérêts à un riverain pour réparation du préjudice que lui avaient causé les cerfs de la forêt de Rambouillet. (L'année précédente, en 1881, la duchesse d'Uzès avait payé 250.000 francs de dommages-intérêts aux riverains.) La Cour suprême a décidé que le locataire de la chasse d'une forêt, malgré qu'il soit constant qu'il n'y a ni attiré ni retenu les cerfs, non plus qu'il n'en a favorisé la multiplication, peut cependant être déclaré responsable du dommage causé par ces animaux aux propriétés voisines lorsqu'il est établi que le nombre de ceux qui séjournent dans la forêt excède la quantité que cette forêt en devrait naturellement recéler, et que le locataire de la chasse n'a pas employé des moyens suffisants pour leur destruction. En laissant subsister dans la forêt des cerfs plus qu'il ne convenait, et plus que n'en pouvait comporter le sol destiné à les nourrir, il a commis une négligence de nature à engager sa responsabilité vis-à-vis des riverains lésés. (Cass., 24 décembre 1883, *Gaz. Pal.*, 1884.1.874).

334. Sangliers. — La responsabilité du propriétaire ou du locataire de la chasse d'une forêt doit être plus ou moins sévèrement envisagée suivant l'espèce des animaux dont on se plaint. L'obligation du propriétaire apparaît en effet plus rigoureuse quand il s'agit d'animaux sédentaires comme les lapins que s'il s'agit d'animaux nomades comme les sangliers, puisqu'au regard de ces derniers, les précautions recommandées par la prévoyance ordinaire ne sauraient jamais avoir la même efficacité. (Trib. civ. Mayenne, 1er juillet 1898, *Gaz. Trib.*, 13 octobre 1898).

335. Envahissement passager. — Une forêt qui, ordinairement, ne recèle pas de sangliers peut être subitement envahie par une troupe de ces animaux venus de fort loin qui, en une nuit, ravageront les récoltes des riverains et notamment les champs de pommes de terre dont ils sont très friands. Pourra-t-on dans ce cas actionner en dommages-intérêts le propriétaire du bois qui ne soupçonnait même pas la présence sur son fonds de ces pachydermes ? Il est évident que les tribunaux ne pourraient admettre la responsabilité du propriétaire que dans le cas où les sangliers séjournant dans ses bois, il n'aurait rien fait pour les attaquer et les détruire.

336. Protection des sangliers. — Le propriétaire d'une forêt ou le locataire de la chasse serait à bon droit reconnu responsable s'il était démontré que, loin d'employer tous les moyens en son pouvoir pour empêcher la multiplication des sangliers séjournant en grand nombre dans la forêt, il les chasse seulement le plus souvent à courre et s'oppose à la destruction des laies. (Cass., 20 novembre 1888, *Pand.*, 1889. 1.130 ; Trib. paix La Loupe, 26 avril 1897, *Gaz. Trib.*, 23 mai 1897).

337. Appréciation des tribunaux. — Et il appartient aux

juges du fond d'apprécier souverainement si les moyens de destruction employés par le propriétaire doivent être considérés comme suffisants ou non pour dégager ou atténuer sa responsabilité. (Cass., 6 mars 1893, *Pand.*, 1894.1.415).

II. — Loi du 19 avril 1901.

338. Compétence du juge de paix. — Aux termes de la loi du 25 mai 1838, les juges de paix connaissaient sans appel jusqu'à la valeur de cent francs, et, à charge d'appel, à quelque valeur que la demande puisse s'élever, des actions pour dommages faits aux champs, fruits et récoltes par les animaux. Cette compétence a été modifiée par la loi du 19 avril 1901. L'article 1er en est ainsi conçu : « Les juges de paix connaissent de toutes les demandes en réparation du dommage causé aux récoltes par le gibier, en dernier ressort si la demande n'est pas supérieure à trois cents francs, à charge d'appel si elle excède ce chiffre, quel qu'en soit le montant ou si elle est indéterminée. S'il est formé une demande reconventionnelle en dommages-intérêts, il sera statué sur le tout sans appel si la demande principale est de la compétence du juge de paix en dernier ressort.

339. Compétence augmentée. — La compétence du juge de paix est donc largement augmentée et les propriétaires lésés peuvent être certains de pouvoir être indemnisés à peu de frais, le taux de la compétence en dernier ressort les mettant le plus souvent à l'abri d'un procès au tribunal civil dont le coût effraie souvent les plaideurs.

340. Pluralité de demandeurs. — L'article 2 vise le cas où plusieurs demandeurs forment leurs demandes par le même exploit. Ce n'est pas là une innovation. Rien dans la loi n'interdit à plusieurs intéressés qui ont des revendications à présenter en justice contre le même défendeur, à former, par mesure d'économie, leurs demandes par un exploit unique.

341. Mentions de la citation. — Dans ce cas, l'huissier devra se conformer aux termes de l'article 61 du Code de procédure civile et indiquer dans la citation les nom, prénoms, profession et domicile de chacun des demandeurs, ainsi que l'objet de la demande et le chiffre des dommages-intérêts réclamés.

342. Demande indéterminée. — La loi de 1901 a apporté une autre modification à la loi de 1838. Le juge de paix est compétent même si la demande est indéterminée, alors que sous l'empire de la loi de 1838 une demande indéterminée échappait à la compétence de ce magistrat.

343. But pratique du législateur. — C'est évidemment dans un but pratique que le législateur de 1901 a voulu apporter cette modification. Pour échapper à l'incompétence, le demandeur était obligé de fixer une somme, d'évaluer le chiffre de sa demande alors même qu'il n'en connaissait pas le montant. Avec le texte de 1901, un propriétaire lésé peut citer devant le juge de paix « pour voir fixer à dire d'expert les dégâts commis sur la propriété du requérant par les animaux sauvages venus de la forêt du requis ».

344. Mesures d'instruction. — La demande étant ainsi valablement introduite, le juge peut, aux termes de l'article 3, ordonner des mesures d'instruction, « nonobstant toute exception préjudicielle ».

345. Exceptions. — La maxime : *le juge de l'action est juge de l'exception* est vraie aussi bien en justice de paix que devant les tribunaux civils. Le juge de paix peut donc connaître de certaines exceptions ou questions incidentes. Mais il en était autrement avant la loi de 1901 quand l'exception soulevée était une question de propriété ou de servitude. Dans ce cas, le juge de paix devait se dessaisir et renvoyer les parties à se pourvoir devant la juridiction civile. (Cass., 28 février 1887, *Gaz. Pal.*, 1887.1.363).

346. Exceptions préjudicielles. — Dans d'autres cas, en présence d'exceptions préjudicielles, le juge de paix devait surseoir à statuer tant que la question préjudicielle n'était pas tranchée par le tribunal compétent. Grâce à la loi de 1901 en matière de dégât de gibier, le juge peut ordonner les mesures d'instruction, sauf à ne pas statuer au fond. Mais cette prescription a l'avantage énorme de permettre la constatation des dégâts au moment où ils viennent d'être commis, et l'examen de l'étendue du préjudice si réellement il existe.

347. Expertise. — Les mesures d'instruction que peut ordonner le juge de paix sont:

1° L'expertise. Comme le tribunal civil, le juge de paix jouit d'un pouvoir discrétionnaire pour décider s'il y a lieu ou non à expertise. L'assistance du juge de paix à l'expertise n'est pas prescrite par l'article 42 du Code de procédure civile à peine de nullité, et le juge peut valablement ordonner une expertise à laquelle il n'assiste pas. (Cass., 13 janvier 1886, *Gaz. Pal.*, 1886.1.279).

348. Nomination des experts. — La nomination des experts doit être faite par le même jugement qui déclare l'expertise nécessaire. La loi n'impose pas au juge le nombre d'experts à nommer. Il peut en nommer un, deux, trois. Habituellement dans les affaires de peu d'importance, un seul suffit.

349. Choix des experts. — Le choix des experts en matière de dégâts de gibier est assez délicat. Quand il s'agit d'apprécier le préjudice causé par les lapins ou les lièvres à des champs de sarrasin, de betteraves ou de carottes, la nomination d'un agriculteur s'impose. Mais le juge ne doit fixer son choix que sur un citoyen dont l'impartialité est absolue et qui n'aura pas la tendance trop générale à exagérer l'étendue du dommage dans le but de favoriser les intérêts de l'agriculture.

350. Serment. — Le ou les experts doivent prêter serment, à moins d'en avoir été dispensés par les parties. Le jugement qui, en nommant des experts, les dispense, pour les parties, de l'obligation du serment, est réputé ne les avoir dispensés que du consentement des parties elles-mêmes. (Cass., 14 juillet 1857, S. 1858.1.666).

351. Caractère contradictoire de l'expertise. — L'expertise doit être contradictoire, c'est-à-dire faite en présence des parties, ou tout au moins alors qu'elles ont été dûment convoquées. Cette convocation ne serait plus nécessaire si le procès-verbal de prestation de serment mentionnait l'indication des jour et heure de l'expertise faite par l'expert en présence des parties. Mais serait nulle l'expertise à laquelle il aurait été procédé sans que les parties, non présentes à la prestation de serment, aient été averties d'assister aux opérations de l'expert. (Trib. civ. Perpignan, 6 juillet 1892, *Gaz. Pal.*, 1893.1.29).

352. Mission des experts. — La mission de l'expert ou des experts doit être nettement définie dans le jugement ordonnant l'expertise. Cette mission doit porter sur l'étendue des dégâts et l'expert peut être appelé à dire si les dégâts sont tels que la responsabilité du détenteur du droit de chasse soit ou non engagée. Elle peut donc être assez délicate et même nécessiter plusieurs constatations à différentes époques de l'année, au fur et à mesure de la maturité des récoltes.

353. Rapport des experts. — Après la ou les visites sur les lieux, les parties ayant été entendues en leurs explications, les experts rédigent et signent leur procès-verbal sur papier timbré, et le déposent au greffe. Ce rapport doit, en principe, être déposé dans le plus bref délai possible, et les experts peuvent même, en cas de retard, encourir une responsabilité civile.

354. Descente de lieux. — 2° Le juge de paix peut aussi, conformément à l'article 41 du Code de procédure civile, ordonner que le lieu contentieux sera visité par lui en présence des parties. Cette visite des lieux litigieux peut être prononcée soit d'office, soit sur la réquisition des parties, mais le juge ne peut faire taxer ses frais de transport que dans ce second cas.

355. Expertise devant le juge. — Le juge peut aussi faire faire l'expertise en sa présence. Dans ce cas les experts se contentent de donner leur avis et leurs appréciations sans rédiger de procès-verbal. Si l'affaire est susceptible d'appel, le procès-verbal de la visite des experts est rédigé par le greffier, et signé par le juge, le greffier et les experts.

356. Enquête. — 3° Le juge peut enfin ordonner une troisième mesure d'instruction qui est l'enquête. Les témoins cités à la requête du demandeur et du défendeur sont entendus suivant les formes du droit commun. De même que le juge peut faire procéder à l'expertise en sa présence, il peut aussi entendre les témoins sur les lieux litigieux.

357. Jugement. — Le juge de paix, après avoir éclairé sa religion par les mesures d'instruction, rend son jugement dit définitif. Cette dénomination est opposée à celle des jugements préparatoires ou interlocutoires ; elle n'exprime pas que le jugement est inattaquable puisqu'il est susceptible d'appel ou de pourvoi en cassation. Le juge n'est pas lié par les appréciations de l'expert dont il peut homologuer ou non le rapport, en tout ou en partie.

358. Opposition. — Comme sous l'empire de la loi du 25 mai 1838, le juge de paix statue contradictoirement ou par défaut. Si le jugement est contradictoire c'est-à-dire rendu en présence des parties, ou après qu'elles ont comparu et conclu, il ne peut être attaqué que par appel ou pourvoi en cassation. Si le jugement est rendu par défaut, la partie défaillante peut y faire opposition dans les trois jours de la signification, et même obtenir du juge prorogation de ce délai en justifiant qu'à raison d'absence ou de maladie grave, elle n'a pu être instruite de la procédure.

359. Appel. — Pour qu'un jugement contradictoire ou par défaut soit susceptible d'appel, il faut, aux termes de la loi du 19 avril 1901, que la demande soit supérieure à 300 francs. Si la demande est inférieure à ce chiffre, le jugement est en dernier ressort.

360. Demandes reconventionnelles. — L'article 1er, § 2, de la loi du 19 avril 1901 a apporté une modification assez grave à la loi de 1838 en matière de compétence. La formation d'une demande reconventionnelle, en matière ordinaire, susceptible d'appel, oblige le juge de paix à statuer sur toute la demande en premier ressort seulement, alors que la demande principale est du taux du dernier ressort. Cette disposition a le grave inconvénient de permettre au défendeur, s'il a la bourse bien garnie, de traîner son adversaire devant la juridiction d'appel et de le dégoûter des procès en l'obligeant à dépenser de l'argent. C'est la tactique bien connue des grandes sociétés industrielles, qui font régulièrement appel, puis pourvoi en cassation, de toutes les décisions de justice.

361. Degré de juridiction. — C'est ce que la loi de 1901 ne permet plus, puisque le juge statue en dernier ressort sur la demande principale et sur la demande reconventionnelle, quel que soit le chiffre de cette dernière, si la demande principale n'est pas supérieure à 300 francs.

362. Pluralité de demandeurs. — Dans le cas de pluralité de demandeurs dans un seul et même exploit, prévue par l'article 2, le juge statue en premier ou en dernier ressort à l'égard de chacun des demandeurs suivant le chiffre de la demande. Par exemple, dans la même citation introductive d'instance, on agit à la requête de M. X..., qui demande 100 francs de dommages-intérêts ; de M. Y..., qui réclame 350 francs et de M. Z..., qui demande 25 francs. Le juge de paix statuera en dernier ressort en ce qui concerne les demandes formées par X... et Z..., et en premier ressort en ce qui concerne la demande de Y.

363. — Cette disposition nettement formulée dans la loi de 1901 n'existe pas dans celle de 1838. Mais le principe en était admis par la jurisprudence malgré le silence de la loi. (Cass., 25 janvier 1860, D. P. 1860.1.76).

364. Délais d'appel. — Aux termes de l'article 13 de la loi du 25 mai 1838, l'appel des jugements des juges de paix ne sera recevable que trois jours après le prononcé du jugement, à moins qu'il n'y ait lieu à exécution provisoire. On admet généralement que c'est un délai franc, c'est-à-dire que le jugement étant prononcé le premier du mois, on ne pourra interjeter appel que le cinq.

365. Point de départ des délais. — Mais l'appel reste recevable tant que trente jours ne se sont pas écoulés depuis la signification du jugement. C'est la signification qui fait courir les délais d'appel. L'appel doit donc être interjeté, au plus tard, le trentième jour qui suit la signification ; la règle de l'article 1033 du code de procédure civile d'après lequel le jour de l'échéance n'est pas compris dans le délai, n'est pas applicable ici. (Cass., 2 août 1887, *Gaz. Pal.*, 1887.2.272).

366. Jugements par défaut. — L'article 443 du code de procédure civile aux termes duquel le délai pour interjeter appel ne court pour les jugements par défaut que du jour où l'opposition ne sera plus recevable, n'est pas applicable aux jugements des juges de paix. Ceux-ci sont régis par la procédure spéciale de la loi de 1838. L'appel doit donc être interjeté, au plus tard, le trentième jour qui suit la signification, alors même qu'il s'agit d'un jugement par défaut. (Trib. civ. Seine, 15 juin 1887, *Gaz. Pal.*, 1887.2.416).

367. Jugements préparatoires ou interlocutoires. — Les jugements ordonnant des mesures d'instruction conformément à l'article 3, et notamment une expertise sont préparatoires ou interlocutoires.

368. Jugements préparatoires. — Ils sont préparatoires, et dans ce cas l'appel ne peut en être interjeté qu'après le jugement définitif, quand le fond de la contestation n'est pas préjugé.

369. Jugements interlocutoires. — Ils sont, au contraire interlocutoires et en conséquence susceptibles d'appel avant le jugement définitif, quand ils ordonnent une expertise pour faire constater les dégâts causés aux terres du demandeur par les lapins venant du bois du défendeur, et ce, alors que le défendeur avait conclu à son relaxe parce qu'il avait fait tout ce qu'il était possible pour empêcher la trop grande multiplication du gibier. Peu importe, dans ce cas, que le jugement réserve les droits et moyens des parties, cette réserve étant inhérente à tout jugement interlocutoire. (Cass., 7 décembre 1885, *Gaz. Pal.*, 1886.1.117).

370. Jugements exécutoires par provision. — Mais, aux termes de l'article 4 de la loi de 1901, ces jugements quoique susceptibles d'appel *en principe*, peuvent être déclarés exécutoires par provision et sans caution nonobstant opposition ou appel.

371. Conséquences. — Les conséquences de cette déclaration que le jugement est exécutoire par provision sont au nombre de deux : l'appel qui ne peut être interjeté dans le droit commun dans les trois jours du jugement, peut l'être immédiatement ; ce droit d'appel immédiat d'un jugement exécutoire par provision, appartient à la partie qui a obtenu la condamnation, comme à la partie contre laquelle la condamnation a été prononcée. (Cass., 3 juin 1885, *Gaz. Pal.*, 1885.2.189).

372. Exécution du jugement. — Les poursuites pour l'exécution du jugement peuvent commencer aussitôt, et l'appel interjeté ne saurait y mettre obstacle.

373. Pourvoi en cassation. — La loi du 19 avril 1901 est muette sur la question du pourvoi en cassation. Il faut donc adopter le texte de la loi du 25 mai 1838 (art. 15), aux termes de laquelle les jugements rendus par les juges de paix ne peuvent être attaqués par cette voie de recours que pour excès de pouvoir, c'est-à-dire lorsque le juge de paix, dépassant le cercle de ses attributions judiciaires, a empiété sur

celles des pouvoirs législatif, exécutif ou administratif. (Cass.,
26 avril 1892, *Gaz. Pal.*, 1892.1.617).

374. Violation de la loi. — L'excès de pouvoir est la trans-
gression de la part du juge des limites dans lesquelles la loi a
circonscrit son autorité, et on ne peut considérer comme telle
une violation de la loi qu'il est chargé d'appliquer. Spécialement, ne constitue pas un excès de pouvoir susceptible de
donner ouverture à pourvoi, le fait par un juge de paix saisi
d'une action en réparation d'un dommage aux champs causé
par des lapins, de faire état d'une expertise irrégulière. (Cass.,
27 janvier 1892, *Gaz. Pal.*, 1892.1.258).

DISCERNEMENT

Application aux délits de chasse, 376. — Défaut de discernement, 375.
— Jurisprudence de la Cour de cassation, 377.

375. Défaut de discernement. — Aux termes de l'article 66
du Code pénal « lorsque l'accusé aura moins de 16 ans, s'il
est décidé qu'il a agi sans discernement, il sera acquitté ». Et
l'article 69 du même Code porte que « dans tous les cas où le
mineur de 16 ans n'aura commis qu'un simple délit, la peine
qui sera prononcée contre lui ne pourra s'élever au-dessus de
la moitié de celle à laquelle il aurait pu être condamné s'il
avait eu 16 ans.

376. Application aux délits de chasse. — Ces textes doivent s'appliquer en matière de chasse : c'est ce qu'a décidé
dans plusieurs arrêts la Cour de cassation. « La disposition
de l'article 66 du Code pénal d'après laquelle les individus
âgés de moins de 16 ans doivent être acquittés s'ils ont agi
sans discernement, doit, comme celle de l'article 61 du même
Code, relative à la démence et à la contrainte, être suivie dans
toutes les matières, même dans celles qui sont régies par des
lois spéciales, à moins que ces lois ne contiennent, à ce sujet,
quelque dérogation expresse ou tacite. Les tribunaux ne peu-

vent prononcer de peines qu'autant qu'ils constatent l'existence de toutes les circontances exigées par la loi pour rendre
le fait punissable, d'où il suit qu'à l'égard d'un prévenu âgé
de moins de 16 ans, ils doivent, avant toute condamnation,
examiner et résoudre la question du discernement. (Cass.,
20 mars 1841, D. P. 1841.1.358).

377. Jurisprudence de la Cour de cassation. — L'arrêt précité est, il est vrai, antérieur à la loi du 3 mai 1844 ; mais
depuis la promulgation de cette loi, la jurisprudence de la
Cour suprême ne s'est pas modifiée. « Attendu, dit-elle en
1846, que les articles 66, 67, 68 et 69 du Code pénal ont pour
objet de subvenir à la faiblesse de l'âge, qu'ils dérivent d'un
seul et même principe, dont ils règlent les conséquences suivant les divers cas qu'ils prévoient ; qu'il suit de là que les
dispositions contenues dans ces articles sont générales et
doivent recevoir leur application à tous les crimes et délits,
même à ceux qui sont prévus par des lois autres que le Code
pénal, à moins qu'il n'en soit autrement ordonné ; attendu que
la loi de 1844 ne contient aucune dérogation à cet égard..... »
(Cass., 18 juin 1846, D. P. 1846.1.234).

DIVAGATION DE CHIENS

378. Arrêtés préfectoraux. — Aux termes de l'article 9 de
la loi du 3 mai 1844, les préfets pourront prendre des arrêtés pour prévenir la destruction des oiseaux ou pour favoriser leur repeuplement. Dans beaucoup de départements, le
préfet a pris un arrêté ainsi conçu : « En conformité de l'article 9 de la loi du 3 mai 1844, et dans le but de protéger les
couvées d'oiseaux-gibier, il est formellement interdit aux propriétaires ou possesseurs de chiens, quelle qu'en soit la race,

de les laisser divaguer en leur absence ou hors de leur surveillance et de leur action, dans les champs couverts ou non
de leurs récoltes, ainsi que dans les bois et à quelque époque
de l'année que ce soit. Sont exceptés de ces dispositions :
1° les chiens de chasse dans les bois et forêts depuis l'ouverture de la chasse jusqu'au 31 mars inclusivement et jusqu'au
15 avril inclus ceux employés à la requête pour bécasse ; 2°
en tout temps, les chiens de berger, à la condition qu'ils ne
s'éloignent pas des troupeaux à la garde desquels ils sont
confiés. »

379. Droits des préfets. — Ces arrêtés, dont la nécessité
n'est pas douteuse en présence du nombre toujours croissant
de chiens errants et de la fâcheuse habitude qu'ont les cam-
pagnards d'emmener aux champs des chiens qu'ils ne sur-
veillent pas, devraient être appliqués avec la dernière sévérité.
Malheureusement quelques tribunaux ont contesté aux préfets
le droit de prendre, en vertu de l'article 9, des arrêtés de
cette nature. C'est ainsi, notamment, que le tribunal de
St-Mihiel a déclaré illégal et non obligatoire un arrêté du
préfet de la Meuse en date du 20 décembre 1883, interdisant
la divagation des chiens dans les bois, terres cultivées ou
friches pendant le temps de la fermeture de la chasse. « Attendu, dit le tribunal, qu'il est de principe et de jurisprudence
constante que si l'existence des infractions à la loi sur la police de la chasse n'est pas subordonnée à la constatation d'une
intention frauduleuse de la part de leur auteur, il n'en est pas
moins certain que le fait de chasse ne doit s'entendre que
d'un acte personnel et volontaire tendant à la recherche et à
la poursuite du gibier dans le but de le capturer et de se l'approprier ; qu'on ne peut admettre que la loi du 22 janvier 1874
ait voulu, en accordant à l'administration préfectorale le droit
de prendre des arrêtés pour prévenir la destruction des
oiseaux et pour favoriser leur repeuplement, lui attribuer la
faculté de transformer en infraction délictueuse des faits souvent involontaires et fortuits et qui ne présentent ni ne ren-

ferment aucun des caractères essentiels et nécessaires pour
constituer un délit ; que ce serait là une dérogation trop flagrante aux principes généraux du droit, et que rien n'autorise
une semblable interprétation ; qu'il s'ensuit que l'arrêté du
20 décembre 1883 ayant été pris en dehors des termes de l'article 9 de la loi du 22 janvier 1874, ne peut produire d'effet. »
(Trib. corr. St-Mihiel, 25 novembre 1884, *Gaz. Pal.*, 1885.1.
427).

380. Arrêté visant la loi de 1844. — Cette théorie n'est
pas acceptable. C'est ce que pensa l'administration forestière
qui avait pris l'initiative de la poursuite, et qui n'hésita pas à
déférer à la Cour de Nancy le jugement de Saint-Mihiel. La
Cour infirma, et déclara légal et obligatoire l'arrêté du préfet
de la Meuse. « S'il n'est pas dit expressément que cet arrêté
a en vue la conservation des oiseaux et leur repeuplement, il
n'est pas douteux que la mesure édictée tend au but que le
législateur s'est proposé en 1874, la circulation dans les
champs et forêts de chiens errants, offrant un danger sérieux
pour la conservation des œufs et couvées des oiseaux qui
nichent sur le sol. La loi ne limite pas l'époque pendant laquelle les mesures de conservation peuvent être prises. La
sanction pénale de la contravention prévue par l'arrêté dont
s'agit est écrite dans l'article 11, § 3, de la loi du 3 mai 1844, et
un fait volontaire de la part du propriétaire des chiens errants
n'est pas nécessaire pour constituer la contravention qui peut
résulter d'une faute ou d'une négligence, l'intention délictueuse n'étant pas exigée en matière de chasse pour que le
fait incriminé tombe sous l'application de la loi pénale. » (C.
Nancy, 19 février 1885, *Gaz. Pal.*, 1885.1.583).

381. Règlement administratif. — D'autres juridictions déci-
dèrent que l'infraction à un arrêté préfectoral qui défend de
laisser errer les chiens dans les plaines et dans les bois pendant le temps où la chasse est prohibée, constitue une contravention à un règlement administratif réprimée par l'article 471

§ 15 du Code pénal, et non le délit puni par l'article 11, § 3, de
la loi du 3 mai 1844, alors que cet arrêté, dans les termes où
il est édicté, procède, non de l'article 9 de la loi de 1844, mais
bien du droit de police qui appartient à l'administration en
vue d'assurer d'une manière générale la conservation du
gibier.

382. Délit ou contravention. — L'intérêt de cette distinction
est que la contravention à l'article 471 du Code pénal n'entraîne qu'une condamnation à une amende de un à cinq francs
et ne figure pas sur le casier judiciaire : au contraire, le délit
de l'article 9 est puni par l'article 11 d'une amende de seize à
cent francs qui figure au casier judiciaire.

383. Contravention. — C'est ainsi que le préfet des Ardennes ayant pris le 24 décembre 1886, un arrêté dont l'article 5
était ainsi conçu : « Afin de prévenir la destruction du gibier
et de favoriser son repeuplement, il est expressément interdit
aux propriétaires de chiens... », la Cour de cassation décida
que les infractions aux arrêtés préfectoraux destinés à assurer
l'exécution des dispositions de la loi du 3 mai 1844 ne sont
punissables de peines correctionnelles qu'autant qu'ils ont été
pris dans des cas formellement prévus par ladite loi. Au cas
particulier, l'arrêté du préfet des Ardennes ayant pour objet,
non de prévenir la destruction des oiseaux utiles à l'agriculture conformément aux dispositions de l'article 9, § 4, de la loi
sur la police de la chasse, mais bien d'assurer la conservation
du gibier, le fait relevé ne trouvait pas de sanction dans les
articles 11 et suivants de cette loi, mais constituait une
contravention de police réprimée par l'article 471, § 15 du
Code pénal. (Cass., 5 août 1887, D. P. 1888.1.186 ; C. Rouen,
1er août 1891, *Pand.*, 1893.2.107 ; Trib. corr. Rambouillet,
4 mai 1893, *La Loi,* 25 mai 1893).

384. Délit. — Au contraire, le préfet de la Haute-Marne
ayant pris un arrêté interdisant la divagation des chiens pendant le temps où la chasse est prohibée « afin de prévenir la

destruction du jeune gibier, des œufs, des couvées », la Cour
de Dijon décida avec raison que, pour que l'infraction à l'article 11 soit commise et la pénalité encourue, il suffit qu'il soit
établi que c'est dans le but d'arrêter la destruction des oiseaux
que la défense de laisser errer les chiens a été faite ; et que
le chien a été surpris vagabondant dans la plaine ou dans les
bois, c'est-à-dire dans un lieu où il peut chasser et détruire les
oiseaux. (C. Dijon, 26 novembre 1890, *Pand.*, 1891.2.351 ;
Trib. corr. Langres, 24 juin 1892, *Gaz. Pal.*, 1892.2.205 ;
Trib. corr. Mantes, 19 mai 1897, *Le Droit*, 29 août 1897 ; C.
Paris, 5 avril 1898, *Gaz. Pal.*, 1898.1.648).

385. Question de rédaction. — Ces deux séries de décisions ne sont contraires qu'en apparence, car toutes deux font
une saine application de la loi. En résumé, si le préfet, dans
son arrêté, vise l'article 9 de la loi de 1874, et déclare que c'est
pour prévenir la destruction des *oiseaux* qu'il interdit la divagation des chiens, la violation de l'arrêté constitue un délit
puni par l'article 11 de la loi du 3 mai 1844. Si au contraire
le préfet déclare que c'est pour prévenir la destruction du *gibier*, il sort des limites de l'article 9, et la violation de son
arrêté ne constitue plus qu'une contravention de simple police.

386. Mise en fourrière des chiens. — Le garde qui trouve
des chiens en état de divagation ou en action de chasse a le
droit incontestable de s'emparer des chiens pour les mettre
en fourrière, sauf à les restituer à leur propriétaire à première réquisition. On ne peut voir dans ce fait une violation
de l'article 25 de la loi du 3 mai 1844 qui n'interdit que la
saisie et le désarmement des délinquants. Le mot *délinquant*
ne peut s'appliquer à des chiens, et on ne saurait prétendre
que le propriétaire d'un terrain sur lequel divaguent ou chassent les chiens d'autrui ne peut que faire constater le délit,
et non y mettre fin en s'emparant des chiens. (Trib. civ.
Nevers, 15 décembre 1884, *Gaz. Pal.*, 1885.1.140).

387. — A cette jurisprudence du tribunal de Nevers, on oppose quelquefois un jugement en sens contraire du tribunal de Roanne. Mais ce jugement n'a pas la portée qu'on veut lui donner. Le tribunal a manifestement tenu non pas à faire jurisprudence, mais à donner tort à un garde qui avait été « d'une violence répréhensible, et avait eu une attitude insolente ». (Trib. civ. Roanne, 21 décembre 1883, *Gaz. Pal.*, 1884.1.114).

DOMAINE PRIVÉ DE L'ÉTAT

388. Domaine public et privé. — Parmi les propriétés faisant partie du domaine public où peut s'exercer le droit de chasse, il convient de citer les îles des cours d'eau navigables et flottables, les forêts et bois nationaux, et les dépendances déclassées du domaine public.

389. Iles. — Aux termes de l'article 560 du Code civil, les îles, ilots, atterrissements qui se forment dans le lit des fleuves ou des rivières navigables ou flottables, appartiennent à l'Etat s'il n'y a titre ou prescription contraire, et la jurisprudence admet qu'il doit en être ainsi alors même que l'île s'est formée sur l'emplacement d'un terrain ayant appartenu à un particulier, mais ayant été envahi et détruit par le cours d'eau. (Cass., 25 avril 1842, D. P. 1842.1.339).

390. Forêts et bois nationaux. — L'Etat détient à titre particulier, sans les affecter à des services publics un grand nombre de forêts et de bois dont l'exploitation constitue un revenu considérable. Le droit de chasse dans ces bois et forêts est affermé et mis en adjudication. « Dans le cas où ce moyen ne donne pas des résultats suffisants, les ordonnances des 20 août 1814, 16 octobre 1832 et du 14 septembre 1830, et une décision du ministre des finances du 28 novembre 1863, autorisent le directeur général des forêts à délivrer des permissions ou licences de chasse dont il fixe le prix payable à la caisse du receveur des domaines de la situation des bois. » (A. Puton, *Manuel de législation forestière*, p. 306).

391. Dépendances déclassées du domaine public. — Font aussi partie du domaine privé de l'Etat les terrains délaissés à la suite de la rectification ou de la suppression des routes nationales, et un certain nombre d'anciennes dépendances du domaine public enlevées à leur destination primitive. Rien ne s'oppose à ce que l'Etat aliène le droit de chasse sur ces terrains.

DOMAINE PUBLIC DE L'ÉTAT

I. — Domaine public et privé, 393.

Droit de chasse, 395. — Question de propriété, 392.

II. — Routes et chemins.

Chemins de halage, 404. — Chemin longeant un bois, 399. — Chemin public, 397. — Chemin traversant un bois, 400. — Chemin rural non classé, 403. — Gibier venu fortuitement, 398. — Indélicatesse licite, 401.

III. — Chasse sur mer.

Chasse en barque, 409. — Chasse sur mer, 405. — Etangs salins, 408. — Limites des rivages, 407.

IV. — Remparts des places de guerre, 410.

392. Question de propriété. — Le terrain sur lequel peut s'exercer le droit de chasse appartient toujours à quelqu'un : Etat, communes, établissements publics, ou particuliers.

393. Domaine public et privé. — Les propriétés de l'Etat se divisent en domaine public et domaine privé.

394. Domaine public. — Le domaine public, d'après les articles 538 et suivants du Code civil, comprend les chemins, routes et rues à la charge de l'Etat, les fleuves et rivières navigables ou flottables, les rivages, lais et relais de la mer, les ports, les havres, les rades et généralement toutes les portions du territoire français qui ne sont pas susceptibles d'une propriété privée. Il en est de même des portes, murs, fossés, remparts des places de guerre et des forteresses.

395. Droit de chasse. — Il faut donc examiner successivement les conditions de l'exercice du droit de chasse sur ces différents terrains.

396. Routes et chemins. — L'État n'aliène pas le droit de chasse sur les propriétés du domaine public. Chacun peut donc, en principe, y chasser, en se renfermant dans les conditions de la loi du 3 mai 1844.

397. Chemins publics. — Une personne munie d'un permis ne commet pas un délit en faisant acte de chasse sur un chemin public traversant une propriété privée, si aucun arrêté préfectoral ou municipal n'a interdit la chasse à tir sur les chemins publics, pour cause de sûreté publique ou de police, ou pour toute autre cause. (C. Bourges, 23 février 1898, D. P. 1899.2.30).

398. Gibier venu fortuitement. — Mais pour qu'il n'y ait pas délit dans le fait de tirer sur un chemin public un gibier, il faut que ce gibier y soit venu fortuitement, et il n'en est plus ainsi lorsque le gibier ne traverse que par un fait personnel et volontaire de la part du chasseur. (Trib. corr. Moulins, 8 janvier 1897, *Gaz. Pal.*, 1897.2.502).

399. Chemin longeant un bois. — Quand le chemin public longe un bois, il ne peut y avoir de difficulté : le fait de s'y arrêter en action de chasse est licite et ne peut être assimilé à un acte de chasse sur le terrain d'autrui. (C. Colmar, 24 avril 1866, *Monit. des Trib.*, 1866.571).

400. Chemin traversant un bois. — Si le chemin traverse le bois, permettre d'y chasser serait, dit-on, une grave atteinte au droit du propriétaire. Il est en effet désagréable de voir des gens indélicats, et ils ne sont pas rares, se promener sur un chemin public et fusiller les faisans et les lièvres qui ont la malencontreuse idée de le traverser. Mais il ne faut pas discuter agrément ou désagrément. La Cour de Bourges a résolu la question : on peut chasser sans autorisation sur les chemins appartenant à l'Etat ou au département. Il en serait cependant autrement si la commune s'était entendue avec l'Etat ou le département pour accorder à ses adjudicataires le droit de chasse sur les chemins.

401. Indélicatesse licite. — Comme exemple d'indélicatesse licite, je citerai celui de chasseurs allant se poster sur une route pour profiter de la battue organisée par le propriétaire d'une chasse réservée. Le procédé est déplorable, mais ne tombe pas sous le coup de la loi. (Nîmes, 30 janvier 1896, *Gaz. Trib.*, 25 avril 1896).

402. Tir interdit. — Mais commet un délit passible des peines édictées par l'article 11, § 3, de la loi du 3 mai 1844 celui qui tire un coup de fusil sur une route, contrairement aux prescriptions formelles d'un arrêté préfectoral légalement pris conformément aux dispositions des lois sur la chasse. En effet, l'interdiction de tirer des armes à feu sur les routes et chemins a pour but la conservation du gibier et se rattache étroitement aux autres dispositions du même arrêté relatives à la chasse des oiseaux de passage, à la destruction des animaux nuisibles, etc. (C. Paris, 8 mai 1899, *Le Droit*, 19 octobre 1899).

403. Chemin rural non classé. — Commet le délit de chasse sur le terrain d'autrui celui qui est trouvé en attitude de chasse sur un chemin rural non classé faisant partie de bois communaux dont le droit de chasse a été adjugé à un locataire. (Trib. corr. Bar-sur-Seine, 28 février 1895, *Gaz. Trib.*, 23 mai 1895)

404. Chemin de halage. — Les chemins de halage sont la propriété exclusive des riverains et les agents de l'Etat ont seulement le droit d'en faire usage pour le service hydraulique. Mais l'administration, en louant la chasse sur les cours d'eau dépendant du domaine de l'Etat, ne peut conférer le droit de chasse sur les chemins de halage qui les bordent. Les amodiataires du droit de chasse ne peuvent donc chasser sur les rives des cours d'eau navigables ou flottables sans l'autorisation des propriétaires. (Trib. civ. Narbonne, 28 octobre 1898, *La Loi*, 11 novembre 1898).

Rivages de la mer.

405. Chasse sur mer. — La loi de 1844 est muette au sujet de la chasse sur mer et sur les rivages de la mer. Elle réglemente, dans l'article 9, la chasse sur les marais, étangs, fleuves et rivières, mais non sur mer. De plus, la même loi indique dans ses articles 22 et 23, les agents qui ont le droit de verbaliser pour délits de chasse, et les agents maritimes ne figurent pas dans cette nomenclature. Il faut donc en conclure que la chasse sur mer est libre, ainsi que la chasse sur les rivages de la mer, c'est-à-dire sur les terres qui peuvent être recouvertes par les plus hautes marées.

406. Rivages. — La chasse en mer sur un bateau est libre et peut être effectuée sans permis. Il n'en est pas de même sur les rivages, c'est-à-dire sur le sol national. La prohibition de l'article 1er de la loi du 3 mai 1844, aux termes duquel nul ne peut chasser si la chasse n'est pas ouverte, et s'il ne lui a pas été délivré un permis, est générale et absolue et s'applique notamment aux rivages des mers et aux grèves que le flot couvre et découvre. Par suite, commet un délit de chasse l'individu trouvé sans permis, en attitude de chasse sur une plage à environ 10 mètres de la mer, celle-ci paraissant être à son niveau le plus élevé. (Trib. corr. Boulogne-s/-Mer, 19 décembre 1900, *Gaz. Pal.*, 1901.1.719).

407. Limites des rivages. — Les rivages de la mer font partie du domaine public. On doit entendre par rivage de la mer au bord de la Méditerranée, toute la bande de terre qui est recouverte par les plus hautes eaux, c'est-à-dire par le flot d'hiver. Il appartient à la juridiction répressive qui a le droit de rechercher si tous les éléments du délit existent, de déterminer s'il est suffisamment établi que le terrain sur lequel un prévenu a chassé soit la propriété privée du plaignant. (Trib. corr. Narbonne, 17 mars 1899, *La Loi*, 27 avril 1899 ; Cass., 23 février 1901, D. P. 1901.1.342).

408. Etangs salins. — Une compagnie, concessionnaire de terrains pour l'exploitation de salins, ne saurait se prétendre propriétaire des parties du rivage et d'un étang qui sont une dépendance de la mer. Dès lors, pour poursuivre utilement un tiers pour fait de chasse sur une partie du rivage ou de l'étang, elle doit justifier de sa propriété sur ces parcelles d'eau qui sont réputées faire partie du domaine public. (Trib. civ. Montpellier, 1er mai 1895, *La Loi*, 8 juin 1895).

409. Chasse en barque. — Jugé aussi que la loi de 1844 est inapplicable à ceux qui chassent sur la mer ou sur les étangs salés qui en dépendent au moyen de barques. (C. d'Aix, 12 mars 1856, S. 1856.2.528).

410. Remparts des places de guerre. — Quant aux murs, fossés, remparts des places de guerre, ils sont sous la protection de l'autorité militaire qui y interdit généralement la chasse par mesure de sécurité.

DROGUES ET APPATS

Agrainage, 413. — Noix vomique, 411. — Pâte phosphorée, 412.

411. Noix vomique. — L'article 12, § 5, de la loi du 3 mai 1844, punit d'une amende de cinquante à deux cents francs et éventuellement d'un emprisonnement de six jours à deux mois, ceux qui auront employé des drogues ou appâts de nature à enivrer le gibier ou à le détruire. Cette disposition est assez nette pour n'avoir pas besoin de commentaires. Le poison le plus habituellement employé par les braconniers est la noix vomique. La jurisprudence est assez rare. Je citerai un jugement très connu du tribunal de Lyon qui frappa deux jeunes gens surpris en train de répandre sur des choux un mélange de sang cuit et de noix vomique. (Trib. corr. Lyon, 17 mars 1847, D. P. 1847.3.69).

412. Pâte phosphorée. — Mais le fait de répandre sur ses terres des morceaux de viande enduits de pâte phosphorée, c'est-à-dire un appât qui ne peut attirer le gibier et s'adresse aux animaux carnivores, ne saurait constituer le délit d'emploi de drogues ou appâts de nature à enivrer le gibier ou à le détruire. Il constitue une infraction à l'article 9, § 3, de la loi de 1844 ,quand l'arrêté préfectoral classant les renards parmi les animaux nuisibles et malfaisants n'autorise leur destruction en tout temps qu'au moyen de pièges. (C. Nîmes, 27 novembre 1896, *Gaz. Pal.*, 1897.1.37).

413. Agrainage. — Aucune disposition de la loi n'interdit d'appâter quand il ne s'agit ni de drogues ni de substances de nature à attirer le gibier par leur odeur, à l'enivrer, à paralyser ses mouvements. De simples graines répandues ne peuvent avoir pour résultat que de retenir quelques instants de plus l'oiseau *res nullius* venu volontairement se poser, sans qu'aucun traqueur ni rabatteur l'y ait poussé. On ne peut étendre les prohibitions en matière répressive. (C. Bourges, 23 février 1898, D. P. 1899.2.30).

DROIT DE CHASSE

414. Nature du droit de chasse. — Le droit de chasse est un attribut de la propriété. Il en est ainsi depuis le décret du

4 août 1790. Les législateurs de 1790 et de 1844 ont admis ce principe. Chacun peut donc chasser sur son terrain, c'est-à-dire s'y livrer à la recherche, à la poursuite du gibier ; mais on ne peut chasser sur la propriété d'autrui sans son consentement.

415. But de la loi de 1844. — Comment le détenteur du droit de chasse peut-il exercer ce droit, quelles règles doit-il observer, c'est le but, ce que détermine la loi du 3 mai 1844 sur la police de la chasse.

416. A qui appartient le droit de chasse. — Le droit de chasse appartient donc à des propriétaires de plusieurs sortes : à l'Etat, aux communes, aux établissements publics, aux particuliers. Quand il appartient aux particuliers, ceux-ci peuvent l'exercer par eux-mêmes, le céder à titre onéreux ou gratuit. Au contraire, le droit de chasse appartenant à l'Etat, aux communes ou aux établissements publics, ne peut être exercé directement par les administrateurs de ces personnes morales. Il doit être exploité, c'est-à-dire concédé à titre onéreux et constitue un revenu.

417. Cession du droit de chasse. — Mais la cession du droit de chasse peut-elle être perpétuelle ?

La réserve du droit de chasse à perpétuité que, dans un acte de partage, les propriétaires d'un domaine se sont réservé sur la totalité de ce domaine pour eux et pour leurs successeurs, constitue une servitude personnelle entachée d'une nullité radicale, absolue et d'ordre public. (C. Paris, 26 juin 1890, *Gaz. Pal.*, 1890.2.109).

418. Servitudes réelles et personnelles. — C'est là une application de l'article 686 du Code civil qui fait une distinction entre les servitudes réelles et les servitudes personnelles. La loi permet aux propriétaires d'établir sur leurs domaines telles servitudes que bon leur semble, pourvu que les services établis ne soient imposés ni à la personne, ni en faveur de la personne, mais seulement à un fonds et pour un fonds. Or, ainsi que l'a dit le tribunal de Mantes, « la chasse n'est d'aucune utilité au fonds de celui qui aurait le droit de chasse ; elle peut seulement donner de l'utilité et de l'agrément au propriétaire du fonds ; conséquemment, on ne peut, à titre de servitude réelle et surtout à perpétuité, établir un droit d'usage ou de jouissance de la chasse en faveur d'une personne ou de ses successeurs. » (Trib. civ. Mantes, 6 août 1887, *Gaz. Pal.*, 1890.2.109).

419. Propriétaires successifs. — La même solution a été donnée à la question par la Cour de cassation qui a jugé que la concession d'un droit de chasse au profit des propriétaires successifs d'un domaine sur des fonds voisins ayant fait partie de ce domaine, mais qui en ont été détachés par aliénation, ne peut avoir le caractère d'une servitude réelle ; c'est là une servitude personnelle qui ne profite pas au donataire lui-même, mais seulement à la personne du propriétaire de ce domaine, et qui, dès lors, est prohibée par l'article 686 du Code civil. (Cass., 9 janvier 1891, *Gaz. Pal.*, 1891.1.136).

DROIT DE SUITE

420. Définition. — Le droit de suite, dont les chasseurs parlent souvent, n'existe pas dans la législation actuelle. On peut le définir : le droit de continuer, même sur le terrain d'autrui, la poursuite du gibier levé. Le droit, je le répète, n'existe pas, la chasse sur le terrain d'autrui étant formellement prohibée. Il a existé dans l'ancien droit, mais a été aboli longtemps avant la loi du 3 mai 1844 par celle du 30 avril 1790.

Et qu'on ne vienne pas invoquer, ainsi que le font certains théoriciens pour soutenir qu'il existe, l'article 11 de la loi de 1844. Cet article n'autorise pas, il ne tolère pas ; il dit textuellement : « Pourra ne pas être considéré comme délit de chasse le fait du passage de chiens courants sur l'héritage d'autrui, lorsque ces chiens seront à la poursuite d'un gibier lancé sur la propriété de leurs maîtres, sauf l'action civile, s'il y a lieu, en cas de dommage. »

421. Excuse. — Par conséquent, ce passage de chiens courants sur la propriété d'autrui est un délit. Il pourra seulement ne pas être considéré comme tel dans certaines circonstances qui seront examinées plus loin. Les tribunaux ont là dessus, suivant les circonstances, un large pouvoir d'appréciation. Mais un acquittement intervenant dans une de ces espèces ne devra jamais être basé que sur une excuse et non sur un droit.

422. Droit conventionnel. — Le droit de suite n'existe pas dans la loi, mais il peut être conventionnel. Rien n'empêche deux chasseurs dont les domaines sont contigus de s'octroyer réciproquement le droit de suite qui leur permettra de suivre leur chasse et même de tirer, sans toutefois aller lancer chez le voisin.

423. Tolérance continue. — Le droit de suite ne comporte pas en principe le droit de tirer, mais il est loisible aux parties contractantes de lui donner toute l'extension qui leur semble convenable. Lorsqu'une pareille extension résulte d'une tolérance continue et d'une pratique non contestée entre voisins de chasse, le retrait de cette autorisation tacite ne saurait avoir d'effet rétroactif. (C. Dijon, 1er juin 1887, *Rev. Eaux et Forêts*, 1888.83).

424. Preuve à faire. — En principe donc, le fait de passage, sur le terrain d'autrui, de chiens courants constitue le délit puni par l'article 11 d'une amende de 16 à 100 francs. Mais le maître des chiens pourra être excusé s'il fait la preuve, qui lui incombe, que le gibier chassé avait été lancé sur son propre terrain, et qu'il lui a été impossible de rompre ses chiens. Et cette excuse, introduite dans la loi par le législateur qui a voulu concilier le respect de la propriété et la possibilité même de la chasse, est basée sur ce fait dont les tribunaux doivent se pénétrer : il est impossible au chasseur de faire revenir à son appel les chiens courants qui sont en pleine chasse sur la piste d'un gibier. A ce moment, les chiens courants dont l'instinct de la chasse prime tous les autres, n'écoutent plus rien, et s'ils ne tombent pas en défaut, il est à peu près impossible de les rompre.

425. Conditions de l'excuse. — Pour que l'excuse pût être admise, il faudrait rigoureusement la réunion de trois conditions : 1° passage de chiens courants ; 2° continuation de la chasse commencée sur le terrain du maître ; 3° impossibilité absolue de les rompre et abstention de tout fait positif de chasse sur le terrain traversé.

426. Passage. — 1) Il faudrait qu'il y ait eu seulement *passage* et non séjour, stationnement. Si les chiens, n'écoutant que leur instinct plus fort que l'obéissance, continuent la poursuite et ne font que *passer* sur le terrain d'autrui, l'excuse peut être admise, mais il n'en serait plus ainsi si les chiens, tombant en défaut, ont quêté et stationné, cherchant à relever le défaut, alors que le maître les apercevant n'a pas cherché à les reprendre.

427. Lancé licite. — 2) Il faudrait que le prévenu justifiât que le gibier qui a entraîné les chiens sur le terrain d'autrui a été lancé sur ses terres ou dans un lieu où il avait le droit de chasse, que par conséquent le passage sur le terrain d'autrui n'a pas été l'acte initial, mais la continuation involontaire de la chasse commencée de façon licite.

428. Impossibilité de rompre les chiens. — 3) Il faudrait enfin que le prévenu fît la preuve qu'il a fait son possible pour rompre les chiens et n'a négligé aucune occasion pour mettre fin à la poursuite. (Nancy, 15 mai 1884, *Gaz. Pal.*, 1884.2.32).

429. Fait involontaire. — Le prévenu est excusable s'il démontre l'impossibilité dans laquelle il s'est trouvé par lui-même ou ses préposés d'empêcher le passage du gibier et le séjour, d'ailleurs de courte durée, des chiens sur le terrain d'autrui. Il en doit être ainsi alors même que le chasseur aurait pénétré à la suite de ses chiens qu'il n'a pu rompre, sur ce terrain, s'il s'est abstenu de les appuyer ou exciter. On ne saurait invoquer comme fait positif de chasse cette circonstance que le prévenu a attendu devant le terrain d'autrui, mais en dehors de ce terrain, pendant un certain temps, le débouché de l'animal, lorsqu'il est d'autre part démontré que le passage et le séjour des chiens de meute s'est produit contre la volonté du maître d'équipage qui, placé dans l'impossibilité de faire rompre ses chiens, s'est abstenu de les faire appuyer. (Trib. corr. Pontoise, 5 janvier 1900).

430. Cas d'immunité. — « Le sens du 2ᵉ paragraphe de l'article 11 de la loi du 3 mai 1844 n'est pas, au vu de son contexte, d'une absolue clarté. Le fait du passage des chiens courants à la suite du gibier, n'est pas considéré, mais *pourra* seulement être considéré comme licite. On a vu le plus souvent, dans cette faculté laissée aux tribunaux, la possibilité pour eux de distinguer entre le fait de passage pur et simple, et l'exercice complet, sans restriction, du droit de chasse sur l'héritage du voisin : le premier est licite, le second ne serait que le renouvellement de l'ancien droit de suite que la législation de 1844 a voulu exclure. Les nombreuses décisions rendues sur la matière portent la trace de cette préoccupation de la nature du fait. La plupart, pour rendre manifeste l'intention du chasseur de respecter l'héritage du voisin, ont exigé qu'il justifiât avoir fait des efforts inutiles pour rompre les chiens, et leur interdire l'accès de l'immeuble contigu. Il semble que ce soit excéder un peu les termes de la disposition légale qui est muette à ce sujet; ce serait, d'ailleurs, la rendre sans objet, personne ne pouvant être responsable d'un fait de force majeure. En interprétant l'article précité suivant ses termes, en son sens réel, il semble qu'on puisse dire que l'immunité existe avec la réunion de ces trois circonstances : 1° que le gibier ait été lancé sur la propriété du chasseur ; 2° que le chasseur n'ait ni appuyé ni excité ses chiens ; 3° qu'il fût demeuré sur sa terre, à moins que ce fût pour ramener ses chiens ou prendre possession du gibier devenu sa propriété. » (C. Bourges, 6 juin 1900, *Gaz. Pal.*, 1901.1. 261 ; Cass., 26 novembre 1895, *Gaz. Pal.*, 1895.2.772).

431. Attente du retour des chiens. — A signaler certaines décisions déclarant licite le fait par le chasseur d'attendre dans une attitude de chasse sur la limite du terrain où il a le droit de chasser le retour d'un gibier poursuivi par son chien sur le terrain d'autrui, mais lancé sur ses terres. « Attendu, dit le tribunal de Mortagne, que s'il en était autrement, la chasse au chien courant deviendrait presque impossible. » (Trib. corr. Mortagne, 7 décembre 1898, *Gaz. Pal.*, 1899.1. 243).

432. Enclave. — Il ne faut pas aller trop loin dans cette voie, et, ici encore, il est bon de répéter que les tribunaux sont juges de la question de fait. Un chasseur possède un très vaste territoire de chasse dans lequel est enclavé un champ de quelques ares ne lui appartenant pas. Les tribunaux n'admettront jamais que chaque fois que le gibier lancé sur la propriété du chasseur traversera ce champ, il faudra interrompre la chasse, essayer de reprendre les chiens, et se refuser à tirer le gibier à sa rentrée dans le domaine du chasseur.

433. Quête des chiens. — Au contraire, commet le délit de chasse celui qui laisse sur le terrain d'autrui ses chiens courants quêter et poursuivre le gibier sous ses yeux et à sa portée, sans essayer de les rompre ou rappeler. (Trib. corr. Florac, 28 juillet 1898, D. P. 1900.2.363).

434. Inaction. — De même, il a été jugé avec raison qu'on ne saurait assimiler à un simple passage de chiens excusable, le fait d'avoir laissé chasser ses chiens dans un bois appartenant à autrui, et ce pendant au moins une heure. Dans ce cas, ce serait au prévenu qu'il appartiendrait d'administrer la preuve qu'il a tout fait pour rompre ses chiens. (Trib. corr. Pont-Audemer, 19 novembre 1896, *Gaz. Pal.*,1898.1, *Suppl.*, 7).

435. Acte personnel. — Il est évident que le passage des chiens courants ne saurait être excusé quand le chasseur, accompagné de ses piqueurs, a suivi sa meute sur un parcours d'environ trois kilomètres dans la chasse d'autrui, et a continué la chasse sans tenir compte des avertissements du garde. (C. Orléans, 27 juillet 1882, *Gaz. Pal.*, 1881-82.2. 336).

436. Evasion des chiens. — L'existence de tout délit de chasse est subordonnée à un acte personnel et volontaire ayant pour but de rechercher et de poursuivre le gibier. Ce principe s'applique spécialement au cas où des chiens, en dehors de toute participation directe ou indirecte de leur maître, auraient poursuivi seuls le gibier sur le terrain d'autrui. Si le maître de ces chiens, sans les suivre ou sans les appuyer, les avait mis ou fait mettre en chasse, l'existence d'un délit pourrait être relevé à sa charge : mais il ne saurait y avoir délit si les chiens s'étaient échappés à l'insu de leur maître, et si, guidés par leur seul instinct, ils avaient poursuivi du gibier sur le terrain d'autrui sans la participation de personne. (C. Dijon, 14 janvier 1889, *Gaz. Pal.*, 1889.1.299 ; Trib. corr. Nevers, 19 mars 1891, *Gaz. Pal.*, 1891.1.479).

437. Chiens d'arrêt. — L'article 11 laisse donc aux tribunaux la faculté d'excuser le passage sur le terrain d'autrui des *chiens courants*. Mais il ne parle que de ceux-là et ne semble pas dès lors admettre l'excuse en ce qui concerne le passage d'un chien d'arrêt. Le délit étant la règle et l'excuse l'exception, plusieurs auteurs se contentent de déplorer une règle aussi restrictive et considèrent que l'excuse n'est pas admissible. En consultant les travaux préparatoires, on cons-

tale que lors de la discussion devant la Chambre des députés,
M. Dessaigne proposa de supprimer l'épithète et d'appliquer
l'article 11 à toutes les espèces de chiens. Mais cette proposition fut rejetée sur la déclaration de M. Hébert qui affirma
qu' « un chien d'arrêt revient toujours à l'appel de son maître ». Que saint Hubert pardonne à l'âme de M. Hébert cette
hérésie cynégétique ! Il faut n'avoir jamais chassé en plaine
pour ne pas avoir entendu de malheureux chasseurs siffler
vainement leur chien d'arrêt galopant *sans arrêt* aux trousses
d'un lièvre ou bourrant consciencieusement une compagnie
de perdreaux. Un quart d'heure après, Médor revient essouf-
flé, la queue basse, recevoir la correction bien méritée qui
l'attend. Ces chasseurs, que je plains, ne sont-ils pas excusables ?

438. Excuse. — Ils le sont juridiquement, car les tribunaux, au risque de blesser l'amour-propre de celui qui l'a
dressé, peuvent déclarer qu'un chien qui *bourre* énergique-
ment sans tenir compte des appels de son maître, ne mérite
pas le qualificatif de *chien d'arrêt*, mais celui de chien courant. C'est ce qu'a jugé avec infiniment de raison le tribunal
de Roanne. « Attendu que P... sur des terres avoisinant celles
de D... chassait à l'aide d'un chien d'arrêt qui n'était pas de
race pure ; qu'un lièvre est parti et s'est dirigé sur les terrains gardés de D... ; que le chien s'est lancé à sa poursuite
malgré les appels réitérés de P... et s'est soustrait à la vue de
ce dernier : attendu qu'il est établi par la déposition même
du garde que celui-ci a rencontré un peu plus tard P... continuant à appeler son chien ; attendu que P... qui n'avait pas
l'intention de chasser sur des terres gardées, qui loin de me-
ner ou pousser son chien sur ces terres, l'a au contraire
rappelé, ne saurait être argué de chasse ; attendu que le paragraphe 3 de l'article 11 de la loi sur la chasse ne doit pas
être appliqué *stricto sensu* ; qu'il y aurait rigueur à rendre
P... responsable d'une tolérance que les travaux préparatoires de la loi paraissent, il est vrai, avoir réservée aux chiens

courants ; attendu que si le chien de P... obéissant à ses instincts a oublié ou transgressé les principes du dressage auquel il a dit avoir été préalablement soumis, on ne saurait en
faire grief à P... qui ne peut être responsable du fait de son
chien, fait auquel il n'a pas participé ; attendu que si l'on
rapproche des travaux préparatoires l'opinion de M. le conseiller de Neymerand prépondérante en matière de jurisprudence sur la chasse, et l'opinion de Toussenel compétent
dans l'art cynégétique, qui dit « que le chien couchant, produit de l'art, est un chien muet greffé sur un chien courant,
et qui retourne au sauvageon comme la rose double quand la
greffe est mal conduite », le tribunal se trouve en présence
d'un doute devant profiter à P... puisque la chasse au chien
courant ne lui était pas interdite à l'endroit où il était ; —
Par ces motifs, renvoie, etc. (Trib. corr. Roanne, 21 décembre 1883, *Gaz. Pal.*, 1884.1.114).

ENGINS PROHIBÉS

439. Interdiction. — L'article 12 de la loi du 3 mai 1844
édicte une amende de 50 à 200 francs, et facultativement un
emprisonnement de six jours à deux mois contre ceux qui
auront chassé à l'aide d'engins et instruments prohibés, ou
par d'autres moyens que ceux qui sont autorisés par l'article 9,
c'est-à-dire chasse à tir ou à courre, furet et bourses destinés
à prendre le lapin. Les mêmes peines sont édictées contre
ceux qui seront détenteurs ou ceux qui seront trouvés munis

ou porteurs, hors de leur domicile, de filets, engins ou autres instruments de chasse prohibés.

440. Autorisation exceptionnelle. — Il est bon de rappeler l'article 9 aux termes duquel les préfets des départements, sur l'avis des Conseils généraux, prendront des arrêtés pour déterminer l'époque de la chasse des oiseaux de passage et *les modes et procédés de chaque chasse* pour les diverses espèces. Il en résulte que les engins généralement prohibés cessent de l'être quand ils sont autorisés, à titre exceptionnel, par un arrêté préfectoral.

441. Détention. — La loi, en résumé, punit non seulement l'emploi, mais la détention des engins prohibés. Le ministre de la justice, M. Martin du Nord, dans sa circulaire aux préfets du 8 mai 1844 disait : « La loi sur la pêche fluviale ne punit que les individus trouvés munis ou porteurs, hors de leurs domiciles, de filets et engins prohibés. La loi sur la chasse va plus loin. Elle punit ceux qui en sont possesseurs et les détiennent dans leurs domiciles. Il a été reconnu qu'une demi-mesure serait insuffisante ; que les braconniers qui font usage de ces immenses filets, à l'aide desquels on détruit des compagnies entières de perdreaux, n'auraient jamais l'imprudence de se montrer porteurne s, plein jour, de ces instruments de délit, et que, pour atteindre sûrement le but que l'on devait se proposer, il était nécessaire de rechercher les filets et les engins prohibés jusque dans leurs domiciles. L'exécution de la disposition dont il s'agit ne peut faire craindre d'abus. Les visites domiciliaires, pour constater la détention des instruments de chasse prohibés, ne devront avoir lieu, comme pour les délits ordinaires, que sur la réquisition du ministère public et en vertu d'une ordonnance du juge d'instruction. »

442. Flagrant délit. — A cette règle, il y a cependant une exception : celle du cas de flagrant délit prévue par l'article 49 du Code d'instruction criminelle. Le droit de faire des perquisitions appartient en ce cas aux juges de paix, officiers de gendarmerie et commissaires de police, aussi bien qu'aux juges d'instruction.

443. Perquisition. — Au cas de flagrant délit, les gardes forestiers, les gardes champêtres, gardes particuliers poursuivant un braconnier porteur d'engins prohibés, peuvent, avec l'assistance du maire ou d'un adjoint, pénétrer dans le domicile du délinquant pour y saisir l'engin dont s'agit quand ils en ont constaté l'emploi.

444. Fouille. — Mais le simple soupçon ne peut, même dans une forêt, autoriser un garde à fouiller les vêtements d'un individu présumé porteurs d'engins de chasse prohibés, et le procès-verbal constatant la saisie d'engins découverts par suite d'une telle perquisition est nul comme entaché d'excès de pouvoir. (C. Rouen, 17 avril 1859, D. P. 1859.2. 83).

445. Perquisition irrégulière. — Les gardes forestiers n'ayant mission de constater les délits de chasse que lorsqu'ils résultent de faits commis en forêt, sont, en principe, sans qualité pour constater par des perquisitions domiciliaires le délit de détention d'engins de chasse prohibés. Si les agents ont opéré sans le concours d'aucun magistrat, le procès-verbal par eux dressé est nul, alors même qu'il serait établi que l'individu contre lequel ils ont agi n'aurait fait aucune opposition à la perquisition irrégulière pratiquée dans son domicile. (Cass. 17 juillet 1858, D. P. 1858.1.383).

446. Réquisition illégale. — Est nulle, ainsi que le procès-verbal qui en a été dressé, la perquisition faite aux fins de constater le délit de détention d'engins prohibés au domicile d'un citoyen par deux gendarmes en vertu d'une réquisition du procureur de la République. (C. Rouen, 1er février 1845, *Pand. chr.*, t. III.2.2. V. V° *Gendarme*).

447. Trappes. — Que doit-on entendre par engin prohibé ? L'engin de chasse dont la loi du 3 mai 1844 prohibe la détention et l'emploi ne peut et ne doit s'entendre que des instruments, quels qu'ils soient, susceptibles d'opérer par eux-mêmes la capture du gibier et d'en assurer la possession matérielle et immédiate à celui qui en fait usage. Ne constituent donc pas des engins de chasse prohibés les trappes qu'un propriétaire a établies dans la clôture de sa propriété lorsque ces trappes ne peuvent pas, par elles-mêmes, capturer le gibier, mais servent uniquement à donner accès au gibier dans ladite propriété quand elles sont ouvertes, et à l'empêcher d'en sortir quand elles sont fermées. Et l'établissement de ces trappes, dans les conditions ci-dessus, ne constituant pas un fait de chasse, peu importe qu'il ait eu lieu en temps de chasse prohibé et dans une propriété non close ; il échappe dans tous les cas à la sanction de la loi. (Cass., 18 décembre 1886, *Gaz. Pal.*, 1887.1.87).

448. Filet. — C'est ainsi que ne saurait constituer un engin prohibé un filet tendu à l'extrémité d'une propriété et ayant pour but et pour résultat uniquement d'arrêter les lapins fuyant les chasseurs pour se réfugier dans une forêt voisine, et de les forcer à rebrousser chemin vers ceux-ci qui demeurent contraints d'employer le fusil pour les atteindre. (Trib. corr. Valenciennes, 26 septembre 1884, *Gaz. Pal.*, 1884.2. 546).

449. Pièges. — Alors même qu'un arrêté préfectoral autoriserait les propriétaires à se servir pour la destruction des animaux nuisibles à l'intérieur de leur propriété « de pièges et autres moyens en usage », par ces mots employés d'une façon générale, il faudrait entendre les pièges et moyens ordinairement licites et notamment ceux qui ont été spécialement indiqués dans des décisions administratives et dont certains sont rappelés dans l'arrêté préfectoral lui-même, mais non toute espèce de pièges ou moyens capables de détruire les animaux malfaisants. (Trib. corr. Mans, 8 janvier 1885, *Gaz. Pal.*, 1885.1.290).

450. Pièges prohibés. — Etant donné que tous les engins de chasse sont interdits, sauf le fusil, les bourses à prendre les lapins et certains filets ou instruments autorisés par les arrêtés préfectoraux, et ce à titre exceptionnel, il est inutile de donner une liste des engins prohibés dont l'usage et même la détention constituent un délit. Je signalerai seulement les plus connus : collets, lacs ou lacets en crin ou en laiton, simples ou à ressort, les trébuchets, traquenards ou assommoirs ; les filets dont les variétés sont nombreuses ; panneau, bourse ou pochette, traîneau ou drap des morts, hallier ou tramail ou trimail, nappes, nasse, pantène ou pantière, tirasse, sauterelles, gluaux, etc. Un certain nombre de ces engins ont donné lieu à des décisions souvent intéressantes.

451. Collets. — Les collets sont des engins prohibés, et aux termes d'une jurisprudence absolument invariable, leur détention aussi bien que leur emploi sont prohibés, le propriétaire d'un enclos attenant à une habitation ne peut, plus qu'un autre en faire usage. (Cass.,12 janvier 1894, *Gaz. Pal.*, 1894.1.192 ; C. Paris, 7 mars 1894, *Gaz. Pal.*, 1894.1.614).

452. Traquenards. — Les traquenards simples à bascules, par leur dimension, la façon dont ils sont tendus et retenus à la terre par un pieu solide, doivent être considérés comme des engins prohibés. (C. Amiens, 4 mars 1887, *Rec. d'Amiens*, 1887.145).

453. Sauterelles ou raquettes. — Il est des engins de chasse prohibés par leur nature dont il est possible néanmoins de faire un légitime usage ; ce sont ceux dont un arrêté préfectoral autorise l'emploi dans certains lieux et pour des chasses déterminées. De ce nombre sont les sauterelles que par suite on a le droit non seulement de fabriquer et vendre, mais dont on peut être trouvé porteur en dehors des endroits où il est permis de s'en servir, c'est-à-dire les marais et les landes qui ne s'accèdent le plus souvent qu'en passant sur un chemin ou sur d'autres terrains où leur emploi constitue un délit. (C. Caen, 13 février 1895, *Rec. Caen*, 1895.47).

454. Quatre-de-chiffre. — Le piège dit quatre-de-chiffre, composé d'une armature en bois, supportant une grosse planche qui s'abaisse sur le sol lorsqu'on touche à l'appât dont le piège est muni, n'est pas nécessairement un engin prohibé. Le fait d'avoir tendu ce piège qui n'est pas ordinairement employé à capturer le gibier n'implique pas nécessairement la volonté de chasser, et le prévenu peut être autorisé à établir qu'il n'a agi que dans le but de protéger sa propriété contre les dégâts des fauves et autres animaux nuisibles. (Trib. corr. Annecy, 31 octobre 1893, *Gaz. Pal.*, 1893.2.699).

455. Grillages. — Doit être considéré comme prohibé l'engin constitué par deux grillages formant ensemble un angle très aigu ouvert à la base, mais sans issue au sommet et fermé en outre, en haut, les deux grillages y étant attachés ensemble, de manière à donner l'apparence d'une sorte d'entonnoir qui va en se rétrécissant de plus en plus. S'il est vrai, en ce qui concerne les lapins, les lièvres et les perdreaux, que ceux-ci pourront, après s'être engagés entre les deux grillages, se retourner plus ou moins facilement et fuir, il n'en est pas de même pour le faisan dont l'habitude est de suivre le long des grillages et de chercher une issue devant lui, et qui s'engage entre les deux grillages jusqu'à ce qu'il s'y trouve étroitement enserré. (Trib. corr. Rambouillet, 30 novembre 1893, *Gaz. Pal.*, 1894. 1.29 ; C. Paris, 21 avril 1894, *Gaz. Pal.*, 1894.2.164).

456. Procédés prohibés. — Cet arrêt rendu sur appel du jugement précité de Rambouillet constate avec raison qu'alors que l'engin lui-même ne serait pas prohibé comme ne suffisant pas, à lui seul, à prendre le gibier, il constituerait en tous cas un mode de chasse illicite et ferait tomber le chasseur sous le coup de l'article 12 de la loi de 1844.

457. Chasse au grillage. — Est prohibé le procédé de chasse dit au grillage consistant dans le fait de rabattre le gibier contre les grillages séparant le bois de la plaine, de manière à l'empêcher de fuir, et de le capturer après l'avoir assommé avec des bâtons ou appréhendé avec des chiens. (C. Paris, 19 mars 1896, *Gaz..Pal.*, 1896.1.511).

458. Filets, oiseaux de passage.— Certains arrêtés préfectoraux autorisant l'emploi de filets pour la chasse aux oiseaux de passage, la détention de ces filets en devient dès lors licite. Leur emploi ne deviendrait délictueux que s'il était établi qu'ils servent à la prise d'oiseaux sédentaires. Il faut donc que la prévention s'appuie sur des faits et non sur la seule intention prêtée au chasseur de se servir de ses filets pour la chasse aux oiseaux de pays. (C. Nîmes, 26 novembre 1896, *Rev. gén. admin.*, juillet 1897.322).

459. Prévention non établie. — Il est bon d'ajouter que la Cour de cassation a cassé cet arrêt, et décidé que les juges saisis d'une prévention de chasse d'oiseaux sédentaires, avaient eu tort de déclarer inutile de rechercher si le prévenu chassait réellement des oiseaux de passage. En fait, le délit n'avait pas été établi par le ministère public et la Cour de Nîmes avait acquitté avec raison. (Cass., 26 mars 1897, D. P. 1898.1.89).

460. Preuve. — C'est au ministère public qu'incombe la preuve que le filet dont il incrimine l'emploi par le prévenu, mais qui n'a pas été appréhendé par les gendarmes rédacteurs du procès-verbal, ne rentre pas dans la catégorie de ceux qui sont autorisés pour certaines chasses par un arrêté préfectoral. (C. Nîmes, 20 janvier 1898, *Gaz. Pal.*, 1898.1.367).

461. Mues. — Les mues sont des engins prohibés. Et longtemps, la jurisprudence a décidé, conformément à la loi, que la prise du gibier vivant, avant l'ouverture, au moyen de filets, de mues ou cages destinées à prendre les faisans, constituait un délit quelle que soit l'intention des chasseurs. La Cour de cassation, au lendemain de la promulgation de la loi de 1844, l'avait formellement décidé dans un arrêt très net. « Considérant qu'il n'y a dans la loi ni lacune, ni distinction ; qu'au contraire ses prohibitions sont générales et absolues ; que, sans doute, le législateur a eu en vue la chasse de destruction, et que c'est pour cela qu'il interdit l'usage des filets à cause de leur efficacité destructive ; mais que, pour mieux atteindre son but et prévenir plus sûrement l'abus, il a prohibé sans distinction les faits qui ne supposent pas nécessairement la destruction ; qu'il n'a pas pu distinguer notamment à l'égard des filets au moyen desquels on prend le gibier vivant les cas où on le prendrait pour le tuer, et les cas où on le prendrait pour le faire servir à la reproduction ; qu'en effet, il est impossible d'admettre que les officiers de police judiciaires ou autres chargés de la constatation des délits auraient à apprécier l'intention des chasseurs, au moment du fait de chasse, sur la destination réservée au gibier ; que le juge n'a pas davantage à faire cette appréciation en présence des prohibitions absolues de la loi. » (Cass., 26 avril 1845).

462. Mue, engin prohibé. — La loi est absolue et la mue est un engin prohibé ; il a été jugé que le fait de tendre des mues sur le terrain d'autrui constituait le délit de chasse sur le terrain d'autrui. (Trib. corr. Rambouillet, 17 mars 1892, *La Loi*, 21 mars 1892).

463. Tolérance. — Mais la Cour de Paris, faisant une distinction qu'elle n'a pas le droit de faire puisque la loi ne la fait pas, décide, dans de nombreux arrêts, que bien que les mues soient, de leur nature, des engins prohibés, l'usage *peut en être toléré* s'il est démontré que c'est en vue de l'élevage du gibier et non en vue de sa prise et de sa destruction que ces engins ont été employés. (C. Paris, 21 janvier 1890, *Gaz. Pal.*, 1890.1.248 ; C. Paris, 29 février 1896, *Gaz. Pal.*, 1896. 1.372 ; C. Paris, 9 décembre 1885, *Journ. dr. crim.*, 1886. 51).

464. — On ne peut que blâmer une jurisprudence en désaccord complet avec les termes de la loi, jurisprudence qui profitera surtout aux braconniers.

465. Détention d'engins. — Pour qu'il y ait détention d'un engin prohibé aux termes de l'article 12, il faut que la possession ait le caractère d'une détention matérielle, volontaire et consciente. Il ne saurait en être ainsi lorsque l'engin prohibé a été trouvé dans un terrain non clos, bien qu'attenant à une habitation où l'engin a pu être tendu par un individu autre que le propriétaire des dits terrain et habitation. (Trib. corr. Remiremont, 28 mars 1895, *Gaz. Trib.*, 30 mai 1895).

466. Pots à moineaux. — Doit-on considérer comme engins prohibés les pots qu'on accroche aux murs et dans lesquels vont nicher les moineaux ? Assurément non, car le propriétaire peut soutenir qu'il entend, par leur usage, encourager et faciliter la reproduction d'oiseaux dont il aime le voisinage. Ces engins resteront licites tant que, le préfet ayant pris un arrêté interdisant l'enlèvement des couvées d'oiseaux, le propriétaire des pots ne sera pas surpris en train d'en extraire les couvées.

ERREUR, FAIT INVOLONTAIRE

467. Bonne foi. — La bonne foi du délinquant, en matière de chasse, ne suffit pas pour le mettre à l'abri des condamnations qu'il a encourues, s'il a librement et volontairement procédé à l'acte de chasse incriminé. C'est ainsi qu'un chasseur, surpris en action de chasse sur le terrain d'autrui, ne pourrait arguer de sa bonne foi et soutenir qu'il n'a pas commis de délit parce qu'il croyait être sur ses terres.

468. Erreur. — Mais il existe un cas assez fréquent qui permet aux tribunaux d'admettre que le fait de chasse n'a pas été volontairement et librement commis. Après la fermeture de la chasse, des battues ont lieu pour la destruction des animaux nuisibles. Les chasseurs se postent autour d'une enceinte qu'ils font traquer et tirent sur les animaux nuisibles : loups, renards, sangliers, martres, etc. Il peut arriver que, de très bonne foi, un tireur fasse feu sur un lièvre qu'il a mal vu et qu'il a pris pour un renard, surtout si, à ce moment, les traqueurs signalaient un renard. Dans ce cas, il y a non pas un délit, mais un fait involontaire, si les circonstances, la réputation du prévenu, établissent que le tireur a commis une erreur.

469. Erreur en battue. — Ainsi, dans une battue administrative régulièrement autorisée, lorsqu'un chasseur a tiré un chevreuil en croyant tirer un cerf, les juges correctionnels refusent avec raison de voir dans ce fait un délit de chasse, s'il est certain que ce chasseur n'a vu, ni pu voir l'animal sur lequel il tirait, et qu'il a été induit en erreur par les cris des traqueurs : « Au cerf ! ». (C. d'Amiens, 27 mai 1886, *Rec. d'Amiens*, 1886.119).

470. Lièvre à la nage. — La Cour de Nancy a acquitté un garde particulier qui avait pris pour une loutre un lièvre traversant un étang et avait tué cet animal. Tous les éléments de la cause établissaient la méprise du garde qui, agissant au lieu et place de son maître, voulait détruire une loutre et ne pensait pas qu'un animal dont il n'apercevait que le sommet de la tête, traversant à la nage un étang de 600 mètres de largeur pût être un lièvre. (C. Nancy, 18 décembre 1889, *Revue Eaux et Forêts*, 1890.6, *Mémorial du Chasseur français*, 1891.193).

471. Chevrette prise pour un loup. — Le 4 mars 1894, dans une battue aux animaux nuisibles autorisée par l'Administration, les traqueurs crièrent tout à coup : « A vous, un loup, un renard ! » Quelques secondes après, un animal franchissait à toute vitesse un sentier, essuyait le feu du sieur L... et tombait mort : c'était une chevrette de petite taille. Trompé par le cri des traqueurs, L... avait cru tirer sur un renard.

Poursuivi néanmoins et condamné par le tribunal correctionnel de Saint-Mihiel le 22 mai 1894, L... fit appel et fut acquitté par la Cour d'appel de Nancy. « Attendu, dit l'arrêt, qu'un fait de chasse, quel qu'il soit, ne peut constituer un délit qu'autant qu'il a été librement et volontairement accompli par son auteur ; qu'il ressort de toutes les circonstances de la cause et des renseignements fournis aux débats que L... au moment où il a tiré, s'est trouvé dans l'impossibilité de reconnaître quelle était l'espèce du gibier qu'il tirait, et qu'il a dû croire que c'était le renard signalé qui, dans un intervalle presque inappréciable après le cri des traqueurs venait s'offrir à son coup de fusil ; qu'il serait excessif de soutenir que, dans de semblables conditions, L... qui, en tirant, n'avait fait qu'obéir à un mouvement pour ainsi dire distinctif et irraisonné, a pu commettre un acte de chasse volontaire et libre. » (C. Nancy, 4 juillet 1894, *Rec. Nancy*, 1894.179 ; Cass., 16 novembre 1866, D. P. 1867.1.87 ; Cass., 9 décembre 1859, D. P. 1860.1.44).

FLEUVES ET RIVIÈRES

Droit de police, 473. — Fleuves et rivières, 472.

472. Fleuves et rivières. — Pour chasser sur une rivière ni navigable ni flottable, il faut le consentement des riverains. Le domaine public, dont font partie les fleuves et rivières navigables et flottables est inaliénable. Mais le principe de l'inaliénabilité du domaine public permet néanmoins à l'Etat de concéder soit à titre gratuit, soit à titre onéreux, certaines concessions temporaires comme le droit de chasse sur les rivières, et d'en percevoir les produits. Ce droit résulte implicitement de l'article 4 de la loi des 19 août-12 septembre 1791, qui permet de recouvrer par la voie de la contrainte tous les revenus des domaines nationaux. Les rivières navigables et flottables servant parfois de refuge aux oiseaux aquatiques,

il appartient à l'Etat de disposer du droit de les poursuivre
et de les capturer sur la rivière, et ce droit est sanctionné
par les articles 1er et 11, § 2 de la loi du 3 mai 1844. On ne
peut donc se livrer à la chasse sur une rivière navigable sans
la permission de l'Etat. (Trib. corr. Trévoux, 17 janvier 1894,
Gaz. Pal., 1894.1.302.— V. V° *Bail de chasse*, n°s 138 et suivants. V° *Domaine public*).

473. Droit de police. — Lorsque l'Etat a adjugé à un particulier le droit de chasse et de pêche, il conserve, en l'absence de toute stipulation à cet égard, son droit de police et
de poursuite ; il peut exercer ce droit en l'absence d'une
plainte et même contre le gré du concessionnaire. En effet, le
droit de jouissance cédé à l'adjudicataire comporte un certain
nombre de réserves et de limites au delà desquelles l'Etat
conserve ses droits de propriétaire et reprend son initiative.
Ainsi, aux termes de l'article 10 du cahier des charges, l'adjudicataire a la faculté d'accorder des permissions de pêche
et de chasse, mais sous la condition que les permissionnaires
ne seront pas plus de deux de chaque espèce par kilomètre
et qu'ils seront agréés par l'ingénieur. Il en résulte forcément
que l'Etat a intérêt et droit à réclamer des poursuites pour
chasse sur terrain d'autrui contre tout permissionnaire non
agréé, et par voie de conséquence et à plus forte raison encore, il a le même intérêt et le même droit concurremment
avec l'adjudicataire en dehors de lui, et, le cas échéant, malgré lui, contre tout individu non pourvu de permission qui
chasserait sur le cantonnement adjugé. L'ingénieur en chef
des ponts et chaussées, chargé du service de la navigation,
a qualité pour porter plainte au nom de l'Etat en cas d'infraction. (C. Paris, 22 mai 1886, *Gaz. Pal.*, 1886.2.409).

GARDES CHAMPÊTRES

474. Attributions. — La loi du 3 mai 1844, dans son article 22, attribue compétence aux gardes champêtres pour constater les délits de chasse.

475. Nomination et fonctions. — L'article 102 de la loi du
5 avril 1884 est ainsi conçu : « Toute commune peut avoir un
ou plusieurs gardes champêtres. Les gardes champêtres sont
nommés par le maire ; ils doivent être agréés et commission-
nés par le sous-préfet ou par le préfet dans l'arrondissement
du chef-lieu. Le préfet ou sous-préfet devra faire connaître son
agrément ou son refus d'agréer dans le délai d'un mois. Ils
doivent être assermentés. Ils peuvent être suspendus par
le maire. La suspension ne pourra durer plus d'un mois ; le
préfet seul peut les révoquer. En dehors de leurs fonctions,
relatives à la police rurale, les gardes champêtres sont chargés de rechercher, chacun dans le territoire pour lequel il est
assermenté, les contraventions aux règlements et arrêtés de
police municipale. Ils dressent des procès-verbaux pour constater ces contraventions. »

476. Compétence territoriale. — L'article 16 du Code
d'instruction criminelle ne permet aux gardes champêtres de
verbaliser que sur le territoire de la commune pour lequel ils
ont été assermentés. Ils ne pourraient verbaliser dans les bois
soumis au régime forestier.

477. Officiers de police judiciaire. — Aux termes de l'article 17 du même Code, « les gardes champêtres sont, comme

officiers de police judiciaire, sous la surveillance du procureur de la République, sans préjudice de leur subordination à l'égard de leurs supérieurs dans l'administration ».

478. Procédure spéciale. — En leur qualité d'officiers de police judiciaire, les gardes champêtres doivent être poursuivis devant les Cours d'appel à raison des délits qu'ils commettent dans l'exercice de leurs fonctions. Quand plusieurs individus parmi lesquels un garde champêtre, sont inculpés d'un délit de chasse, c'est la première chambre de la Cour d'appel qui, seule, est compétente. (Cass., 11 août 1881, D. P. 1884.5.279).

479. Délits commis par les gardes. — La loi se montre avec raison particulièrement sévère pour les délits de chasse commis par les gardes champêtres. Elle porte impérativement au maximum quand il s'agit de gardes champêtres les peines prévues par les articles 11 et 12 de la loi du 3 mai 1844 :

Article 11 : amende de 16 à 100 francs ;

Article 12 : amende de 50 à 200 francs et six jours à deux mois de prison.

480. Interdiction de chasser. — Et peu importe que le délit de chasse commis par le garde l'ait été ou non sur le territoire confié à sa surveillance. En effet, l'article 7 portant qu'il ne peut être délivré de permis de chasse aux gardes champêtres leur interdit la chasse d'une façon absolue, aussi bien hors de leur territoire que sur celui-ci. L'interdiction prend sa source dans la nature des fonctions des gardes et les délits de chasse ont pour eux un double caractère de gravité. (Cass., 4 octobre 1844, D. P. 1845.1.221).

481. Incapacité d'obtenir un permis. — Les gardes champêtres ne peuvent obtenir un permis de chasse. — V. V° *Permis de chasse.*

Mais dans le cas où, malgré l'interdiction de la loi, un garde champêtre a pu obtenir même par surprise, un permis de chasse, peut-il être condamné pour chasse sans permis ?

482. Permis obtenu illégalement. — Il est impossible de l'admettre et il faut approuver sans réserves l'arrêt de la Cour de cassation rejetant le pourvoi formé contre un arrêt de la Cour d'Amiens du 29 décembre 1857. La Cour suprême constate très simplement que l'article 7 de la loi du 3 mai 1844, tout en portant que le permis de chasse ne sera pas délivré aux gardes champêtres des communes, n'édicte aucune peine contre les gardes qui ont obtenu un permis. (Cass., 28 janvier 1858, *Pand. chron.*, t. III.1.352).

483. Nullité du permis. — A signaler un arrêt en sens contraire de la Cour d'Angers qui a cru pouvoir déclarer nul le permis d'un garde champêtre, et le condamner pour chasse sans permis. (C. d'Angers, 19 février 1862, *Pand. chron.*, t. III.1.352).

484. — Cette décision doit être désapprouvée complètement, un tribunal ne pouvant condamner pour chasse sans permis un individu qui en a obtenu un.

485. Gratifications. — La loi de finances du 13 avril 1898 a fixé au taux uniforme de dix francs les gratifications accordées aux gardes pour tous délits constatés par eux et ayant abouti à une condamnation définitive ou une transaction avant jugement.

486. Négligence. — Il est bon de signaler, ne fut-ce qu'à titre de curiosité, l'existence d'une circulaire du ministre de l'intérieur en date du 22 juillet 1851 invitant les préfets à révoquer les gardes champêtres qui apportent trop de négligence dans la constatation des délits de chasse. Inutile d'ajouter que cette circulaire est bien rarement suivie d'effet.

GARDES FORESTIERS

487. Attributions. — La loi du 3 mai 1844, dans son article 22, attribue compétence aux gardes forestiers pour constater les délits de chasse. L'article 16 du Code d'instruction criminelle leur donne les mêmes attributions qu'aux gardes champêtres. Ils sont officiers de police judiciaire et doivent verbaliser au sujet de tous les délits de chasse qu'ils constatent dans les bois soumis au régime forestier. Les mêmes pouvoirs sont reconnus aux brigadiers forestiers, sous-inspecteurs, inspecteurs et conservateurs des forêts. Mais c'est là une compétence territoriale qui doit être restreinte à l'arrondissement pour lequel ils sont assermentés.

488. Permis de chasse.—Les gardes et brigadiers forestiers ne peuvent obtenir de permis de chasse. — V. V° *Permis de chasse.*

489. Agents forestiers. — Les agents forestiers (sous-inspecteurs, inspecteurs et conservateurs) peuvent chasser, mais non dans les bois de leur circonscription soumis au régime forestier.

490. Délits commis par les gardes. — Les gardes forestiers sont justiciables de la première chambre de la Cour d'appel à raison des délits qu'ils commettent dans l'exercice de leurs fonctions.

491. Aggravations. — Aux termes de l'article 12 de la loi du 3 mai 1844, les peines de 16 à 100 francs d'amende édictées par l'article 11 pour chasse sans permis, ou chasse sur le terrain d'autrui sans consentement, seront portées au maximum quand les délits auront été commis par les gardes forestiers des communes, de l'État et des établissements publics.

GARDES PARTICULIERS

492. Du droit aux gardes. — Tout propriétaire, nu propriétaire, usufruitier ou locataire a le droit d'avoir un garde particulier. L'adjudicataire d'une chasse a le même droit. Il peut donc avoir à son service un garde champêtre particulier, un garde forestier particulier ou un garde particulier qui cumule les deux fonctions. Il suffit que ce salarié soit assermenté pour la plaine et le bois.

Les gardes champêtres des communes et les gardes de l'administration forestière devraient suffire pour garder les chasses communales en plaine et au bois. Mais les uns et les autres ont des fonctions tellement multiples qu'ils sont amenés à négliger la surveillance de la chasse, et le propriétaire ou adjudicataire qui veut faire surveiller son gibier est obligé d'avoir recours à un garde particulier.

493. Capacité. — La loi n'exige pas de conditions d'âge des candidats aux fonctions de garde particulier. Ils doivent, en principe, justifier d'un casier judiciaire exempt de condamnation. Cependant, le candidat peut être agréé par l'autorité préfectorale malgré une condamnation à une amende légère. Autant que possible, un garde doit savoir lire et écrire ; mais ce n'est pas là une condition *sine qua non* ; car un procès-verbal peut être rédigé par un tiers, pourvu qu'il soit signé par l'agent verbalisateur. — V. V° *Procès-verbaux*.

494. Demande de nomination. — Pour faire nommer un

garde particulier, le propriétaire doit rédiger une demande sur papier timbré à 0 fr. 60.

Modèle de demande de nomination de garde.

Je soussigné René Benoit, propriétaire, demeurant à Mazerulles (Meurthe-et-Moselle), déclare commissionner le sieur Durand (Pierre-Auguste) vigneron, demeurant à Mazerulles, comme garde particulier de toutes les terres cultivées ou non, et bois, plantations,etc. qui m'appartiennent ou m'appartiendront dans la suite, sises sur les territoires des communes de Mazerulles, Brin et Moncel-sur-Seille, ainsi que des propriétés dont je suis ou serai locataire de la chasse sur le territoire des mêmes communes.

En conséquence, j'ai l'honneur, Monsieur le Préfet, de vous prier de vouloir bien agréer ledit sieur Durand comme garde particulier des propriétés et chasses énumérées ci-dessus.

Je vous prie, Monsieur le Préfet, de recevoir l'assurance de ma considération la plus distinguée.

(Signature.)

495. Dépôt à la préfecture et formalités. — Aux termes de l'article 2 de la loi du 12 avril 1892, cette demande doit être déposée à la préfecture. Il en sera donné récépissé. La préfecture réclame au greffe du tribunal civil de l'arrondissement le bullutin n° 2 du casier judiciaire prévu par la loi du 5 août 1899. Après cette formalité, le préfet ou sous-préfet retourne la demande revêtue de son approbation, si le candidat n'est dans aucun des cas d'incapacité. Après l'expiration du délai d'un mois suivant le dépôt de la demande, le propriétaire qui n'aurait pas reçu de réponse pourrait se pourvoir devant le ministre. L'approbation du préfet ou sous-préfet doit être, par les soins du propriétaire, soumise à la formalité de l'enregistrement, dont le coût est de trois francs soixante-quinze centimes. Après quoi, il y a lieu de s'adresser au greffe du tribunal civil qui, moyennant un droit de huit francs vingt centimes, fait désigner au garde l'audience à laquelle il doit se présenter pour prêter serment.

496. Agrément du sous-préfet. — Aux termes de l'article 117 du Code forestier « les propriétaires qui voudront avoir, pour la conservation de leurs bois, des gardes particuliers, devront les faire agréer par le sous-préfet de l'arrondissement ». D'autre part, l'article 2 de la loi du 12 avril 1892 dispose : « la demande tendant à faire agréer des gardes particuliers sera déposée à la préfecture ». Se fondant sur le dernier de ces textes qui lui a paru inconciliable avec le premier, le tribunal de Château-Thierry a par cinq jugements rendus les 17, 26 juillet, 2 et 3 août 1893, refusé de recevoir le serment de divers gardes particuliers agréés par le sous-préfet de l'arrondissement. Le procureur général près la Cour de cassation fut chargé par le ministre de la justice de requérir l'annulation de ces cinq jugements qui constituaient un excès de pouvoir et une violation de la loi. Il est en effet certain que la loi du 12 avril 1892 n'a ni expressément, ni tacitement abrogé l'article 117 du Code forestier et qu'il n'y a aucune inconciliabilité entre les deux textes qui ne font que se compléter l'un l'autre. D'ailleurs, le Conseil d'Etat expressément consulté sur cette question d'interprétation a répondu par l'organe de sa section de l'intérieur, le 4 juillet 1892 : « les sous-préfets ont, après comme avant la loi du 12 avril 1892, le droit de prendre des arrêtés pour agréer les gardes particuliers dans les arrondissements autres que les arrondissements de chefs-lieux ». Il est certain aussi qu'on ne pouvait tirer argument de l'article 2 de la loi de 1892 qui permet à l'intéressé de se pourvoir devant le ministre au cas où dans le délai d'un mois il n'aurait pas obtenu de réponse à sa demande d'agrément. Car de même que l'intéressé peut porter devant le ministre un recours dirigé contre le préfet, quand il s'agira de gardes particuliers présentés dans l'arrondissement chef-lieu, de même, il pourra recourir au préfet contre le refus opposé par le sous-préfet de son arrondissement, s'il s'agit de présentations faites ailleurs que dans l'arrondissement chef-lieu. Enfin, on ne pouvait voir une corrélation nécessaire entre le droit d'agrément et celui de révocation, ces deux attributions étant indépendantes. La Cour de cassation (Chambre des requêtes) faisant droit au réquisitoire du procureur général, a déclaré que le tribunal de Château-Thierry avait commis un excès de pouvoir en entravant l'exécution des actes émanés légalement de l'autorité administrative, et a annulé les cinq jugements. Il en résulte donc que la loi du 12 avril 1892 n'a pas enlevé au sous-préfet pour le transmettre exclusivement au préfet le droit qui, avant cette loi, appartenait à ce fonctionnaire d'agréer les commissions des gardes particuliers délivrées pour la surveillance des propriétés sises dans son arrondissement. (Cass.,6 décembre 1893, *Gaz. Pal.*, 1894.1.33).

497. Prestation de serment. — Avant la loi du 12 avril 1892, à l'administration seule, à l'exclusion des tribunaux de l'ordre judiciaire, il appartenait de se prononcer sur la moralité des agents qu'elle agrée et que le ministère public présentait au serment. Spécialement, lorsqu'un individu, porteur d'une commission de garde particulier à lui délivrée par un propriétaire, et régulièrement revêtue du visa approbatif du sous-préfet de l'arrondissement était présenté au serment devant le tribunal de première instance par le ministère public, il n'appartenait pas à ce tribunal, en l'absence de toute cause d'incapacité légale du commissionné, de refuser l'admission de celui-ci au serment, sous prétexte qu'il ne remplissait pas les conditions de moralité exigées par le décret du 20 messidor an III. Le jugement qui refusait l'admission au serment uniquement pour ce motif était entaché d'excès de pouvoir et devait être annulé. (Cass., 30 juin 1890, *Gaz. Pal.*, 1890.2. 103 ; Cass., 13 juillet 1885, *Gaz. Pal.*, 1885.2.235).

498. Refus d'admission au serment. — Cette jurisprudence de la Cour de cassation était fondée sur des principes certains. L'arrêt précité du 30 juin 1890 avait cassé un jugement de Château-Thierry en date du 26 mars 1890 refusant d'admettre au serment un garde particulier agréé par l'administration malgré une condamnation à 100 francs d'amende pour coups et blessures, prononcée contre lui par le tribunal de Soissons. A la suite de l'arrêt de Cassation, l'affaire revint devant le tribunal de Château-Thierry qui, une seconde fois, refusa d'admettre le garde au serment. « Attendu, dit le jugement, que l'agrément de l'autorité administrative, sorte de visa arbitraire, mais de pure forme, ne confère aucun droit de surveillance à l'administration sur les gardes particuliers et que, non seulement *elle n'a pas la faculté de les révoquer*, mais même celle de leur retirer son approbation ; qu'il est dès lors bien difficile à l'autorité judiciaire qui examine si la nomination présente les conditions de légalité ou les garanties de confiance nécessaires, d'empiéter sur un pouvoir négatif et en quelque sorte inexistant de l'autorité judiciaire. » (Trib. civ. Château-Thierry 29 août 1890, *Gaz. Pal.*, 1891.1, *Suppl.*, 2).

499. Lacune de la loi. — Le jugement de Château-Thierry constatait très justement une lacune de la loi. Les préfets ne pouvaient rapporter les arrêtés agréant les gardes particuliers. C'est à la suite de l'attitude du tribunal de Château-Thierry que fut votée et promulguée la loi du 12 avril 1892, accordant désormais aux préfets le droit de révocation. (V. Loi du 12 avril 1892).

500. Révocation. — Il appartient au préfet de rapporter l'arrêté par lequel il a agréé un garde particulier lorsque la conduite de cet agent laisse à désirer. Mais il faut au préalable que le propriétaire et le garde aient été entendus en leurs explications ou au moins dûment appelés. (V. Loi du 12 avril 1892, art. 1er ; Cons. d'Et., 29 avril 1898, D. P. 1899.3.78).

501. Attributions. — Aux termes de l'article 22 de la loi du 3 mai 1844, les procès-verbaux des gardes assermentés des particuliers feront foi jusqu'à preuve contraire. Ils ont les mêmes droits que les gardes champêtres des communes ; en conséquence, ils sont officiers de police judiciaire. Indépendamment du droit de verbaliser, ils pourront, aux termes de l'article 16 du Code d'instruction criminelle, « arrêter et conduire devant le juge de paix ou devant le maire tout individu qu'ils auront surpris en flagrant délit ou qui sera dénoncé par la clameur publique, lorsque ce délit emportera la peine d'emprisonnement ou une peine plus grave. Ils se feront donner main-forte par le maire ou par l'adjoint au maire du lieu, qui ne pourra s'y refuser ».

Les gardes particuliers ne peuvent valablement constater que les délits commis sur les propriétés confiées à leur garde.

502. Délits commis par les gardes. — Les gardes particuliers, étant officiers de police judiciaire, sont justiciables de la première chambre de la Cour d'appel à raison des fautes et délits qu'ils commettent dans l'exercice de leurs fonctions. Ils doivent être considérés ainsi du moment où ils se trouvent sur le territoire même dont la garde leur est confiée. Mais, un garde particulier ne peut être soumis à cette juridiction particulière établie par les articles 479 et suivants du Code d'instruction criminelle, quand les faits délictueux qui forment un tout indivisible, ont commencé à un endroit où le garde n'avait à exercer aucune surveillance, alors même qu'ils auraient continué sur le terrain qu'il avait mission de garder. (C. Paris, 2 décembre 1884, *Gaz. Pal.*, 1885.1, *Suppl.*, 51).

503. Juridiction compétente. — Le garde particulier de l'adjudicataire du droit de chasse dans une forêt communale est un officier de police judiciaire et en conséquence justiciable de la première chambre de la Cour d'appel, à l'exclusion du tribunal correctionnel. Et il en est ainsi alors même que l'adjudicataire n'aurait pas encore eu, au moment du délit commis par son garde, le droit de chasser, faute d'avoir alors obtenu de l'agent forestier, chef de service, un permis spécial préalable exigé par le cahier des charges, l'adjudication du droit de chasse prononcée à son profit, étant insuffisante pour lui permettre, même avant d'exercer ce droit, de faire surveiller la chasse par un garde assermenté. (C. Nancy, 26 mars 1885, *Gaz. Pal.*, 1885.1, *Suppl.*, 67).

504. Aggravations. — Les pénalités impératives au maximum portées par les articles 11 et 12 de la loi du 3 mai 1844 ne visent que les gardes champêtres ou forestiers des communes, les gardes forestiers de l'Etat et des établissements publics et ne sont pas applicables aux gardes particuliers. Il en est ainsi spécialement quand un garde particulier a chassé sans permis dans les lieux confiés à sa surveillance. (Bourges, 27 novembre 1871, S. 1871.2.203).

505. Juridiction de droit commun. — Un garde particulier qui a été surpris chassant en temps prohibé sur des terrains non soumis à sa surveillance ne peut être réputé avoir commis le délit de chasse dans l'exercice de ses fonctions et doit être conséquemment poursuivi devant la juridiction ordinaire. (Bourges, 13 février 1845, D. P. 1846.2.48).

506. Permis de chasse. — Rien ne s'oppose à ce qu'un garde particulier obtienne un permis de chasse. La circulaire du ministre de l'Intérieur aux préfets, en date du 20 mai 1844, s'exprime ainsi : « Vous remarquerez que les gardes des particuliers ne sont pas compris dans l'exclusion prononcée par le paragraphe 4 de l'article 7 de la loi du 3 mai 1844. On comprend, en effet, que les propriétaires fonciers veulent quelquefois faire chasser par leurs gardes. Vous ne refuserez donc pas le permis de chasse aux gardes particuliers, mais vous ferez sagement de les inviter à justifier de l'autorisation des propriétaires dont ils sont les agents. » Ce conseil donné aux préfets est resté lettre morte et avec raison.

507. Délits commis contre les gardes. — L'outrage par paroles, gestes ou menaces à tout agent dépositaire de la force publique dans l'exercice ou à l'occasion de l'exercice de ses fonctions, est puni par l'article 224 du Code pénal d'un emprisonnement de six jours à un mois et d'une amende de 16 à 200 francs, ou de l'une de ces deux peines seulement.

508. Violences. — Les gardes particuliers sont aussi protégés par l'article 230 du Code pénal, qui punit les violences sans blessures dirigées contre un agent de la force publique d'un emprisonnement de trois mois au moins et de trois ans au plus et d'une amende de 16 à 500 francs.

509. Blessures. — L'article 231 du même Code prévoit les blessures suivies d'effusion de sang faites aux mêmes agents et prononce la peine de la réclusion. La peine sera des travaux forcés à perpétuité si la mort de la victime a suivi les blessures dans les quarante jours.

510. Gratifications. — La loi de finances du 13 avril 1898 a fixé au taux uniforme de dix francs les gratifications accordées aux gardes particuliers. La gratification est due quand le délit constaté a abouti à une condamnation définitive ou à une transaction avant jugement. Elle n'est pas due en cas de jugement par défaut, en cas d'acquittement du prévenu, en cas d'annulation du procès-verbal. Exceptionnellement, la gratification est due, même en cas d'annulation du procès-verbal, si le prévenu a été néanmoins condamné sur la déposition du garde rédacteur du procès-verbal annulé.

511. Prescription. — Les gratifications doivent être payées dans un délai de cinq ans, faute de quoi, elles seraient prescrites.

512. Extrait. — Ces gratifications sont payées par le receveur de l'enregistrement sur le vu d'un extrait délivré au garde rédacteur du procès-verbal par le greffe du tribunal correctionnel.

Spécimen d'un extrait

Nº

EXTRAIT

Par jugement rendu par le tribunal de première instance séant à. . . . . département de. . . . . . , jugeant en matière de police correctionnelle, en date du. . . . . le nommé. . . . . âgé de . . . . . né à. . . . . le. . . . . domicilié à. . . . . déclaré coupable d'un délit de chasse en temps et avec engins prohibés sur le territoire de la commune de. . . . . constaté par procès-verbal de. . . . garde particulier à. . . . . en date du. . . . . a été condamné à 50 francs d'amende, quarante jours d'emprisonnement et aux dépens, en exécution des articles 12, nᵒˢ 1 et 2, 17 de la loi du 3 mai 1844.

Le jugement a acquis l'autorité de la chose jugée.

Pour extrait conforme délivré au garde particulier. . . . . ., pour le recouvrement de la gratification qui lui est due.

Au greffe à. . . . . le. . . . .

Le greffier,

Vu au parquet et vérifié :

Le Procureur de la République,

513. Insignes. — Les insignes des gardes particuliers consistent en une plaque de métal ou d'étoffe où sont inscrits les mots : la loi, le nom du propriétaire et celui du garde. Mais il est universellement admis que les gardes peuvent verbaliser sans être porteurs de leurs insignes, et l'usage de la plaque devient de plus en plus rare.

514. Armes. — Les gardes particuliers peuvent être autorisés à porter un fusil de guerre. Ils ont, comme tous les citoyens, le droit de porter des revolvers et autres armes, pourvu qu'elles soient apparentes.

515. Louage d'ouvrage. — La commission donnée à un

garde particulier ne constitue pas un mandat, mais le louage d'ouvrage défini par l'article 1710 du Code civil. Elle ne constitue pas le garde représentant légal du propriétaire. La commission revêt ce garde, à raison de la sanction de l'autorité judiciaire, d'un caractère particulier et essentiel que n'a pas le propriétaire et qu'il n'a pu lui déléguer ; elle en fait un officier de police judiciaire, un agent de la force publique, et quand il exerce ses fonctions, il procède de son chef, dans l'intérêt de celui qui l'a commissionné. Il est donc non un mandataire, mais un loueur d'industrie. Il en résulte que la commission donnée à un garde par un propriétaire n'est pas révoquée par le décès de celui-ci ; le garde continue ses fonctions dans l'intérêt des héritiers. (C. Orléans, 16 juin 1885, *Gaz. Pal.*, 1885.2.67 ; C. Rouen, 26 décembre 1883, *Gaz. Pal.*, 1885.2.68).

GENDARMES

Actes d'instruction, 519. — Attributions, 516. — Foi due aux procès-verbaux, 517. — Perquisitions, 518.

516. Attributions. — Les gendarmes ne sont pas officiers de police judiciaire, mais ils ont des attributions de police générale et ont notamment qualité pour recueillir des renseignements sur tous les crimes et délits, y compris les délits de chasse, parvenus à leur connaissance. dresser procès-verbal contre les individus en contravention aux lois sur la chasse ; saisir les engins de chasse, filets, etc. prohibés, armes abandonnées par les délinquants ; réprimer la mise en vente, la vente, l'achat, le transport et le colportage du gibier en temps prohibé.

517. Foi due aux procès-verbaux. — Les procès-verbaux des gendarmes en matière de chasse ne font pas foi jusqu'à inscription de faux. En conséquence, ne viole pas l'article 154 du Code d'instruction criminelle l'arrêt qui, contrairement aux énonciations d'un procès-verbal de gendarmerie déclare, en se fondant sur les témoignages entendus dans une enquête, que des faits affirmés par les gendarmes rédacteurs sont inexacts. (Cass., 20 juillet 1883, *Gaz. Pal.*, 1884.1.33).

518. Perquisitions. — Les gendarmes ne peuvent, pas plus que les gardes, opérer des perquisitions au domicile des citoyens, autrement que dans les formes du droit commun. Une ordonnance du juge d'instruction leur est indispensable. Cependant le gendarme qui est entré dans une maison pour délivrer un livret de réserviste, et qui aperçoit en évidence, accroché au manteau de la cheminée, un collet en fil de laiton destiné à prendre des lièvres et constituant un engin prohibé, peut valablement constater ce délit dans un procès-verbal, du moment que le gendarme n'a employé aucun mauvais moyen, aucun subterfuge pour pénétrer dans la maison. (C. Caen, 2 août 1876, D. P. 1878.2.181).

519. Actes d'instruction. — Les procès-verbaux relatant les investigations auxquelles se sont livrés les gendarmes, en vertu de l'article 22 de la loi du 3 mai 1844, doivent être considérés, non comme de simples rapports, mais comme de véritables actes d'instruction, dans le sens de l'article 637 du Code d'instruction criminelle, puisqu'ils font foi jusqu'à preuve du contraire, au même titre que les procès-verbaux dressés par les maires, commissaires de police et officiers de gendarmerie qui sont officiers de police judiciaire, la mission des gendarmes ne se bornant pas d'ailleurs à la constatation des faits matériels accomplis sous leurs yeux, mais consistant aussi à en rechercher les preuves et à en découvrir les auteurs. (C. Caen, 25 mai 1889, *Rec. de Caen*, 1889.2.223).

GIBIER

Gibier, 520. — Gibier de plume, 522. — Gibier de poil, 521.

520. Gibier. — On entend par gibier les animaux vivant à l'état sauvage, quadrupèdes ou oiseaux dont la chair est comestible.

521. Gibier de poil. — Le gibier de poil comprend le cerf, le chamois, le daim, le chevreuil, l'isard, le sanglier, le lièvre, le lapin de garenne, l'écureuil.

522. Gibier de plume. — Le gibier de plume comprend le coq de bruyère ou tétras, la grue, le faisan, la gélinotte, l'outarde ou canepetière, la perdrix, le râle des genêts ou roi de cailles, la tourterelle, la caille, l'alouette, la bécasse, le motteux ou cul-blanc, le courlis, la haute-grive, la grive (grive commune, mauvis, draine, litorne), le merle (merle noir ou commun, merle de roche), le pigeon ramier ou palombe, le pigeon biset, le loriot, le coucou, l'ortolan.

523. — Le gibier d'eau comprend un grand nombre d'oiseaux. — V. V° *Gibier d'eau*, V. V° *Propriété du gibier.*

GIBIER D'EAU

Arrêtés préfectoraux, 524. — Distance des cours d'eau, 528. — Lacs, 529. — Marécages, 531. — Nomenclature, 526. — Oiseaux protégés, 527. — Pouvoirs des préfets, 525. — Prairies inondées, 532. — Ruisseau, 530.

524. Arrêtés préfectoraux. — Aux termes de l'article 9 de la loi du 3 mai 1844, modifié par la loi du 22 janvier 1874, les préfets, sur l'avis des conseils généraux, prennent des arrêtés pour déterminer le temps pendant lequel il sera permis de chasser le gibier d'eau dans les marais, sur les étangs, fleuves et rivières. L'article 11 punit d'une amende de 16 à 100 francs ceux qui auront contrevenu aux arrêtés des préfets concernant le gibier d'eau.

525. Pouvoirs des préfets. — Il faut donc constater que les pouvoirs concédés aux préfets relativement au gibier d'eau sont beaucoup moins étendus qu'en ce qui concerne les oiseaux de passage. Ils ne peuvent, en aucune façon, autoriser l'emploi d'engins ou de procédés habituellement prohibés ; la chasse du gibier d'eau, sauf pour les espèces qui appartiennent en même temps à la classe des oiseaux de passage, reste soumise à la règle générale qui ne permet que la chasse à tir et à courre. (Circ. minist., 9 juillet 1861, D. P. 1862.3.64).

526. Nomenclature. — Les préfets n'ont pas à dresser la nomenclature des oiseaux d'eau. Certains préfets le font, mais les tribunaux conservent la faculté de ne pas tenir compte de ces listes. On considère comme gibier d'eau : la barge, le bécasseau ou cul-blanc, la bécassine, le bécasson, le butor, le canard sauvage, le chevalier, la cigogne, le courre-vite, le courlis, le cygne, l'échasse, le flamant, la foulque, le grèbe, la grue, le héron, le macareux, le martin-pêcheur, l'oie sauvage, l'outarde, le plongeon, le pluvier, la poule d'eau, le râle, la sarcelle, le vanneau.

527. Oiseaux protégés. — Il est bon de noter que la chasse de ces oiseaux réputés gibier d'eau n'est permise que s'ils ne sont pas classés d'autre part parmi les oiseaux protégés. La cigogne , par exemple , est protégée par certains arrêtés préfectoraux et ne peut être tirée dans les départements où elle figure dans la liste des oiseaux qu'on ne peut chasser en aucun temps.

528. Distance des cours d'eau. — Certains préfets déterminent dans leur arrêté la zone dans laquelle les chasseurs peuvent suivre à pied le bord des étangs ou marais, ou la berge des cours d'eau. Le préfet de Meurthe-et-Moselle notamment, stipule que pendant la clôture générale, les chasseurs de gibier d'eau ne pourront s'écarter à plus de trente mètres du bord de l'eau. Mais cette réglementation ne repose sur aucun droit légal, et ne peut constituer qu'une recommandation. C'est aux tribunaux qu'il appartiendra de régler cette question de fait. Si un chasseur, suivant les berges d'un cours d'eau, aperçoit une bande de canards et, pour les approcher sans leur donner l'éveil, fait un détour dans les terres en s'éloignant de plus de trente mètres du bord, il est certain qu'il ne commettra aucun délit puisque, en ce faisant, il a en vue exclusivement la chasse du gibier d'eau sur un cours d'eau.

529. Lacs. — La loi de 1874 vise la chasse du gibier d'eau « dans les marais, sur les étangs, fleuves et rivières » ; mais cette désignation n'est pas limitative. On doit y ajouter les lacs.

530. Ruisseau. — L'article 9 de la loi du 22 janvier 1874 n'autorisant la chasse du gibier d'eau que dans les marais, sur les étangs, fleuves et rivières, on ne peut considérer comme rentrant dans cette nomenclature un petit ruisseau qui est à sec pendant une grande partie de l'année. (C. Toulouse, 23 mai 1888, D. P. 1889.2.62).

531. Marécages. — Cependant il ne faut pas être trop absolu et un arrêt très connu de Dijon a acquitté avec raison un individu qui, à l'époque où la chasse du gibier d'eau était autorisée, avait tiré une bécassine dans un terrain bas et marécageux contigu à la rivière. « Attendu, dit l'arrêt, qu'il est constant que le terrain sur lequel il se trouvait est un terrain bas et marécageux contigu à la rivière, fréquemment recouvert par les eaux, entrecoupé de fossés d'assainissement, tel enfin que le prévenu ne pouvait y chasser utilement que la bécassine ou les oiseaux d'eau. » (C. Dijon, 18 avril 1873, D. P. 1874.2.127).

532. Prairies inondées. — Mais on ne peut considérer comme un étang ou un marais une parcelle de prairie momentanément et accidentellement couverte d'eau, non plus que comme le lit étendu du fleuve une partie de prairie dont l'eau n'est même pas en communication avec le cours d'eau voisin. (C. Rouen, 28 mars 1882, *Gaz. Pal.*, 1881-82.1.552).

LOUVETERIE

533. Définition. — Le mot louveterie a un sens très large et peut être défini « un ensemble de mesures administratives dirigées contre des animaux sauvages à l'égard desquels il y a une présomption légale de danger pour les intérêts généraux des populations ». (Puton, *La Louveterie*, n° 11). — Les mesures administratives sont indiquées V° *Animaux nuisibles*.

534. Textes relatifs à la louveterie. — Il reste donc à examiner la question louveterie dans le sens restreint du mot, c'est-à-dire au point de vue de la chasse des loups et de l'institution des lieutenants de louveterie. La loi de 1844 n'a eu pour objet que la réglementation de la police de la chasse sur la propriété des particuliers et dans les forêts de l'Etat et des communes. Elle n'a pas abrogé d'anciens textes relatifs à la louveterie dont les plus importants sont :

1° L'arrêté du 19 pluviôse an V (7 février 1797) ;

2° Le règlement du 20 août 1814 sur l'organisation de la louveterie ;

3° La circulaire du 9 juillet 1818 pour la destruction des loups ;

4° La loi du 3 août 1882 relative à la destruction des loups ;

5° Le décret du 28 novembre 1882 portant règlement d'administration publique pour l'exécution de la loi du 3 août 1882.

535. Lieutenants de louveterie. — Les fonctions de grand-veneur n'existant plus, les lieutenants de louveterie sont placés sous l'autorité de l'administration des forêts. « La grande vénerie se trouvant supprimée en 1830, et la louveterie continuant à fonctionner, l'ordonnance royale du 14 septembre 1830 transféra provisoirement à l'administration forestière la surveillance de la chasse dans les forêts de l'Etat et la chargea de remplir à cet égard les fonctions attribuées jusque-là au grand-veneur ; à partir de ce moment, cette administration a été substituée au grand-veneur dans ses rapports avec les officiers de louveterie pour la chasse aux animaux nuisibles dans les forêts domaniales, et elle se trouve maintenant investie à son lieu et place du droit d'empêcher par l'entremise de ses agents locaux, quand il y a lieu, les chasses annoncées par les louvetiers. Cette attribution n'a point été abrogée par l'ordonnance des 21 décembre 1844-20 janvier 1845 ; cette abrogation ne résulte pas davantage du décret du 25 mars 1852 dont l'article 5 attribue aux préfets la nomination des lieutenants de louveterie. » (Cass., 6 juillet 1861, S. 1861.1.918).

536. Propositions et nominations. — Les propositions pour les emplois de lieutenants de louveterie sont faites par le conservateur des forêts. Aux termes de l'article 5 du décret du 25 mars 1852, les nominations sont faites par les préfets. Le nombre des lieutenants de louveterie est fixé par le préfet sur la proposition du conservateur.

537. Renouvellement des commissions. — « Les commissions sont renouvelées tous les ans », dit le règlement du 20 août 1814. En fait, le lieutenant de louveterie reste en fonctions tant que le préfet ne lui a pas signifié le non-renouvellement de son mandat, ou son remplacement.

538. Equipage. — « Les lieutenants de louveterie sont tenus d'entretenir, à leurs frais, un équipage de chasse composé *au moins* d'un piqueur, deux valets de limiers, un valet de chiens, dix chiens courants et quatre limiers. » Cet équipage, indiqué comme un minimum par le règlement de 1814, n'est plus exigé des lieutenants de louveterie dont la plupart n'ont plus de loups dans leur circonscription et voient leurs fonctions limitées à la direction des battues administratives.

539. Privilèges. — Les lieutenants et leurs piqueurs sont dispensés de se munir de permis de chasse, mais à la condition de ne se livrer qu'à la destruction des animaux nuisibles.

540. Uniforme. — L'uniforme est autorisé, mais non obligatoire pour les lieutenants et pour les piqueurs. Il en est de même du harnachement du cheval. V. Règlement du 20 août 1814.

541. Chasses. — Pour tenir les chiens en haleine, les lieutenants de louveterie ont le droit de chasser à courre le sanglier, deux fois par mois, dans les forêts de l'Etat à l'exclusion des bois des particuliers, des communes et des établissements publics. Ce privilège ne peut s'exercer que pendant la période où la chasse du sanglier est permise ; il est personnel au louvetier et à son piqueur et ces chasses ne peuvent avoir lieu que dans les forêts de l'Etat sises dans la circonscription du louvetier. Le gibier ainsi forcé appartiendra au lieutenant.

542. Fonctions. — **Chasses particulières.** — La chasse au loup est la principale fonction du lieutenant de louveterie. Cette chasse, il peut la pratiquer avec son équipage personnel partout dans l'étendue de sa circonscription. Pour cela, point n'est besoin d'arrêté préfectoral. Il peut, par lui-même ou par son piqueur, détourner la bête, faire le bois, faire rechercher les portées de louveteaux. De plus, le louvetier peut opérer dans les bois des particuliers sans en prévenir les propriétaires. S'il le fait généralement, c'est par convenance. Et un propriétaire ne pourrait s'opposer aux opérations du lieutenant.

543. Attaque des loups. — En temps de fermeture, le louvetier ne peut plus attaquer avec son équipage ; il fera garder l'enceinte par les gardes forestiers ou des invités qui seront chargés de tirer la bête au lancé. L'attaque se fera à trait de limier. Ce ne sera donc pas une battue, mais une simple attaque suffisante pour obliger un loup à sortir de l'enceinte, incapable de déranger le gibier. Le louvetier peut évidemment remplacer le limier par un homme qui entre au rembuchement et suit la piste dans la neige.

544. Pièges. — « Dans le temps où la chasse à courre n'est plus permise, dit le règlement du 20 août 1814, les lieutenants doivent particulièrement s'occuper à faire tendre des pièges ». — « Ils sont tenus de se procurer les pièges nécessaires pour la destruction des loups, renards et autres animaux nuisibles, dans la proportion des besoins. »

545. Tendue toute l'année. — C'est donc en toute saison, dans toutes les propriétés ouvertes que les lieutenants de louveterie peuvent tendre par eux-mêmes ou par leurs gens toutes les espèces de pièges destinés à la destruction des loups et de tous les animaux nuisibles.

546. Poison. — L'officier de louveterie peut-il employer le poison ? M. Puton (*La Louveterie*, n° 114) n'hésite pas à croire que ce moyen énergique est compris dans les pièges nécessaires contre les animaux nuisibles.

547. Primes. — La loi des 3-4 août 1882 a fixé de la manière suivante les primes pour la destruction des loups :

100 francs par tête de loup ou de louve non pleine ;

150 francs par tête de louve pleine ;

40 francs par tête de louveteau (animal dont le poids est inférieur à 8 kilogrammes).

Le décret des 28-29 novembre 1882 détermine les formalités à remplir pour la constatation de l'abatage par l'autorité municipale, ainsi que pour le paiement des primes.

548. Battues et chasses collectives. — En ce qui concerne les battues et chasses collectives, et le droit individuel de destruction des loups, V. V° *Animaux nuisibles*.

NEIGE

549. Faculté d'interdiction. — La chasse en temps de neige n'est pas, en principe, interdite par la loi. C'est seulement une faculté que l'article 9 de la loi du 3 mai 1844 accorde aux préfets d'interdire la chasse en temps de neige. « Les préfets pourront prendre également des arrêtés..... pour interdire la chasse pendant le temps de neige ». Généralement, les préfets usent de cette faculté, et c'est avec raison, car la chasse est bien plus destructive quand on peut suivre le gibier à la piste sur le tapis blanc qu'on a nommé « le livre des innocents », à cause de la grande facilité de la requête.

550. Arrêtés préfectoraux. — Les arrêtés préfectoraux sont presque toujours conçus en ces termes : « La chasse est interdite en temps de neige. Sont exceptées : la chasse au chien courant, la chasse au gibier d'eau, et la destruction des animaux nuisibles au moyen de traques ou de battues par les propriétaires, possesseurs ou fermiers et les adjudicataires de chasses à partir de la clôture et jusqu'au 31 mars inclusivement. » Les arrêtés relatifs à la prohibition de la chasse en temps de neige ne sont pas soumis, comme les autres arrêtés, à l'obligation de la publication sans laquelle ils ne seraient pas valables.

551. Interdiction temporaire. — Cependant un arrêté préfectoral qui interdirait d'une façon absolue toute chasse en temps de neige et réglementerait la destruction des animaux nuisibles serait légal et obligatoire. Cette interdiction supprimerait, en fait, à peu près complètement la chasse dans les départements de l'Est où la neige fait quelquefois son apparition en novembre pour subsister, certaines années, jusqu'en avril.

552. Définition. — Mais qu'entend-on par temps de neige ? Cette expression ne saurait se comprendre que d'une étendue assez considérable couverte de neige pour que le gibier qui y séjourne, faute d'un abri meilleur à sa portée, puisse utilement y être suivi à la piste par le chasseur. L'existence d'ilôts neigeux entourés par des terrains non recouverts de neige, ne permet pas la chasse à la piste, et ne doit pas constituer un empêchement au droit de chasse. (Trib. corr. Tulle, 26 décembre 1894, *Gaz. Pal.*, 1895.1, *Suppl.*, 6 ; Trib. corr. Laon, 27 décembre 1890, *Gaz. Pal.*, 1891.1.102).

553. Appréciation des tribunaux. — Il est évident que la question de savoir si, au moment où un fait de chasse a été accompli, la terre était suffisamment couverte de neige pour qu'il y eût délit, est une question d'appréciation pour les tribunaux. Le territoire de la même commune peut être, dans certaines parties, couvert de neige, et libre dans certaines autres, suivant leur exposition. Une colline peut avoir son versant nord couvert de neige et son versant au midi indemne. On peut chasser dans les parties sans neige.

554. Arrêté permanent. — Comme il ne serait pas possible aux préfets de prendre, en temps utile, des arrêtés spéciaux pour défendre l'exercice de la chasse chaque fois qu'il est tombé de la neige, les préfets prennent cet arrêté, dès l'entrée de l'hiver, conformément à la circulaire du 20 mai 1844.

555. Gibier de poil. — La disposition introduite dans un arrêté préfectoral interdisant la chasse en temps de neige, d'après laquelle cette interdiction ne s'applique pas « à la chasse au bois avec chiens courants », vise exclusivement le gibier de poil, le seul qui soit chassé aux chiens courants. Celui qui, pendant une chasse aux chiens courants, tue un gibier de plume (gélinotte ou faisan), commet le délit de chasse en temps prohibé. (C. Besançon, 25 septembre 1897, D. P. 1898.2.58).

556. Prohibition générale. — Quand un préfet prend un arrêté pour interdire la chasse en temps de neige, sans faire d'exceptions, cette prohibition doit être déclarée générale et absolue et s'appliquer même à la chasse au gibier d'eau, sauf exception nettement indiquée. (Besançon, 2 juin 1875, *Rec. Besançon*, 1874-75.274).

557. Animaux nuisibles. — Mais cette prohibition ne saurait s'appliquer à la destruction des animaux nuisibles pour laquelle il faut, au contraire, profiter du temps de neige. Les travaux préparatoires de la loi de 1844 le démontrent clairement. M. Peltereau-Villeneuve ayant proposé d'ajouter aux mots : « pour interdire la chasse pendant le temps de neige », ceux-ci : « à l'exception de celle des animaux nuisibles », M. le garde des sceaux répondit : « Cela va de soi. » Et plusieurs voix s'écrièrent : « C'est inutile » !

558. Sanction. — La contravention aux arrêtés des préfets concernant la chasse en temps de neige, est punie par l'article 11, § 3, de la loi de 1844, d'une amende de 16 à 100 francs.

NUIT

559. Interdiction. — Il est interdit, sous peine d'une
amende de 50 à 200 francs ou d'un emprisonnement de 6 jours
à 2 mois, de chasser pendant la nuit (art. 12 de la loi du
3 mai 1844). Mais la loi de 1844, et c'est encore une de ses
lacunes, n'a pas défini ce qu'il fallait entendre par le mot
nuit. Naturellement, les tribunaux n'ont pas été immédiatement d'accord sur cette question et plusieurs systèmes, dont
quelques-uns éminemment saugrenus, ont été successivement
adoptés.

560. Définitions. — La Cour de Dijon, dans un arrêt très
connu, a décidé que la nuit devait être considérée comme
durant du coucher au lever du soleil. Il suffit donc d'avoir
recours au calendrier. Le 20 janvier, le soleil se lève officiel-
lement à 7 h. 47. Il est donc interdit de se mettre en chasse
à 7 h. 45. (Dijon, 11 novembre 1846, D. P. 1847.4.9).

561. Question d'heure. — Cette théorie présente un inconvénient sérieux : celui de faire naître des discussions au sujet
de l'heure à laquelle le délit aura été commis, la montre des
gendarmes et des gardes ayant de fortes tendances à retarder
le matin et avancer le soir.

562. Heure légale. — Plus récemment la Cour de Paris a
adopté un autre système, celui de l'article 1037 du Code de
procédure civile. Le jour durerait de 6 heures du matin à
6 heures du soir pendant la période du 1er octobre au 31 mars,
et de 4 heures du matin à 9 heures du soir pendant la période

du 1er avril au 30 septembre. (C. Paris, 27 novembre 1856, *Gaz. Trib.*, 28 novembre 1856).

563. Système inexact. — La chasse n'ayant rien de commun avec la signification des actes par les huissiers, cette théorie fut, avec raison, vivement combattue.

564. Crépuscule scientifique. — Il faut encore citer, à titre de curiosité, l'arrêt de la Cour de Lyon qui constate que le lever et le coucher du soleil ne coïncident pas exactement avec le jour et la nuit. Il y a deux crépuscules : « Le crépuscule civil, dont on fixe la fin au moment où s'arrêtent les travaux en plein air, et le crépuscule vrai ou astronomique, espace de temps pendant lequel le soleil, *placé à moins de dix-huit degrés au-dessous de l'horizon*, l'éclaire encore plus ou moins de ses rayons réfractés, crépuscule qui dure jusqu'à la nuit noire ; par suite, un fait de chasse accompli le 2 décembre à 5 heures du soir, ne peut être réputé commis la nuit, parce qu'à l'heure du coucher du soleil, 4 h. 20, il faut ajouter 1 h. 35 pour le crépuscule vrai, ce qui ne fait commencer la nuit qu'à 5 h. 39. » (C. Lyon, 24 janvier 1861, D. P. 1861.2.214).

565. Système trop scientifique. — Inutile d'insister pour démontrer que le système de la Cour de Lyon a le grave inconvénient, entre autres, d'être beaucoup trop scientifique pour les gardes et les gendarmes peu familiarisés avec l'emploi du sextant et l'examen de l'Annuaire du Bureau des longitudes.

566. Annuaire du Bureau des longitudes. — Cependant ce système a été admis vingt ans après par le tribunal correctionnel d'Etampes, qui a décidé que la nuit doit être réputée commencée dès qu'a pris fin le crépuscule qui se prolonge après le coucher du soleil ; qu'en conséquence, et spécialement lorsque, d'après l'Annuaire du Bureau des longitudes, le crépuscule finit à 5 h. 13 du soir, si le fait de chasse s'est

produit à 5 heures et demie, il y a délit de chasse de nuit.
(Trib. corr. Etampes, 4 mars 1891, *Gaz. Pal.*, 1891.1.571).

567. Possibilité de voir. — Heureusement, la jurisprudence s'est modifiée, et a compris d'une façon plus exacte la
pensée du législateur si longtemps méconnue. « C'est aux
tribunaux, disait Franck-Carré à la Chambre des pairs le
16 mai 1843, qu'il appartiendra de décider, d'après les circonstances du fait, si ce fait a été commis ou non pendant la
nuit. » « La loi a voulu, disait Lenoble à la Chambre des députés le 7 juin 1843, que la chasse ne pût avoir lieu que pendant le jour, autant par motif de sûreté publique que dans
l'intérêt d'une surveillance utile, et, quoiqu'elle n'ait pas défini le temps de jour, il est certain qu'elle s'est servie de ce
mot dans sa signification la plus usuelle, la plus large, en
laissant aux tribunaux le soin de déclarer suivant les cas et
les circonstances si le fait avait eu lieu la nuit ou le jour. »
Il faut donc considérer comme nuit le temps qui commence
aux dernières lueurs du crépuscule, et comme jour le temps
qui commence dès que l'aurore vient à poindre. C'est dans
ce sens qu'a statué le 22 novembre 1894 le tribunal de Clermont (Oise). « Attendu que sans s'occuper des différences
d'heures alléguées par T... et les témoins par lui produits, il
est certain qu'au moment où T... a tiré sur un lapin, la nuit
n'était pas encore tombée, les gendarmes ayant pu voir à
150 mètres au moins, où ils étaient embusqués, T... suivre le
bois en attitude de chasse, accompagné d'un chien dont ils
ont pu constater la couleur et les taches ; qu'ils ont aperçu
à cette distance deux lapins sortir et rentrer dans le bois ;
qu'ils ont pu faire toutes les constatations d'heure et d'arme ;
qu'en conséquence, il y a lieu de dire que la nuit n'était pas
encore arrivée au moment où T... a tiré sur un lapin. » (Trib.
corr. Clermont, 22 novembre 1894, *Gaz. Pal.*, 1895.1.70).

568. Nuit tombante. — Dans le même sens un jugement
de Gien, qui décide que le moment où la nuit commence est

celui où l'œil humain ne peut plus nettement percevoir les objets qui l'environnent. (Trib. corr. Gien, 27 octobre 1897, *Gaz. Trib.*, 17 novembre 1897).

569. Clarté crépusculaire. — Autre jugement du même tribunal constatant qu'après l'heure légale, il subsiste toujours une certaine clarté, appelée crépuscule, diminuant peu à peu durant un laps de temps qui dure environ trente minutes et pendant laquelle la clarté est encore assez vive pour permettre de voir nettement les divers objets environnants. (Trib. corr. Gien, 30 novembre 1898, *Gaz. Pal.*, 1899.1.46).

570. Question de fait. — Quand il résulte des constatations du procès-verbal que le fait de chasse a été accompli le 14 octobre vers 6 heures, avant le lever du soleil, et que l'agent verbalisateur a vu, à une certaine distance, le prévenu dans la position d'un tireur à genou, ces constatations suffisent à établir que l'acte de chasse n'a pas été commis la nuit. (Riom, 3 mai 1899, *Rec. Riom*, 1898-99. 430).

ŒUFS ET COUVÉES

571. Destruction. — Aux termes de l'article 4 de la loi du 3 mai 1844 *in fine*, « il est interdit de prendre ou de détruire, sur le terrain d'autrui, des œufs et des couvées de faisans, de perdrix et de cailles ». Ce délit est passible d'une amende de 16 à 100 francs.

572. Droit du propriétaire. — La loi n'a prévu que le fait de destruction sur le terrain d'autrui ; elle est muette sur le fait de destruction par le propriétaire sur son terrain. Echapperait donc à toute répression le propriétaire imbécile qui s'a-

muserait à détruire les nids de perdrix sur son propre terrain.
(Trib. corr. Gien, 20 juillet 1898, *Gaz. Pal.*, 1898.2.435).

573. Pouvoir des préfets. — Heureusement, l'article 9 de
la loi du 3 mai 1844 permet aux préfets de prendre des arrêtés
pour prévenir la destruction des oiseaux, de tous les oiseaux,
et d'étendre aux œufs et couvées de toutes les espèces la protection que l'article 4 se borne à accorder aux faisans, perdrix
et cailles. Ces arrêtés sont généralement ainsi conçus : « Il est
interdit, en tout temps, d'enlever les nids, de prendre ou de
détruire les œufs et couvées des oiseaux non déclarés nuisibles, de les transporter, colporter, mettre en vente, vendre ou
acheter. »

574. Restriction au droit du propriétaire. — Les termes
aussi généraux que possible de ces arrêtés étendent aux propriétaires eux-mêmes la prohibition d'enlever les œufs et de
détruire les couvées sur leur propre terrain. Ce n'est pas là
une atteinte au droit de propriété. Le gibier étant *res nullius*,
il serait absurde qu'un propriétaire pût, par sottise ou par
méchanceté, tuer dans l'œuf le gibier qui profitera plus tard
aux propriétaires voisins.

575. Interprétation des arrêtés. — Cependant, la jurisprudence tend à interpréter l'arrêté préfectoral en ce sens que,
comme la loi, il n'a en vue que la prise ou la destruction opé-
rée sur le terrain d'autrui. (Trib. corr. La Flèche, 30 novembre 1887, D. P. 1888.3.120).

576. Droit du fermier. — Le fermier doit-il être considéré
comme ayant, au même titre que le propriétaire, le droit de
prendre et détruire les œufs et couvées sur le terrain qui lui
est affermé ?

Certains tribunaux ont répondu affirmativement. (Trib. corr.
le Mans, 7 octobre 1887, D. P. 1888.3.120, S. 1887.2.247 ;
Trib. corr. Narbonne, 12 juillet 1901, *Gaz. Trib.*, 14 septembre 1901).

577. Fermier de culture. — Mais cette manière de voir ne me semble pas exacte. L'article 4, § 4 de la loi du 3 mai 1844 n'est pas applicable au propriétaire, ni à l'usufruitier, ni au titulaire du droit de chasse. Il ne s'applique qu'à toutes autres personnes. Le fermier qui ne possède pas le droit de chasse sur les terres à lui louées, et n'a ainsi aucun intérêt à la conservation du gibier, se trouve, par rapport au droit de chasse et de destruction d'œufs, sur le terrain d'autrui. Dès lors, il commet le délit prévu par les articles 4, § 4 et 11, § 4 de la loi du 3 mai 1844 lorsqu'il emporte des œufs de perdrix trouvés sur les terres dont il est locataire. (Trib. corr. Saint-Quentin, 29 juillet 1897, *Gaz. Pal.*, 1897.2.267).

578. Fait involontaire. — En matière de chasse, il faut pour qu'il y ait délit un acte librement et volontairement exécuté, voulu et réfléchi. Il s'ensuit que ne commet pas de délit le faucheur qui coupe une perdrix sur ses œufs, le laboureur qui, du soc de sa charrue, écrase une couvée de cailleteaux.

579. Nid découvert. — Dans tous les cas, ni l'interdiction prononcée par la loi, ni celle qui résulte de l'arrêté préfectoral, ne doit recevoir son application si, au moment où les œufs ont été enlevés, le nid avait été mis à découvert par suite de la fauchaison, un nid découvert devant être considéré comme perdu puisque la couveuse n'y revient jamais et les prohibitions dont il s'agit ne devant protéger que les œufs ou couvées susceptibles de produire du gibier. (Trib. corr. Beaune, 30 juillet 1887, D. P. 1888.3.120 ; Trib. corr. Mans, 7 octobre 1887, D. P. 1888.3.120 ; Trib. corr. La Flèche, 30 novembre 1887, D. P. 1888.3.120).

580. Couvées d'oiseaux nuisibles. — Il est évident que la destruction des nids et l'enlèvement des œufs des oiseaux classés nuisibles ne sauraient constituer un délit. Le propriétaire ou fermier peut enlever les couvées des buses, corbeaux,

pies, geais sur son terrain, et agir de même sur le terrain
d'autrui avec l'autorisation du propriétaire.

581. Enlèvement de couvées sur terrain d'autrui. — Mais,
pour ce faire, il faut la réunion des deux conditions : 1° classement des dits oiseaux comme nuisibles par l'arrêté préfectoral ; 2° autorisation du propriétaire. Le fait de prendre sur
le terrain d'autrui et en contravention à un arrêté préfectoral
une couvée de pies est punissable de la peine de 16 à 100 fr.
d'amende prononcée par l'article 11 de la loi de 1844. (Cass.,
10 février 1852, S. 1853 1.589).

OISEAUX DE PASSAGE

582. Chasse aux oiseaux de passage. — Aux termes de
l'article 3 de la loi de 1844, modifiée par celle du 22 janvier
1874, « les préfets, sur l'avis des conseils généraux, prendront
des arrêtés pour déterminer l'époque de la chasse des oiseaux
de passage, autres que la caille, la nomenclature des oiseaux
et les modes et procédés de chasse pour les diverses espèces ».

583. Epoque de la chasse. — Le législateur qui, dans les
deux premiers paragraphes de l'article 9, avait indiqué les
modes de chasse licites « n'a pas voulu, cependant, apporter
un obstacle absolu à la continuation de certains usages qui
n'auraient pu être supprimés sans un préjudice réel pour les
localités où ils sont pratiqués et où ils peuvent être considérés presque comme l'exercice d'une industrie ». C'est pour
ces motifs que les préfets peuvent proroger la chasse des oiseaux dont les passages se produisent souvent après la fermeture. Tant que la chasse est ouverte d'une manière géné-

rale, il est évident que la chasse de ces oiseaux est licite s'il ne s'agit pas des oiseaux protégés par l'arrêté préfectoral, protection qui peut s'appliquer aussi bien à certains oiseaux sédentaires.

584. Nomenclature. — C'est donc aux préfets que la loi du 22 janvier 1874 a confié le soin de donner la nomenclature des oiseaux de passage. Le ministre de l'intérieur, dans sa circulaire du 30 janvier 1874, fait observer aux préfets qu'ils doivent se reporter à la nomenclature des espèces reconnues oiseaux de passage dans un travail du Museum. Cette nomenclature vise les oiseaux suivants ; l'alouette, la bécasse, la bécassine, le bec-figue, la cigogne, l'étourneau, la grive, l'hirondelle, la huppe, le mauvis, le motteux, l'ortolan, l'outarde, le pigeon biset, le pigeon ramier. Mais les préfets ont la faculté et non l'obligation de prendre des arrêtés pour fixer l'époque de la chasse de ces oiseaux. De plus, il faut remarquer que parmi les oiseaux cités plus haut, certains peuvent être classés parmi les oiseaux nuisibles : l'étourneau, les pigeons sauvages. La bécassine est un gibier d'eau, ainsi que la cigogne. Enfin l'hirondelle et la cigogne sont classées parmi les oiseaux protégés qu'on ne peut chasser à aucune époque de l'année.

585. Cailles. — La loi excepte des oiseaux de passage la caille qui ne pourra être chassée que pendant la période d'ouverture de la chasse. On sait que cet oiseau arrive d'Afrique dans les départements du Midi complètement épuisé par la traversée de la Méditerranée, et constitue une proie tellement facile qu'il est exterminé avant d'avoir pu se répandre dans le reste de la France. C'est donc une sage mesure que celle qui interdit la prorogation de cette chasse.

586. Prorogation. — Les préfets peuvent donc valablement prendre des arrêtés autorisant la chasse des oiseaux de passage à l'exception de ceux qu'il est défendu de chasser en tout temps. Ils peuvent aussi valablement proroger la chasse de certaines espèces, comme la bécasse, mais pourront seuls être considérés comme oiseaux de passage ceux qui auront été désignés comme tels dans l'arrêté préfectoral. En l'absence d'un arrêté préfectoral contenant la nomenclature des oiseaux de passage pouvant être chassés suivant des procédés déterminés, les juges correctionnels saisis d'une poursuite pour fait de chasse par l'un de ces moyens, doivent, lorsque le prévenu prête la qualité d'oiseaux de passage au gibier chassé par lui, surseoir à statuer et renvoyer à l'autorité compétente le jugement de cette prétention. (Trib. corr. Uzès, 5 décembre 1889, *Pand.*, 1890.2.118).

587. Modes et procédés. — Enfin, les préfets doivent déterminer dans leur arrêté les modes et procédés de chasse pour chaque espèce. Ils peuvent donc autoriser les filets, sauterelles, lacets de crin et engins de toutes sortes, même s'ils sont prohibés en principe. Ils peuvent aussi autoriser l'emploi d'appeaux ou appelants.

588. Filet. — Lorsqu'un arrêté préfectoral autorise, pour les oiseaux de passage seulement, l'usage du filet, l'emploi de celui-ci pour les oiseaux sédentaires n'est point licite, et, permis au premier cas, ce filet devient, au second cas, un engin prohibé. Par suite, c'est à tort qu'un tribunal saisi d'une prévention de chasse d'oiseaux sédentaires à l'aide de filets, déclare inutile de rechercher si le prévenu chassait réellement des oiseaux de passage, et le relaxe par le motif qu'il n'usait que d'un engin autorisé par l'arrêté préfectoral. (Cass. 26 mars 1897, D. P. 1898.1.89).

589. Petits oiseaux. — La difficulté sera donc toujours d'établir, à l'encontre du prévenu, la chasse d'une espèce d'oiseaux autre que celle autorisée. Je citerai l'arrêté pris par un préfet de Meurthe-et-Moselle autorisant la chasse des petits oiseaux de passage à l'aide de raquettes ou sauterelles, à l'exclusion des oiseaux sédentaires. Or,les sauterelles cassant les pattes des oiseaux, il était impossible de lâcher les oiseaux sédentaires qui venaient se prendre. J'en fis l'observation au préfet qui fut surpris : il avait reçu l'arrêté tout fait de Paris, et quant à lui, ne savait pas en quoi consistait une sauterelle.

590. Bécasse. — Certains arrêtés prorogent la chasse de la bécasse jusqu'au 15 avril, et autorisent spécialement la passe ou l'affût dans les chemins et clairières des forêts, ainsi que la chasse à la requête au chien d'arrêt et en battue depuis la date d'ouverture jusqu'au 15 avril. La passe ou l'affût dans les chemins et clairières des forêts comprend aussi bien la chasse *à la passée* et la chasse *à la croûle* que la chasse *au gué*. La chasse à la passée a lieu en novembre, la chasse à la croûle pendant le passage du printemps, fin mars, commencement d'avril. La chasse au gué consiste à affûter les bécasses sur un ruisseau peu profond depuis une hutte de branchages où le tireur se dissimule. Cette chasse se pratique en octobre dans les Vosges.

591. Affût à l'aube. — Les bécasses peuvent être affûtées à l'aube comme au crépuscule, seuls moments où elles circulent. Rien ne permet de considérer comme interdit le matin ce qui est permis le soir, à moins, bien entendu, que l'arrêté ne le stipule formellement.

592. Alouettes. — Les préfets investis du droit de fixer l'époque de la chasse des oiseaux de passage ont seuls qualité pour déterminer les espèces d'oiseaux auxquels cette désignation s'applique ; il n'appartient pas aux tribunaux d'étendre par induction la classification émanée de l'autorité préfectorale. Ainsi celui qui a été trouvé chassant l'alouette au miroir après l'époque de la fermeture de la chasse, mais pendant le temps fixé pour la chasse des oiseaux de passage, ne peut être renvoyé des poursuites sous le prétexte que l'alouette serait un oiseau de passage, alors que l'arrêté préfec-

toral ne mentionne pas les alouettes dans l'énumération qu'il
fait de ces sortes d'oiseaux. Vainement prétendrait-on que
cette énumération n'est pas limitative, et que, d'ailleurs, le
préfet ayant permis l'emploi du miroir pour la chasse à tir de
l'alouette, a, par là même, reconnu que l'alouette était un
oiseau de passage, les oiseaux sédentaires ne pouvant d'après
le droit commun, être chassés que par le procédé de la chasse
de jour, à tir et à courre, sans l'emploi d'engins particuliers.
(C. Rennes, 20 mai 1863, D. P. 1865.2.71).

OISEAUX PROTÉGÉS

593. Destruction des oiseaux. — L'article 9 de la loi du
3 mai 1844 permettait aux préfets de prendre des arrêtés
« pour prévenir la destruction des oiseaux ». La loi du 22 janvier 1874 a ajouté « ou pour favoriser leur repeuplement ».
Et l'article 11 de la loi de 1844 punit d'une amende de 16 à
100 francs ceux qui auront contrevenu à ces arrêtés.

594. Intérêt de l'agriculture. — Les circulaires ministérielles des 8 et 20 mai 1844 indiquent qu' « il est un assez
grand nombre de départements où l'accroissement excessif
des insectes est devenu pour l'agriculture un véritable fléau,
et c'est à la destruction des oiseaux que ce fait est généralement attribué ». L'expérience a démontré qu'il n'en
était rien. La destruction des oiseaux est interdite, et certaines années, les insectes sont aussi nombreux qu'ils l'étaient
avant cette prohibition. Mais cette superstition, comme tant
d'autres, ne tend pas à disparaître, et on continue à prendre
des arrêtés pour empêcher de tuer quelques oiseaux qui sont
presque tous granivores, c'est-à-dire plus nuisibles qu'utiles.

595. Oiseaux-gibier. — Il est tout d'abord certain que la protection accordée par le législateur dans le soi-disant intérêt de l'agriculture, de l'agrément et du repeuplement des campagnes ne saurait s'appliquer aux oiseaux considérés seulement comme gibier : perdrix, faisans, gélinottes. (C. Amiens, 8 juin 1894, *La Loi*, 14 novembre 1894).

596. Protection permanente. — La plupart des préfets prennent des arrêtés pour interdire en tout temps, même quand la chasse est ouverte, la chasse, la destruction, la capture, l'importation, l'exportation, le transport, le colportage, la mise en vente, la vente et l'achat de certains oiseaux. Ce sont généralement les cigognes ; les rapaces nocturnes, sauf le grand-duc (moyen-duc ou hibou, petit-duc ou chouette ou scops, chevêche commune ou petite chouette, l'effraie) ; les pics de toute espèce (pic noir, pic vert, aussi nommé pivert ou becquebois, grande épeiche, épeiche moyenne, épeichette, sitelle ou pic-maçon) ; les hirondelles, les petits oiseaux sédentaires ou de passage dont la taille est inférieure à celle de la caille, de la grive ou du merle, sauf l'ortolan, l'alouette, le bec-figue et le motteux.

597. Petits oiseaux. — Il est très difficile de donner une nomenclature complète des petits oiseaux qu'on veut protéger. Je citerai le pinson, le chardonneret, le bouvreuil, la fauvette, le rossignol, le linot, le tarin, le moineau, la bergeronnette, le rouge-gorge, le rossignol de muraille ou rouge-queue, le roitelet, le troglodyte, le grimpereau, la huppe, les bruants (bruant commun ou des marais, bruant zizi, bruant des haies), les mésanges (charbonnière, à tête bleue, huppée, à longue queue), le pouillot.

598. Protection en temps de chasse. — Certains tribunaux ont considéré comme illégaux les arrêtés préfectoraux interdisant en tout temps, même lorsque la chasse est ouverte, la destruction, la capture, la vente et le colportage des petits

oiseaux. Et je citerai notamment un jugement du tribunal
correctionnel de la Seine qui a acquitté un sieur P. trouvé
porteur sur le marché aux oiseaux d'une petite cage contenant 3 rouges-gorges vivants qu'il offrait aux passants. Le tribunal a admis que le fait de mettre en vente, d'acheter ou de
colporter du gibier ne constituait un délit, aux termes des
articles 4 et 12 de la loi de 1844, qu'autant qu'il a lieu pendant le temps où la chasse est interdite. Et ce tribunal déclare que l'arrêté préfectoral a créé un délit qui n'était prévu
ni puni par la loi. (Trib. corr. Seine, 30 décembre 1896, *Droit*,
6 janvier 1897).

599. Oiseleur. Colportage. — Le même tribunal de la
Seine avait, en 1888, acquitté un marchand d'oiseaux trouvé
porteur de deux cages contenant 10 pinsons et 6 bruants,
sous prétexte que l'application stricte de l'arrêté préfectoral
aboutirait à entraver le libre exercice du commerce des oise-
leurs. « Attendu que cette application rigoureuse aurait pour
conséquence de ne plus permettre à un citoyen de traverser
un endroit public avec une cage contenant des oiseaux d'une
taille au-dessous de la grive. (Trib. corr. Seine, 20 mars 1888,
Droit, 6 janvier 1897).

600. Colportage. — Cette théorie pourrait être exacte si
la loi de 1844 modifiée par celle du 22 janvier 1874 ne pouvait opposer que les articles 4 et 12. Mais le tribunal de la
Seine semble complètement oublier l'article 9. Si les dispositions de l'article 4 qui interdit le colportage du gibier pendant
le temps où la chasse n'est pas permise, doivent s'entendre
dans ce sens que le colportage est licite pendant la période
qui s'écoule entre l'ouverture et la fermeture générales de la
chasse, c'est à la condition que la chasse du gibier colporté
ne soit pas, pendant cette période, légalement prohibé. Et
cette prohibition relative à certains oiseaux est certainement
prise dans la limite des [pouvoirs préfectoraux. (Cass. 6 no-

vembre 1897, *Gaz. Trib.*, 1898, 1ʳᵉ partie, 1, 26 ; Pau, 7 janvier 1899, D. P. 1899.2.159).

601. Sanction — La Cour de cassation décide que le délit de corportage d'oiseaux doit être puni par l'article 12. Mais c'est là une erreur incontestable. Nous sommes en présence d'une prohibition faite par un arrêté préfectoral. La sanction sera donc celle de l'article 11, § 3. (Trib. corr. Mont-de-Marsan, 13 juin 1888. *La Loi*, 19 août 1888).

602. Oiseaux sédentaires. — En tous cas, et à défaut d'arrêté préfectoral les concernant, il faut considérer les oiseaux de pays comme un véritable gibier qu'on ne peut chasser qu'à tir (et à courre ?) Et alors même que le préfet n'aurait pris aucun arrêté portant pareille interdiction, il est interdit de les chasser à l'aide d'engins ou d'instruments prohibés. (Cass. ch. réun., 25 mars 1846, *Pand.*, III, 1, 44 ; Cass. ch. réun., 23 avril 1847, *Pand.*, III, 1.44).

OUVERTURE ET CLOTURE DE LA CHASSE

603. Arrêtés préfectoraux. — L'article 1ᵉʳ de la loi du 3 mai 1844 dit : « Nul ne pourra chasser... si la chasse n'est pas ouverte ». L'article 3, modifié par la loi du 22 janvier 1874, est ainsi conçu : « Les préfets détermineront, par des arrêtés publiés au moins dix jours à l'avance, les époques des ouvertures et celles des clôtures des chasses, soit à tir, soit à courre, à cor et à cris, dans chaque département ».

604. Décentralisation. — La loi de 1844 qui, quoi qu'on en dise, est fort bien faite, est ou plutôt était une loi de décentralisation. Le législateur avait compris que le climat et la température avaient une influence considérable sur l'état des récoltes, la croissance et l'allure du gibier sédentaire ou de passage. Il importait donc de laisser chaque préfet fixer les dates d'ouverture et de fermeture au mieux des intérêts de son département.

605. Système des zones. — Mais, sans que le texte de la loi ait été modifié à cet égard, le ministère de l'agriculture, a mis en vigueur le système des zones qui est venu donner aux dispositions de la loi de 1844 un vigoureux croc-en-jambe. Les départements sont actuellement groupés en quatre zones.

606. Première zone. — La première comprend : Alpes-Maritimes, Ariège, Aude, Bouches-du-Rhône. Gers, Haute-Garonne, Landes, Lot-et-Garonne, Basses-Pyrénées, Hautes-Pyrénées, Pyrénées-Orientales, Tarn et-Garonne, Var, Vaucluse.

607. Deuxième zone. — La deuxième zone comprend : Ain, Allier, Aveyron, Cantal, Charente, Charente-Inférieure, Cher, Creuse, Deux-Sèvres, Dordogne, Doubs, Drôme, Corrèze, Hautes-Alpes, Haute-Loire, Haute-Savoie, Haute-Vienne, Indre, Indre-et-Loire, Isère, Jura, Loire, Loir-et-Cher, Lozère, Puy-de-Dôme, Rhône, Haute-Saône, Sarthe, Saône-et-Loire, Savoie et Vendée.

608. Troisième zone. — La troisième zone comprend : Aisne, Ardennes, Aube, Côte-d'Or, Eure, Eure-et-Loir, Loiret, Haute-Marne, Marne, Meurthe et-Moselle, Meuse, Nièvre, Nord, Oise, Pas-de Calais, Seine, Seine-et-Oise, Seine-Inférieure, Somme, Yonne, une partie du Calvados, une partie de l'Orne.

609. Quatriène zone. — La quatrième zone comprend : une partie de l'Orne, une partie du Calvados, Côtes-du-Nord, Finistère, Ille-et-Vilaine, Manche, Morbihan.

610. Fixation des dates. — Vers le mois d'avril ou mai, le ministère consulte les préfets sur la date d'ouverture qui leur semble préférable, et cette consultation, faite beaucoup trop tôt, à une époque où on ne peut prévoir quel sera l'état des récoltes trois mois plus tard, selon que l'été sera sec ou pluvieux, ne signifie absolument rien. C'est à Paris que se règle la question, et les préfets de chaque zone reçoivent l'ordre d'ouvrir la chasse à une date qui convient ou ne convient pas à leur département, peu importe.

611. Pouvoirs préfectoraux. — Il est évident que les circulaires ministérielles n'ont pas force de loi ; que le ministre n'a pas le pouvoir de contraindre un préfet à exécuter cette circulaire ; que le préfet pourrait invoquer le texte de l'article 3 pour ouvrir la chasse à une autre date que celle indiquée par le ministre. Mais il faut juger humainement les choses humaines, et on ne peut s'étonner de voir les préfets s'incliner respectueusement devant les instructions qui leur arrivent de la capitale.

612. Publication des arrêtés. — Les arrêtés doivent être publiés, c'est-à-dire portés à la connaissance du public, non seulement par une insertion au *Recueil des actes administratifs* du département, mais encore par l'affichage à l'endroit habituel. C'est ce qui résulte formellement d'un arrêt de la Cour de cassation : « Tout règlement administratif dont l'infraction emporte l'application d'une peine, n'a force d'exécution que par la connaissance qui en est légalement donnée à ceux auxquels est imposée l'obligation de s'y conformer ; que c'est là une matière constante de notre droit public spécialement consacré par les articles 1er, titre 11, de la loi du 24 août 1790, et 471, § 15 du Code pénal ; attendu que cette connaissance ne saurait résulter de la seule insertion dudit règlement au bulletin des actes de la préfecture ; que ce bulletin fondé par une circulaire de l'administration centrale, en date du 21 septembre 1815, destiné uniquement à faciliter les rapports des préfets avec les divers fonctionnaires placés sous leurs ordres, n'a, aux termes de l'acte de son institution, d'effet quant aux administrés, que si par suite de sa transmission à ces fonctionnaires, les arrêtés d'intérêt général qu'ils renferment, reçoivent dans chaque localité, par les voies en usage, la publicité qui peut seule leur conférer un caractère obligatoire ». (Cass., 5 juillet 1845, D. P. 1845.1.377).

613. Défaut de publication. — En droit, il est certain qu'un citoyen pourrait continuer à chasser sur le territoire d'une commune où l'arrêté de fermeture n'aurait pas été affiché. Je ne lui donnerai cependant pas le conseil de le faire. (Caen, 27 mai 1852, *Rec. Caen et Rouen*, 1845.1.255).

614. Délai de publication. — Le délai de dix jours qui doit précéder l'exécution de l'arrêté à partir de sa publication est un délai franc, c'est-à-dire que le premier des dix jours est le lendemain de l'affichage, et le dixième doit être au moins la veille de l'ouverture ou de la fermeture. Par exemple, pour ouvrir la chasse le 1er septembre, il faut que l'arrêté soit publié le 21 août.

615. 2e arrêté rapportant le premier. — Mais si un 2e arrêté intervient pour annuler le premier, doit-il être soumis au délai de publication de dix jours ?

L'article 3, absolument général, absolument formel, non seulement ne dispense pas les seconds arrêtés de l'observation du délai de dix jours, mais l'impose expressément à tous les arrêtés d'ouverture et de clôture. Il ne comporte aucune distinction autre que celle que la loi elle-même a faite en son article 9, pour les arrêtés que peuvent prendre les préfets notamment pour interdire la chasse en temps de neige. En ce cas, en ce cas seul, les préfets ne sont pas astreints à l'observation du délai de dix jours ; et là où la loi ne fait pas d'exception, il n'appartient pas aux tribunaux d'en faire. Si le législateur de 1844 a exigé un délai de dix jours pour *tous* les arrêtés d'ouverture et de clôture, il y a parité de motifs pour les seconds arrêtés.

616. Nécessité du délai. — Pourquoi le législateur a-t-il imposé aux préfets l'obligation d'assurer à leurs arrêtés ce délai de publicité ? Parce que, ainsi que le dit M. Leblond (*Code de chasse*, n° 58), « un arrêté tardif est de nature à jeter la perturbation dans le monde des chasseurs, et surtout à les exposer facilement à une condamnation dans une matière où l'excuse tirée de la bonne foi n'est pas admise ». Les seconds arrêtés d'ouverture ayant le même caractère et les mêmes sanctions que les premiers, doivent être soumis à la même publicité.

617. Doctrine. — Un auteur qui a constamment joui d'une exceptionnelle autorité en cette matière, et dont la haute compétence lui a valu d'être consulté, lors de la confection de la loi de 1844, par le garde des sceaux, et d'être chargé par lui de suivre les travaux préparatoires au Conseil d'Etat, et les discussions devant les Chambres, M. Petit, en son traité du *droit de chasse*, 2ᵉ édition, n° 239, s'exprime ainsi : « Aujourd'hui que la loi oblige les préfets à publier les arrêtés d'ouverture et de fermeture dix jours à l'avance, il est évident qu'un arrêté qui révoque ou modifie un premier arrêté, n'est comme lui, obligatoire que dix jours après sa publication. Pourquoi en serait-il autrement ? Il n'y a entre eux aucune différence. *Ainsi le second arrêté doit être publié dix jours à l'avance ; c'est là une disposition formelle et impérieuse de la loi.* »

618. — M. Berriat-St-Prix (*Législation de la chasse*, p. 26) professe la même doctrine. « Si l'on admettait, dit-il, que l'arrêté de révocation est immédiatement exécutoire, il se présenterait des cas où cet acte ne pourrait physiquement arriver à la connaissance des citoyens. Supposons, en effet, que le préfet ne se croyant pas astreint à l'observation du délai de dix jours, prenne et publie son arrêté de révocation la veille du jour indiqué pour l'ouverture de la chasse ; pourra-t-on bien admettre que les chasseurs, qui chasseront le jour primitivement fixé, et à une extrémité du département, commettront un délit de chasse ? Cela me semble impossible. Et si l'on recule devant cette conséquence logique, il faudra bien, en l'absence de toute autre règle, revenir à l'observation du délai de dix jours. »

619. Instructions ministérielles. — Dans son instruction du 20 mai 1844 aux préfets, le Ministre de l'Intérieur, M. Duchatel, n'est pas moins formel : « L'article 3 charge les préfets de déterminer l'époque de l'ouverture et celle de la clôture de la chasse ; cette attribution leur avait été dévolue déjà par l'ancienne législation ; mais leurs arrêtés devront dans l'un et l'autre cas, être publiés dix jours au moins avant celui indiqué pour la clôture ou l'ouverture de la chasse. *Cette condition doit toujours être observée.* Vous en comprendrez toute l'importance puisque l'exacte exécution de l'obligation qui vous est imposée, est intimement liée à la légalité des poursuites, pour contraventions à vos arrêtés ».

620. Projet de loi. — Cette obligation a été aussi maintenue, comme nécessaire, par le Sénat dans le projet de loi sur la chasse qui, longtemps encore, dormira dans les cartons. Ce projet prévoit le cas particulier de seconds arrêtés d'ouverture, et réduit, *en cas d'urgence*, à cinq jours, le délai de dix jours exigé par la loi de 1844, et maintenu par celle du 22 janvier 1874.

621. Jurisprudence. — Cependant, malgré l'opinion des auteurs, malgré le caractère très net de la prescription de la loi, la Cour de cassation a décidé que l'arrêté préfectoral qui rapporte un premier arrêté fixant l'ouverture de la chasse et proroge la durée du temps prohibé, est, à la différence du premier arrêté, obligatoire à partir de sa publication, et non pas seulement dix jours après.

622. Histoire d'un arrêté. — Cet arrêt est intervenu dans les circonstances suivantes qu'il est bon de rapporter. Le 31 juillet 1894, le préfet de Meurthe-et-Moselle prenait, en conformité de l'article 3, son arrêté annuel relatif à l'ouverture de la chasse dans le département, qu'il fixait au dimanche 26 août. Cet arrêté fut régulièrement publié. Le lundi 20 août, le Conseil général émettait le vœu que l'ouverture fût reportée au 2 septembre. Le préfet crut devoir en référer au Ministre de l'Intérieur qui, le 22 août, répondit par un télégramme ainsi conçu : « Conformément à l'avis émis par le Conseil général, j'estime qu'il y a lieu de reporter la date d'ouverture de la chasse au 2 septembre. Je vous prie de prendre aujourd'hui toutes dispositions pour assurer à votre arrêté la publicité de dix jours fixés par la loi ».

La recommandation si précise et si formelle du ministre ne fut pas respectée. Le 22 août, à 10 h. 50 du soir, le préfet prit un arrêté rapportant celui du 31 juillet. Sur les affiches de l'arrêté du 31 juillet, on colla une petite bande de papier portant « 2 septembre » pour remplacer l'ancienne date du « 26 août » ; quant au texte même du second arrêté, il fut placardé dans certaines communes le 24 août, dans d'autres, le 25 ; dans les plus éloignées le 26.

623. Un jugement. — Ce second arrêté ainsi illégalement pris aurait dû rester sans effet. C'est ce que pensèrent deux avocats de Nancy MM. Lucien Larcher et Emile Larcher, et un de leurs amis M. Paul André qui, le 26 août, se mirent en chasse et furent l'objet d'un procès-verbal pour chasse en temps prohibé. Ces trois champions de la légalité et du droit méconnus s'entendirent traiter par le ministère public de rebelles et d'insurgés et furent condamnés, le 25 octobre 1894, par le tribunal correctionnel de Nancy : MM. Lucien et Emile Larcher, chacun à 100 francs d'amende, M. André à 50 francs, tous trois à la confiscation de leur arme.

624. Un arrêt. — Le 5 décembre 1894, la Cour d'appel de Nancy confirma le jugement correctionnel. (C. Nancy, 5 décembre 1894, *Rec. Nancy*, 1895.87).

625. Un pourvoi en cassation. — Les trois condamnés formèrent pourvoi en cassation contre cet arrêt, mais leur pourvoi fut rejeté par la Cour suprême dans les termes suivants : « Attendu qu'il est de principe que les préfets peuvent modifier ou rapporter les règlements légalement émanés d'eux, tant que les habitants de leur département ne sont pas encore en jouissance effective des droits dont ces règlements leur accordaient l'exercice ; que si les arrêtés de ces magistrats qui lèvent la prohibition de la chasse doivent, aux termes de l'article 3 de la loi du 3 mai 1844, et ce. dans l'intérêt de l'agriculture, déterminer au moins dix jours à l'avance l'époque de leur exécution, il ne s'ensuit nullement que ceux qui le rapportent et prorogent la durée du temps prohibé soient soumis à la même condition et ne puissent pas devenir obligatoires avant l'expiration du même délai ; que ces derniers, au contraire, qu'ils fixent ou non la date à laquelle l'ouverture est reportée, restent exclusivement régis par les dispositions générales qui astreignent les citoyens à s'y conformer dès qu'ils en ont eu régulièrement connaissance ; qu'il doit en être ainsi dans l'espèce, parce que l'arrêté du 22 août, provoqué par les réclamations des cultivateurs et basé sur un intérêt aussi majeur qu'urgent, n'aurait pas atteint son but si, jusqu'au 2 septembre, il avait laissé aux chasseurs la faculté de se prévaloir de celui du 31 juillet ; que l'autorité préfectorale,

en rapportant son premier arrêté tandis que la chasse était
encore prohibée, n'a porté aucune atteinte à des droits acquis
et n'a nullement violé l'article 3 de la loi du 3 mai 1844. »
(Cass., 10 avril 1895, *Gaz. Pal.*, 1895.1.714).

626. Conclusion. — Les explications que j'ai données plus
haut me dispensent d'une longue critique de cet arrêt. No-
tons seulement deux erreurs capitales commises par la Cour
suprême : d'abord l'application de règles générales à une espèce régie par une loi particulière, et à une prescription formelle et sans exceptions. Ensuite, la considération de fait que
l'arrêté aurait manqué son but s'il avait été pris légalement !

Ceci dit, je m'incline, ainsi que je le dois, devant l'autorité
de la chose jugée, espérant seulement (c'est là un droit que
j'ai acheté assez cher) que la Cour de cassation se déjugera
un jour ainsi qu'elle l'a fait maintes fois, notamment à propos des pigeons voyageurs qu'elle s'est décidée à proclamer
animaux domestiques après les avoir, assez longtemps, déclarés animaux sauvages. *Nil desperandum* !

627. Généralité de la date d'ouverture. — La date d'ouverture est générale pour le département c'est-à-dire pour la
plaine, les bois et cours d'eau. Un arrêté ouvrant la chasse
en plaine seulement, à l'exclusion des bois, serait illégal.

628. Restrictions illégales. — En effet, la loi du 22 janvier
1874 n'a pas autorisé les préfets à restreindre le droit de
chasse dans l'intérêt des cultures ; elle s'est bornée à étendre
leurs pouvoirs en ce qui concerne la distinction entre la chasse
à courre et la chasse à tir, la nomenclature des oiseaux de
passage, ainsi que les modes et procédés de chasse pour les diverses espèces. Il n'appartient donc pas aux préfets de restreindre l'exercice du droit concédé par l'article 9 de la loi
du 3 mai 1844 à toute personne munie d'un permis de chasse,
de chasser sur ses propres terres ou sur celles d'autrui avec
le consentement de celui à qui le droit de chasse appartient,

en prohibant la chasse dans les propriétés d'une certaine nature, ou en ne l'autorisant que dans les propriétés qui ne sont pas cultivées. (Rennes, 23 juin 1897, *Rec. d'Angers*, 1897.288).

629. Ouvertures et clôtures, dates distinctes. — Sous l'empire de l'ancienne rédaction de l'article 3 modifiée par la loi du 22 janvier 1874, les époques d'ouverture et de clôture une fois déterminées, étaient applicables sans distinction à toutes les espèces de gibier. En conséquence, était illégal et non obligatoire un arrêté préfectoral interdisant la chasse de la perdrix avant la clôture générale de la chasse à tir dans le département. (Amiens, 8 juin 1894, *La Loi*, 14 novembre 1894).

630. Loi du 16 février 1898. — Mais la loi du 16 février 1898 est venue modifier cet état de choses en complétant l'article 3 de la loi du 3 mai 1844 dans les termes suivants : « Les préfets pourront, sur l'avis du Conseil général, retarder la date de l'ouverture et avancer la date de la clôture de la chasse à l'égard d'une espèce de gibier déterminée. »

631. — Est donc désormais légal l'arrêté préfectoral qui, tout en fixant au 2 février 1902 la date de fermeture de la chasse à tir dans un département, déclare fermée la chasse à la perdrix le 15 décembre 1901, et la chasse du lièvre le 5 janvier 1902.

632. Arrêtés municipaux restreignant la chasse. — Si les préfets ne peuvent, ainsi que nous l'avons vu, prohiber la chasse dans les propriétés d'une certaine nature, ce droit appartient incontestablement aux maires. En effet, l'article 50 de la loi du 14 décembre 1789 confie à l'autorité municipale le soin de faire des règlements propres à faire jouir les habitants d'une bonne police. L'article 9, titre 11, de la loi du 28 septembre 1791 charge les officiers municipaux de veiller à la tranquillité, la salubrité et la sécurité des campagnes. Enfin, la loi du 5 avril 1884, dans son article 91 confie aux maires la police rurale ; dans l'article 97, la police des routes nationales et départementales, ainsi que des voies de communication. En vertu de ces dispositions législatives, les maires peuvent interdire de chasser dans un certain rayon autour des vignes non vendangées. (Cass., 4 septembre 1847, D. P. 1847.4.32 ; Cass., 2 juillet 1858, D. P. 1858.1.342).

633. Arrêtés temporaires. — Mais ces arrêtés ne peuvent être que temporaires et non s'appliquer à toute la durée de l'année. (Cons. d'Et., 9 janvier 1886, S. 1887.3.46).

634. Sanction des arrêtés municipaux. — Les infractions à ces arrêtés des maires ne constituent pas des délits de chasse, mais seulement des contraventions de police punies par l'article 471, § 15, du Code pénal d'une amende de 1 à 5 francs.

635. Sanction des arrêtés préfectoraux. — L'article 12 de la loi de 1844 punit d'une amende de 50 à 200 francs et permet d'appliquer en outre un emprisonnement de six jours à deux mois à ceux qui auront chassé en temps prohibé.

PEINES

636. Division des peines. — La loi du 3 mai 1844 a divisé les délits de chasse, en deux classes suivant leur gravité : ces délits sont visés par les articles 11 et 12. L'article 11 ne prévoit que des peines d'amende dont le minimum est de 16 francs et le maximum de 100 francs. L'article 12 qui vise les délits les plus graves, prévoit des amendes variant de 50 à 200 francs, et de plus un emprisonnement facultatif de six jours à deux mois.

637. Article 11. — Chasse sans permis.

Chasse sur le terrain d'autrui sans consentement.

Destruction des œufs et couvées d'oiseaux-gibier.

Infractions aux arrêtés préfectoraux.

Infractions au cahier des charges.

Amende
de
16 à 100 francs.

638. Article 12. — Chasse en temps prohibé.

Chasse de nuit ou par moyens prohibés.

Colportage en temps prohibé.

Emploi de drogues ou appâts.

Emploi d'engins prohibés.

Amende de 50 à 200 francs et facultativement, emprisonnement de six jours à deux mois.

639. Article 13. — Chasse de nuit sur terrain d'autrui à l'aide d'engins prohibés, avec arme apparente ou cachée.

Délits de l'article 11 commis par les gardes champêtres ou forestiers des communes ou d'établissements publics.

Peines de l'article 12 peuvent être (facultativement) portées au double.

Peines de l'article 11 doivent être (obligatoirement) portées au double.

640. Délits spéciaux. — Chasse sur terrain d'autrui sans consentement, si ce terrain est clos et attenant à habitation.

Même délit que ci-dessus, mais commis la nuit.

Amende de 50 à 300 francs et facultativement de six jours à trois mois de prison.

Amende de 100 à 1.000 francs et facultativement de 3 mois à 2 ans de prison.

641. Aggravations. — Sans préjudice aux aggravations ci-dessous :

Délits des articles 11, 12 et 13 commis en récidive, avec masque, faux nom, violences, menaces. } Peines correspondantes portées facultativement au double.

642. Peines accessoires. — Outre les peines indiquées ci-dessus, la loi de 1844 prévoit des peines accessoires qui sont:
1º La confiscation des armes;
2º La confiscation des engins ;
3º La privation d'obtenir un permis. — V. V^{is} *Confiscation* et *Permis.*

643. Extinction des peines. — Les peines s'éteignent par l'amnistie, le décès du condamné, l'exécution, la grâce ou la commutation, la prescription et la réhabilitation.

644. Amnistie. — 1º L'amnistie est « l'acte par lequel le pouvoir social renonce au droit qui lui appartient soit de poursuivre le coupable, soit de mettre à exécution la condamnation prononcée contre lui ». L'amnistie efface absolument tout et remet les personnes qui en sont touchées dans la situation où elles se trouvaient avant l'acte délictueux.

645. Loi d'amnistie du 19 juillet 1889. — L'article 5 de la loi d'amnistie du 19 juillet 1889 accorde « amnistie pleine et entière pour toutes les condamnations prononcées ou encourues jusqu'au 14 juillet 1889, à raison de délits en matière de... chasse ».

646. Loi d'amnistie du 27 décembre 1900. — La loi du 27 décembre 1900 accorde « amnistie pleine et entière pour les faits antérieurs au 15 décembre 1900, à tous les délits... de chasse ».

647. Paiement définitif. — Mais le paiement des amendes qui a été effectué reste généralement définitif, ainsi que le paiement des frais, une disposition à cet égard étant toujours insérée dans la loi d'amnistie. « Les sommes recouvrées, à quelque titre que ce soit, avant la promulgation de la présente loi ne seront pas restituées. »

648. Décès du condamné. — 2° Le décès du condamné vient aussi éteindre la peine prononcée contre lui. C'est la conséquence du principe de la personnalité des peines. Et il en est ainsi tant qu'un jugement passé en force de chose jugée n'est pas intervenu. Dans ce cas seulement, la peine n'est pas éteinte et l'Etat peut exercer son recours contre les héritiers.

649. Exécution des peines. — 3° L'exécution des peines est un des modes d'extinction. La peine s'éteint, comme la dette, quand elle est payée. Le condamné à l'emprisonnement éteint sa peine en la purgeant, le condamné à l'amende en la payant entre les mains du percepteur.

650. Grâce. — 4° Le condamné dont la condamnation est définitive peut solliciter et obtenir sa grâce de la clémence du Président de la République. La grâce laisse subsister la condamnation et ne produit que l'effet matériel de dispenser le condamné de l'exécution de la peine. Cette peine, après la grâce, est éteinte, puisqu'elle est considérée comme exécutée.

651. Prescription des peines. — 5° Il ne faut pas confondre la prescription de l'action pénale ou civile, avec la prescription des peines. Cette dernière n'est pas spéciale à la matière de la chasse. Les peines prononcées par les tribunaux correctionnels, ou les Cours d'appel en matière de chasse, se prescrivent par cinq ans à partir du jour de l'arrêt, ou à partir de l'expiration des délais d'appel s'il s'agit d'un jugement, c'est-à-dire à partir du onzième jour après le jugement. La prescription ne court que du jour de la signification si le jugement ou l'arrêt a été rendu par défaut.

652. Réhabilitation. — 6° La réhabilitation est considérée comme une extinction de la peine. Mais il est difficile d'admettre cette manière de voir puisque, pour demander la réhabilitation il faut justifier de l'exécution des peines corporelles et de la libération des amendes et frais. La peine se trouve donc forcément éteinte par l'exécution qui précède la réhabilitation.

PERMIS DE CHASSE

653. Nécessité du permis. — L'article 1ᵉʳ de la loi du 3 mai 1844 dit : « Nul ne pourra chasser.... s'il ne lui a pas été délivré un permis de chasse par l'autorité compétente ». La première condition de l'exercice du droit de chasse est donc l'obtention du permis. L'article 5 porte que « les permis de chasse seront délivrés, sur l'avis du maire et du sous-préfet, par le préfet du département dans lequel celui qui en fera la demande aura sa résidence ou son domicile ». Le décret du 13 avril 1861, article 6, a concédé au sous-préfet un pouvoir égal à celui du préfet.

654. Demande de permis. — La demande adressée au préfet ou au sous-préfet doit être rédigée sur une feuille de papier timbré à 0 fr. 60 dans les termes suivants :

> Nancy, le. . . . . 190 .
>
> Monsieur le Préfet,
> Je soussigné. . . . .
> demeurant à Nancy, rue. . . . .
> né à. . . . . le. . . . .
> ai l'honneur de solliciter un permis de chasse.
> Veuillez agréer, Monsieur le Préfet, l'assurance de ma considération la plus distinguée.
>
> *(Signature.)*

655. Mineur. — Si l'impétrant est mineur, c'est son père, sa mère ou son tuteur qui rédige la demande dans les mêmes termes, en ajoutant : pour mon fils (ou pupille) que j'autorise.

656. Mineur émancipé. — Le mineur émancipé rédige la demande qu'il fait apostiller par son curateur.

657. Femme mariée. — La femme mariée rédige la demande qu'elle fait apostiller par son mari.

658. Dépôt de la demande. — L'impétrant dépose à la mairie de son domicile ou de sa résidence sa demande à laquelle il joint la quittance du droit de vingt-huit francs qu'il a versés au percepteur.

659. Rôle du maire. — Le maire transmet la demande à la préfecture ou sous-préfecture, accompagnée d'un avis motivé.

660. Domicile ou résidence. — Cependant, le maire d'une

commune doît s'abstenir d'instruire une demande de permis de chasse formée par un citoyen qui a son domicile ou sa résidence dans une autre commune. (Trib. civ. Aix, 25 février 1896, *Droit*, 4 avril 1896).

661. Compétence. — Le permis de chasse doit être délivré sur l'avis du maire de la commune dans laquelle l'impétrant a son domicile ou sa résidence ; la délivrance du permis donne lieu au paiement d'un droit de dix francs au profit de la commune dont le maire a donné l'avis ci-dessus. Dans le cas où une commune viendrait à prétendre qu'en réalité le chasseur est domicilié et réside sur son territoire, qu'à tort il a pris son permis sur l'avis du maire d'une autre commune et réclamerait, en conséquence, à cette commune, le droit de dix francs ; si la commune de domicile ou de résidence est contestée, la juridiction civile ne pourrait trancher cette question sans examiner la régularité d'un acte administratif ; elle doit, en vertu du principe de la séparation des pouvoirs, renvoyer sa solution à l'autorité administrative. (Trib. civ. Trévoux, 18 juillet 1896, *Mon. Lyon*, 17 février 1897).

662. Litige entre communes. — Il n'appartient pas au préfet de statuer sur un litige existant entre deux communes au sujet de la perception par l'une d'elles de la somme de dix francs sur le prix d'un permis de chasse ; et le maire est recevable à déférer au Conseil d'Etat pour excès de pouvoir l'arrêté par lequel le préfet a ordonné à la commune qui a perçu la somme de la reverser dans la caisse d'une autre commune, alors même que cet arrêté n'inscrit pas d'office cette dépense au budget communal. (Cons. d'Et., 24 mars 1899, S. 1901.3.103).

663. Transmission au préfet. — Le maire qui, après avoir reçu une demande de permis de chasse d'un citoyen habitant ou résidant dans sa commune, omettrait volontairement de la transmettre à l'autorité préfectorale, se rendrait ainsi

coupable d'un fait de fonction. (Valence, 20 janvier 1888, *Rec·
de Grenoble*, 1888.133).

664. Administration préfectorale. — L'administration préfectorale n'est pas liée par l'avis du maire ; elle a un pouvoir
arbitraire d'accorder ou de refuser le permis. En cas de refus,
la sous-préfecture prévient le maire qui doit en aviser l'intéressé, et le receveur des finances qui donne l'ordre au percepteur de rembourser immédiatement les vingt-huit francs.

665. Voies de recours. — Celui qui se voit refuser un permis et qui considère ce refus comme injustifié, peut adresser
une réclamation :

1° Au préfet, si le refus émane du sous-préfet ;
2° Au Ministre de l'Intérieur, si le refus émane du préfet.
Celte réclamation peut être libellée sur papier libre.

666. Refus facultatif. — Aux termes de l'article 6 de la loi
de 1844, *on peut* refuser le permis de chasse :

667. Imposition. — 1° A tout individu majeur qui ne sera
point personnellement inscrit, ou dont le père ou la mère ne
serait pas inscrit au rôle des contributions.

668. Extrait du rôle. — Ainsi que le fait remarquer la circulaire ministérielle du 20 mai 1844, « n'être ni imposé ni fils
d'imposé est une situation exceptionnelle, puisque la contri-
bution personnelle atteint à peu près tous les citoyens, sauf
le cas d'indigence reconnue ».
Dans le mot contributions employé par le législateur, on
comprend l'impôt mobilier ou foncier aussi bien que l'impôt
personnel. D'ailleurs, les préfets ont été invités à ne pas exiger de *tout* impétrant qu'il justifie qu'il est imposé, ce qui
constituerait une formalité à peu près inutile. Mais les préfets
ou sous-préfets pourraient demander un certificat ou extrait
de rôle à ceux à l'égard desquels il existerait un doute.

669. Condamnés. — 2° A tout individu qui, par une condamnation judiciaire, a été privé de l'un ou de plusieurs des droits énumérés dans l'article 42 du Code pénal, autres que le droit de port d'armes.

670. Privation de droits civils. — Les droits énumérés dans l'article 42 du Code pénal sont, outre le droit de port d'armes :

« 1º Le droit de vote et d'élection ;

2º D'éligibilité ;

3º D'être appelé ou nommé aux fonctions de juré ou autres fonctions publiques, ou aux emplois de l'administration, ou d'exercer ces fonctions ou emplois ;

4º De vote et de suffrage dans les délibérations des conseils de famille ;

5º D'être tuteur, curateur, si ce n'est de ses enfants, et sur l'avis seulement de la famille ;

6º D'être expert ou employé comme témoin dans les actes ;

7º De témoignage en justice, autrement que pour y faire de simples déclarations. »

671. Rébellion ou violence. — 3º A tout condamné à un emprisonnement de plus de six mois, pour rébellion ou violence envers les agents de l'autorité publique ;

672. Délits divers. — 4º A tout condamné pour délit d'association illicite, de fabrication, débit, distribution de poudre, armes ou autres munitions de guerre ; de menaces écrites ou de menaces verbales, avec ordre ou sous condition ; d'entraves à la circulation des grains ; de dévastation d'arbres ou de récoltes sur pied, de plants venus naturellement ou faits de main d'homme ;

673. — 5º A ceux qui auront été condamnés pour vagabondage, mendicité, vols, escroquerie ou abus de confiance.

674. Durée de l'incapacité. — Le dernier paragraphe de l'article 6 restreint la faculté du refus de permis de chasse dans la limite du délai de cinq ans après l'expiration de la peine. S'il s'agit d'une peine d'emprisonnement, les cinq ans commenceront à courir le jour de la sortie de prison. S'il s'agit d'une peine d'amende, il faut admettre, dans le silence de la loi, que le délai courra à partir du jour du paiement de l'amende.

675. Condamnations définitives. — Il est bien entendu que les paragraphes 3, 4 et 5 ne visent que des condamnations passées en force de chose jugée.

676. Renseignements particuliers. — La circulaire du 20 mai 1844 aux préfets leur recommande un mûr examen de la situation des individus compris dans l'une des catégories ci-dessus : « Puisque, en effet, le législateur n'a pas fait de l'une des circonstances indiquées une condition absolue de refus du permis de chasse, puisqu'il n'y a vu qu'une considération suffisante pour attribuer à l'administration la *faculté* de refuser ce permis, il s'ensuit que les motifs de votre détermination pour accorder ou refuser devront être tirés surtout des circonstances de la condamnation subie, et des renseignements particuliers que vous auriez sur la moralité des individus, et sur les inconvénients qu'il pourrait y avoir, pour l'ordre public, à leur attribuer légalement le droit de chasser. »

677. Refus nécessaire. — La loi indique, dans ses articles 7 et 8, quels sont les individus auxquels le permis de chasse *doit être refusé*.

Mais la loi ne se sert pas des mêmes termes pour indiquer cette nécessité de refus, et elle fait deux catégories. L'article 7 édicte des incapacités, l'article 8 des indignités.

678. Incapacité absolue. — Le permis de chasse ne sera pas *délivré* :

679. Mineurs au-dessous de 16 ans. — 1° Aux mineurs qui n'auront pas seize ans accomplis.

En principe, le mineur n'est pas astreint à la production de son acte de naissance pour justifier qu'il est entré dans sa dix-septième année. Mais s'il y a doute sur l'âge de l'impétrant, le préfet ou sous-préfet peut exiger la production de cet acte.

680. Mineurs ayant 16 ans. — 2° Aux mineurs de 16 à 21 ans, à moins que le permis ne soit demandé pour eux par leur père, mère, tuteur ou curateur porté au rôle des contributions.

681. Acte de naissance. — Pour les jeunes gens qui seraient présumés avoir moins de vingt et un ans, l'autorité préfectorale pourrait aussi demander la production de l'acte de naissance.

682. Interdits. — 3° Aux interdits. Cette dénomination comprend l'interdit légal et l'interdit judiciaire, mais non l'individu pourvu d'un conseil judiciaire. Les cas d'interdiction sont assez rares et l'autorité préfectorale peut en avoir facilement connaissance, puisque, aux termes de l'article 501 du Code civil, tout arrêt ou jugement portant interdiction doit être affiché dans la salle d'audience du tribunal et dans les études des notaires.

683. Gardes. — 4° Aux gardes champêtres ou forestiers des communes et établissements publics ainsi qu'aux gardes forestiers de l'Etat et aux gardes-pêche.

684. Gardes temporaires. — C'est une sage disposition de la loi que celle qui interdit aux fonctionnaires chargés de veiller à la conservation du gibier, le droit de le détruire. La prohibition est générale et doit s'appliquer aussi bien aux gardes temporaires (gardes-messiers, gardes-vigne) qu'aux gardes permanents; seuls, les gardes particuliers constituent une exception. Le propriétaire d'une chasse peut incontestablement faire tuer son gibier par son garde.

685. Indignité. — Le permis de chasse, dit l'article 8, ne sera pas *accordé* :

686. Privation du droit de port d'armes. — 1° A ceux qui, par suite de condamnation, sont privés du droit de port d'armes.

On a vu que l'article 42 du Code pénal permet aux tribunaux d'interdire le droit de port d'armes. L'article 28 du même Code prononce la privation du port d'armes contre ceux qui ont été condamnés aux travaux forcés, au bannissement ou à la réclusion.

687. Défaut d'exécution. — 2° A ceux qui n'auront pas exécuté les condamnations prononcées contre eux pour l'un des délits prévus par la présente loi.

Les termes de cette prescription sont généraux et ne comportent aucune distinction entre les condamnations pénales et les condamnations civiles.

688. Surveillance de la haute police. — 3° A tout condamné placé sous la surveillance de la haute police.

La circulaire du 20 mai 1844 recommande aux préfets de ne pas hésiter à retirer le permis de chasse à un individu à qui il n'eût pas dû être accordé et qui ne l'a obtenu que par suite d'une erreur.

689. Document. — Le permis de chasse consiste en une feuille de papier-carton de 0 m. 18 sur 0 m. 13 et porte les mentions suivantes :

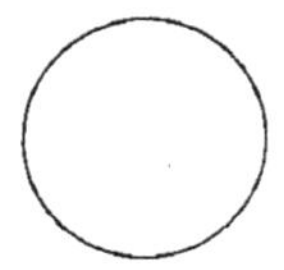

RÉPUBLIQUE FRANÇAISE

MINISTÈRE DE L'AGRICULTURE

Département de

SIGNALEMENT	PERMIS DE CHASSE
Agé de	délivré au sieur
taille d'un mètre	
centimètres.	Né à
Cheveux :	Domicilié à
Front :	Profession de
Sourcils :	
Yeux :	
Nez :	
Bouche :	Fait à
Barbe :	
Menton :	le
Visage :	mil
Teint :	
Signes particuliers :	Pour le Préfet,
	Le Conseiller de Préfecture
Signature du porteur,	*délégué,*

Nº   . Prix du Permis de Chasse : *Vingt-Huit francs.*

690. Mentions au verso du permis. — Au verso figurent d'autres mentions :

« Le permis de chasse est valable pour un an.

Il doit être présenté à toute réquisition des agents autorisés par la loi.

Il est défendu de chasser :

1° Sans être muni d'un permis de chasse ;

2° Sur les terrains d'autrui sans le consentement du propriétaire ou des ayants droit :

3° Hors des époques fixées par les arrêtés des préfets.

Le père, la mère, le tuteur, les maîtres et commettants sont civilement responsables des délits de chasse commis par leurs enfants mineurs non mariés, pupilles, demeurant avec eux, domestiques ou préposés, sauf tous recours de droit.

La quittance du prix du permis délivré par le percepteur ne peut, en aucune manière, tenir lieu du permis.

Le chasseur qui a perdu son permis ne doit se livrer à l'exercice de la chasse qu'après en avoir obtenu un second et en avoir acquitté le prix. »

691. Perte du permis. — Cette dernière allégation constitue une inexactitude flagrante qu'aucun texte ne justifie. La loi, en effet, dit que « nul ne pourra chasser s'il ne lui a pas été délivré un permis de chasse ». Il ne s'ensuit pas que le chasseur qui a obtenu un permis doive, pour chasser, en être constamment porteur. Il lui suffira de justifier qu'il a pris un permis et que l'année pendant laquelle il est valable n'est pas encore écoulée. Certainement, la manière la plus simple d'établir qu'on s'est fait délivrer un permis, consiste à le porter sur soi et à être ainsi à même de l'exhiber à toute réquisition. Mais ce n'est pas une nécessité absolue, et on ne commet pas un délit en chassant sans avoir son permis dans sa poche. Deux circulaires ministérielles recommandent, il est vrai, aux agents chargés de la constatation des délits de chasse de verbaliser contre tout chasseur qui ne pourrait leur exhiber son permis. Mais une circulaire ne représente en définitive que la manière de voir du ministre ; elle ne peut prévaloir contre la loi. Si donc un garde croit devoir verbaliser contre un chasseur qui n'est pas porteur de son permis, l'inculpé n'aura qu'à justifier à l'audience qu'un permis lui a été délivré ; et si cette pièce a disparu, il pourra faire la preuve que

son nom figure sur le registre de la préfecture comme ayant
obtenu un permis à une date donnée.

692. Justification tardive. — Il a été cependant jugé que
dans le cas de justification tardive, après le commencement
des poursuites, le prévenu, tout en étant acquitté, devait être
condamné aux dépens. (C. Alger, 27 décembre 1876, *Journ.
Pal.*, 1877.27, S. 1877.2.206).

693. Condamnation aux dépens. — Mais cette opinion est
absolument erronée et contraire aux principes les plus certains.
Aux termes de l'article 162 du Code d'instruction criminelle,
la partie qui succombera sera condamnée aux dépens. Or,
celui qui est déclaré innocent du délit qui lui est reproché ne
peut être considéré comme ayant succombé, et ne peut donc
être tenu des frais. Telle est d'ailleurs la solution donnée à
cette question par la majorité des auteurs et par la Cour de
cassation. (Cass., 6 mars 1846, D. P. 1846.1.168 ; Trib. corr.
Lyon, 27 octobre 1885, *Monit. Lyon*, 7 novembre 1885).

694. Nouveau modèle de permis. — Le *Journal officiel*
du 21 décembre 1900 a promulgué un décret du 9 décembre
1899 qui détermine le modèle des permis de chasse :

« Le Président de la République française,

Sur le rapport du ministre des finances et du ministre de l'a-
griculture ; — Vu le décret du 11 juillet 1810, relatif à la four-
niture, la distribution et le prix des permis de ports d'armes
de chasse ; — Vu la loi du 3 mars 1844 sur la police de la
chasse qui a substitué la dénomination de permis de chasse
à celle de permis de port d'armes : — Vu le décret du 9 décembre 1881 qui a déterminé la forme de ces permis de
chasse ; — Vu le décret du 24 février 1897 qui a placé la police
de la chasse dans les attributions du ministère de l'agriculture ; — Le Conseil d'Etat entendu ; — Décrète :

Art. 1er. — Les permis de chasse seront, à l'avenir, conformes au modèle ci-annexé.

Art. 2. — L'Administration de l'enregistrement, des domaines et du timbre, est autorisée à n'émettre les nouvelles formules qu'après épuisement de celles actuellement en usage.

Art. 3.— Les ministres des finances et de l'agriculture sont chargés etc. » Mais le modèle des permis ne se trouve ni au *Journal officiel* ni au *Bulletin des lois*.

695. Date de délivrance du permis. — Que décider si, au moment de l'acte de chasse constaté, le prévenu n'avait pas encore reçu de la préfecture le permis qu'il avait sollicité et dont il avait payé les droits ?

Il s'agit de vérifier dans ce cas la date de la signature dudit permis. Si cette date est antérieure à celle de l'acte de chasse, il n'y a pas de délit.

696. Jour de la signature. — Mais si l'acte de chasse a été commis le jour même de la signature du permis ?

La jurisprudence admet que les faits de chasse commis dans la matinée du jour de la délivrance du permis doivent être considérés comme antérieurs à cette délivrance et constituent un délit. (Rennes, 21 février 1883, D. P. 1883.5.64 ; Trib. corr. Gray, 23 décembre 1881, *Gaz. Pal.*, 1881-82.264).

697. — Cette solution semble des plus juridiques. La présomption étant que le chasseur qui ne peut représenter son permis n'en a pas, c'est à celui-ci à administrer la preuve contraire, et il ne saurait prouver qu'au moment où il chassait, le permis était déjà signé. On invoque aussi, à l'appui de cette théorie,une autre raison qui a sa valeur : alors même que le permis est signé, l'administration préfectorale a le droit de le garder si des motifs légitimes de refus lui étaient révélés ; d'ailleurs,la jurisprudence décide uniformément que, dans le délai d'un an pendant lequel le permis est valable, le jour de la signature ne compte pas. Par exemple, le permis signé le 1er septembre 1901 sera valable toute la journée du 1er septembre 1902. (Paris, 12 octobre 1876,D. P. 1878.5.1890).

698. — Il faut donc considérer que le permis n'est valable que le lendemain de sa signature, ou au moins à partir de sa remise.

699. Caducité du permis. — Une question qui fut longtemps et très vivement controversée était celle de savoir si un jugement prononçant contre un délinquant interdiction d'obtenir un permis de chasse vicie immédiatement le permis et en entraîne la caducité, ou si, au contraire, ce jugement laisse subsister le permis jusqu'à sa péremption et empêche seulement le condamné d'en obtenir un nouveau.

700. L'interdiction annule-t-elle le permis ? — Le 20 décembre 1890, le tribunal correctionnel d'Epernay avait à juger un sieur Chastre qui avait chassé le 7 novembre, et était porteur d'un permis daté du 30 novembre 1889. Mais cet individu avait été, le 21 décembre 1889, condamné pour chasse à 50 fr. d'amende avec interdiction d'obtenir un permis de chasse pendant cinq ans. Le tribunal condamna Chastre à 200 francs d'amende par les motifs suivants :

« Attendu que les principes généraux de la loi du 3 mai 1844, établissent que celui à qui est délivré un permis de chasse obtient par là non le droit de chasse et la faculté d'exercer ce droit, mais la régularisation de ce droit dont l'autorité administrative assure seulement l'exercice sans pouvoir jamais le créer ou le garantir ; que, si le droit de chasse vient à être enlevé par un fait postérieur, par une condamnation, avec eux tombe nécessairement le permis qui n'est que le signe de l'aptitude ou du droit ; — attendu que la condamnation, dans ce cas, place celui qu'elle atteint dans un état d'incapacité absolue qui vicie le permis dans son essence même et entraîne son inefficacité ; — attendu que c'est sous l'empire de ces principes qu'a été édicté l'article 18 de la loi du 3 mai 1844, et que vainement on argue des termes mêmes de cet article pour soutenir que c'est seulement à l'expiration de l'année pour laquelle le permis a été délivré, que l'inter-

diction doit courir ; attendu que l'article 18 a une corrélation
évidente avec les articles 17 et 8 de la loi qui fixe les incapacités absolues ou facultatives d'exercer ce droit de chasse ; —
attendu que le législateur, en donnant aux tribunaux la faculté d'interdire à un délinquant pendant un temps déterminé
le droit de chasse, a voulu que cette interdiction fût exem-
plaire ; que la loi l'a indiqué dans un intérêt d'ordre et de
sûreté publics, et que le but ne serait pas atteint si la peine
accessoire prononcée ne devait pas avoir d'effet immédiat ».
(Trib. corr. Epernay, 20 décembre 1890, *Gaz. Pal.*, 1891.1.
520).

701. Négative. — Mais, sur appel de Chastre, la [Cour de
Paris infirma le jugement et acquitta l'appelant.

« Attendu, dit la Cour, que la loi du 3 mai 1844 ne crée pas
le droit de chasse et ne fait que subordonner, dans certaines
circonstances, l'exercice de ce droit à l'accomplissement d'une
formalité administrative ; considérant que la condamnation
du 21 décembre 1889 n'a enlevé à Chastre ni le droit de chasse
ni le droit de port d'armes, et l'a mis seulement dans l'impossibilité d'obtenir un permis de chasse à l'avenir, et pendant
une période de cinq ans ; considérant que par le fait de ladite
condamnation, le permis obtenu par Chastre le 30 novembre
précédent n'est pas devenu nul de plein droit ; que le tribunal
était sans compétence pour annuler le permis et qu'il résulte
des documents de la cause que l'autorité administrative n'en
a pas prononcé le retrait... » (C. d'appel Paris, 2 février 1891,
Gaz. Pal., 1891.1.520).

702. Affirmative. — La question fut définitivement tranchée quatre ans après par la Cour de cassation qui, dans une
espèce identique, décida que « la condamnation qui frappe
un délinquant de l'incapacité d'obtenir un permis de chasse
pendant un temps déterminé porte nécessairement atteinte à
la valeur du permis qui peut lui avoir été antérieurement délivré, en même temps qu'elle interdit la délivrance d'un per-

mis nouveau à son profit pendant la période de temps fixée ;
qu'en effet, ainsi que l'a dit le garde des sceaux lors de la
discussion de la loi, le permis n'est que le signe de l'aptitude
au droit de chasse, et que si l'aptitude ou le droit est enlevé,
le permis n'a plus de valeur ; qu'une condamnation qui prive
un délinquant du droit d'obtenir un permis lui enlève manifestement l'aptitude dont il s'agit, et qu'ainsi le permis dont
il peut être déjà en possession se trouve vicié dans son élément essentiel et n'est plus qu'une lettre morte entre ses
mains ». (Cass., 4 janvier 1895, *Gaz. Pal.*, 1895.1.169).

703. Permis annulé. — Il faut donc admettre, conformément à la jurisprudence de la Cour suprême, que la condamnation qui frappe un délinquant de l'incapacité d'obtenir un
permis de chasse pendant un temps déterminé, enlève toute
valeur au permis qui lui a été antérieurement délivré, quoique ce permis ne soit pas encore périmé.

704. Retrait du permis. — Lorsque l'administration préfectorale a délivré par inadvertance un permis de chasse à un
individu frappé de l'incapacité édictée par l'article 8, § 2 de la
loi du 3 mai 1844, elle peut le lui retirer ; en conséquence si,
postérieurement à la notification faite à cet individu du retrait
de son permis, il continue à chasser, il commet un délit. (Trib.
corr. Carpentras, 3 novembre 1892, *Gaz. Trib.*, 4 décembre
1892).

705. — Cette décision est conforme aux instructions du Ministre de l'Intérieur aux préfets en date du 20 mai 1844 : « Si
par l'effet d'une erreur, vous aviez été entraîné à délivrer un
permis de chasse à un individu à qui il n'eût pas dû être accordé, vous ne devriez pas hésiter à le retirer, et dans le cas
où cet individu ne se soumettrait pas à cette mesure, à appeler sur lui l'attention des agents préposés à la répression des
délits de chasse. »

706. Falsification du permis. — Aux termes de l'article 153 du Code pénal modifié par la loi du 13 mai 1863 « quiconque fabriquera un faux permis de chasse, ou falsifiera un permis de chasse originairement véritable, ou fera usage d'un permis de chasse fabriqué ou falsifié, sera puni d'un emprisonnement de six mois au moins et de trois ans au plus ».

707. Usage de permis falsifié. — Et l'individu qui a exhibé à un agent de la police judiciaire ayant qualité pour constater un délit de chasse, un permis reconnu falsifié, pour justifier le fait de chasse qui lui était imputé, doit, ayant ainsi employé le permis à l'objet auquel il était destiné, être réputé en avoir fait usage au sens de la loi pénale. (Cass., 13 décembre 1894, S. 1895.1.157).

708. Caractère personnel du permis. — Aux termes de l'article 154 du Code pénal modifié par la loi du 13 mai 1863 « quiconque prendra dans un permis de chasse un nom supposé, sera puni d'un emprisonnement de trois mois à un an. La même peine sera applicable à tout individu qui aura fait usage d'un permis de chasse délivré sous un autre nom que le sien ».

709. Auxiliaires.— Traqueurs. — Le chasseur, auteur principal de l'acte de chasse, muni d'un permis de chasse, peut, aux termes d'une jurisprudence constante, se faire assister par un ou plusieurs auxiliaires non munis de permis. Il en est ainsi des *traqueurs* chargés de faire lever le gibier et de le pousser vers le chasseur qui l'attend armé d'un fusil. Les traqueurs sont considérés comme ne faisant qu'une seule et même personne avec le chasseur qui les emploie, et par suite, si celui-ci a un permis, les traqueurs n'ont pas besoin d'en avoir. Mais si le chasseur, qui emploie des traqueurs, prend la fuite, c'est aux traqueurs ainsi surpris en action de chasse qu'il appartiendra de faire la preuve que le chasseur était bien muni d'un permis. (Cass., 2 janvier 1880, *Pand.*, VI.1.61 ; C. Limoges, 11 février 1886, *Gaz. Pal.*, 1886.1.440).

710. Complicité. — Mais le fait de traquer du gibier pour un chasseur n'étant que l'accessoire du fait de chasse accompli par celui-ci, les traqueurs deviennent les complices du délit commis par le chasseur dans l'intérêt duquel ils poussent le gibier. (Trib. corr. Etampes, 14 décembre 1884, *Gaz. Pal.*, 1885.1.440 ; Trib. civ. Loudun, 29 janvier 1886, *Journ. dr. crim.*, 1886.91).

711. Valets de chiens. — Les valets de chiens sont les serviteurs destinés, dans la chasse à courre, à tenir la meute ou la partie de la meute qui leur est confiée. Ils ne doivent lâcher les chiens que sur un ordre du maître de chasse ou du piqueur ; ils sont tenus de réunir et de retrouver, de rompre ou de lancer les chiens suivant les ordres qu'ils reçoivent. Les valets de chiens sont tenus d'obéir aux piqueurs et ne sont que des aides ou des auxiliaires d'un ordre tout à fait inférieur ; ils ne sont donc pas soumis à l'obligation d'être munis d'un permis de chasse. (C. Orléans, 11 août 1885, *Gaz. Pal.*, 1885.2.310).

712. Piqueurs. — Les piqueurs, bien que sans armes, font acte de chasse. Sous les ordres du maître de chasse, ce sont eux qui font rompre les chiens, les lancent sur une piste plutôt que sur une autre, les appuient, relèvent les défauts. Ils jouent, dans la chasse à courre, un rôle prépondérant, et doivent être munis d'un permis de chasse. (C. Orléans, 11 août 1885, *Gaz. Pal.*, 1885.2.310).

713. Chasse de l'alouette au lacet. — Il est admis que, pour certaines chasses, le porteur d'un permis peut se faire aider par des personnes non munies de permis. Il en est ainsi spécialement pour la chasse aux alouettes au lacet, alors d'ailleurs que l'arrêté préfectoral qui l'autorise n'a pas exclu les auxiliaires. Toutefois, on ne saurait considérer comme des actes licites de la part des auxiliaires, surtout quand ils n'agissent pas en la présence du porteur du permis de chasse dont ils doivent seulement favoriser l'action personnelle, ni la pose des lacets dans l'installation première d'une chasse, ni le relèvement et le redressement de ceux-ci, les jours suivants. (Trib. corr. Bayonne, 12 avril 1897, *Le Droit*, 29 août 1897).

714. Chasse de l'alouette au miroir. — Celui qui se livre à la chasse de l'alouette avec miroir peut employer pour faire mouvoir son miroir, pour « tirer la ficelle », un auxiliaire non muni de permis de chasse.

POURSUITE

I. — Action pénale.

Affaire sans suite, 722. — Appel, 746. — Appel par le ministère public, 747. — Aveu, 740, 741, 742. — Bail (date certaine), 732. — Citation, 724. — Citation (erreur dans la), 725. — Comparution à l'audience, 726. — Constats d'huissiers, 735. — Coprévenus, 719. — Début de la poursuite, 723. — Défense tardive, 730. — Dépôt du procès-verbal, 720. — Droit contesté, 731. — Exceptions, 727. — Interrogatoire, 743. — Interprétation d'un titre, 728. — Jugement contradictoire, 744. — Jugement par défaut, 745. — Jurisprudence des parquets, 718. — Monopole du procureur général, 718. — Nécessité d'une plainte, 719. — Plainte (sens du mot), 717. — Preuve, 733. — Preuve contraire, 736, 737. — Preuve contraire (admissibilité), 738. — Procureur de la République, 721. — Protection de la propriété, 716. — Qualité du plaignant, 729. — Renvoi devant le tribunal, 715. — Témoin unique, 734.

II. — Compétence de la première chambre de la Cour.

Coprévenus, 752. — Maire, 750. — Monopole du procureur général, 751. — Nomenclature des justiciables, 748. — Officiers de police judiciaire, 749.

III. — Action civile.

Acquittement, 761. — Action devant la juridiction civile, 741. — Action devant la juridiction pénale, 756. — Appel par la partie civile, 767. — Cause immédiate de préjudice, 757. — Citation directe, 759. — Consignation des frais, 770. — Dommage, 754. — Double délit, 758. — Frais et dépens (consignation), 770. — Intervention dans l'action pénale, 771. — Intervention en tout état de cause, 772. — Justification de qualité, 763.

IV. — Administration des forêts.

I. — Action pénale.

715. Renvoi devant le tribunal. — L'article 26 de la loi du 3 mai 1844 édicte que tous les délits prévus par cette loi seront poursuivis d'office par le ministère public, sans préjudice du droit conféré aux parties lésées par l'article 182 du Code d'instruction criminelle. Cet article est ainsi conçu : « Le tribunal sera saisi, en matière correctionnelle, de la connaissance des délits de sa compétence soit par le renvoi qui lui en sera fait d'après les articles 130 et 160 ci-dessus (par le juge d'instruction ou le tribunal de simple police), soit par la citation donnée directement au prévenu et aux personnes civilement responsables du délit, par la partie civile..... ». « Néanmoins, ajoute l'article 26, dans le cas de chasse sur le terrain d'autrui sans le consentement du propriétaire, la poursuite d'office ne pourra être exercée par le ministère public, sans une plainte de la partie intéressée, qu'autant que le délit aura été commis dans un terrain clos, suivant les termes de l'article 2, et attenant à une habitation, ou sur des terres non dépouillées de leurs fruits. »

716. Protection de la propriété. — Le législateur de 1844 a entendu sauvegarder les intérêts des cultivateurs et protéger les récoltes. La plainte n'est donc pas nécessaire pour permettre au ministère public d'exercer des poursuites, si le délit de chasse a été commis sur un terrain non dépouillé de sa récolte. Cependant, le ministère public, même dans le cas d'une plainte, conserve son entière liberté : il peut poursuivre, ou ne pas poursuivre selon que la plainte lui paraît fondée ou non.

717. Sens du mot plainte. — Le propriétaire qui demande des poursuites contre le chasseur qui a commis un délit sur son terrain ne devrait donc pas être obligé de se porter partie civile. Par le mot plainte, il faut entendre une simple dénonciation, une lettre adressée au procureur de la République pour solliciter son intervention.

718. Jurisprudence des parquets. — En fait, les parquets ne poursuivent que fort rarement les délits de chasse sur le terrain d'autrui sans le consentement du propriétaire, malgré les plaintes qui leur sont adressées. Ces plaintes sont généralement retournées à leurs auteurs avec avis leur laissant le soin d'exercer directement des poursuites correctionnelles ou civiles.

719. Nécessité d'une plainte. — Est illégale la poursuite exercée d'office par le ministère public sans plainte de la partie lésée, contre des individus surpris chassant sur des terrains d'une commune non clos, non attenant à une habitation et non chargés de récoltes. (Cass., 16 mai 1895, *Gaz. Pal.*, 1895.1.759).

720. Dépôt du procès-verbal. — Le dépôt du procès-verbal au parquet ne peut tenir lieu de plainte de la partie lésée que lorsqu'il a été effectué par le propriétaire en personne ou par un mandataire muni d'une procuration spéciale postérieure au délit. Mais il n'en saurait être ainsi du dépôt de procès-verbal effectué au parquet par le garde particulier du propriétaire en vertu d'un ordre général à lui donné par son maître en le commissionnant de remettre au parquet tous les procès-verbaux par lui rédigés, si le garde n'est pas muni d'une procuration spéciale postérieure au délit. Par suite, en pareil cas, la poursuite dirigée par le ministère public contre le prévenu de chasse sur le terrain d'autrui, à la suite du dépôt du procès-verbal au parquet par le garde particulier doit être déclarée non recevable. (C. Douai, 27 avril 1897, *Journ. Pal.*, 1898.2.72).

721. Rôle du procureur de la République. — Le procureur de la République est informé du délit, soit par la plainte du propriétaire, soit par le dépôt au parquet du procès-verbal, soit par une dénonciation signée ou anonyme. Si les faits ne sont pas suffisamment établis par le procès-verbal, le ministère peut faire procéder à une enquête par la gendarmerie.

722. Affaire « sans suite ». — Si le délit ne paraît pas établi, l'affaire est « classée sans suite ».

723. Début de la poursuite. — Si le délit est caractérisé, le procureur de la République fait citer le délinquant soit devant le tribunal de l'arrondissement dans lequel réside le prévenu, soit devant le tribunal du lieu où le prévenu est rencontré.

724. Citation. — La citation doit être signifiée par huissier de façon que trois jours francs soient écoulés entre la date de la signification et le jour de la comparution. Cette citation doit énoncer sommairement les faits reprochés au prévenu.

725. Erreur dans la citation. — L'erreur commise dans la citation donnée au prévenu d'un délit de chasse, sur la date du délit, n'entraîne pas nullité de la citation, et ne suffit pas à elle seule, pour donner lieu à l'acquittement du prévenu, lorsque d'ailleurs la différence de date n'a pu nuire à sa défense. (Cass. 30 juillet 1852, S. 1852.1.687).

726. Comparution à l'audience. — Le prévenu doit comparaître en personne, sauf dans le cas où le délit qui lui est reproché n'entraîne condamnation qu'à une peine d'amende. Dans ce cas, le prévenu peut valablement se faire représenter par un avoué attaché au tribunal, ou par un avocat inscrit à un des barreaux de France.

727. Exceptions.— En général, le juge de l'action est juge de l'exception et lorsque le juge du fond se borne à interpréter, sans le dénaturer, un pacte dont les termes sont obscurs et ambigus, son appréciation des intentions communes des parties, basée sur l'examen des circonstances de la cause, est souveraine et non sujette au contrôle de la Cour de cassation. (Cass.,17 décembre 1888, *Pand.*, 1889.1.189).

728. Interprétation d'un titre. — Spécialement le tribunal saisi d'une poursuite pour délit de chasse, peut interpréter souverainement, au point de vue de la jouissance du droit de chasse, les clauses d'un procès-verbal d'adjudication immobilière, à la condition de n'en dénaturer ni le sens ni la portée. Il peut aussi, sans violer l'article 1341 du Code civil, vérifier l'exactitude, contestée par le prévenu, de faits énoncés dans un document produit aux débats, au moyen de toutes les preuves de droit, notamment par l'audition des témoins. (Cass., 21 novembre 1889, *Pand.*, 1890.1.263).

729. Défaut de qualité du plaignant. — Le tribunal peut aussi apprécier l'exception tirée par le prévenu du défaut de qualité du plaignant, voir si cette exception présente quelques côtés sérieux, ou si, au contraire, elle n'a été imaginée que pour retarder la solution du litige. Il peut aussi apprécier le mérite des actes, et notamment d'un bail servant de base à la poursuite. (Trib. corr. Chaumont, 12 août 1884, *Gaz. Pal.*, 1885. 2. *Suppl.*, 9).

730. Défense tardive. — Jugé que le prévenu n'est pas recevable à opposer à la poursuite, pour la première fois à l'audience correctionnelle, une permission écrite dépourvue de date certaine, qu'il n'a pas produite au garde verbalisateur. (C. Amiens, 19 février 1885, *Gaz. Pal.*, 1885.1.685).

731. Droit contesté. — Le juge d'une action est juge de toutes les questions incidentes qui s'y rattachent. Si l'article 182 du Code forestier et l'article 327 du Code civil prescrivent le renvoi devant les tribunaux civils, soit des questions d'état, soit des questions de propriété, le tribunal correctionnel saisi d'un délit de chasse n'est pas tenu de surseoir à juger jusqu'à ce que le tribunal civil ait statué sur le droit de chasse concurremment invoqué par le plaignant et par l'inculpé. Cette question n'intéresse, en effet, ni la propriété des terrains sur lesquels aurait été commis le délit, ni un démembrement quelconque de cette propriété. Il peut relaxer le prévenu des fins de la poursuite, lorsque, d'ores et déjà, les circonstances de la cause permettent ce relaxe. (Trib. corr. Seine, 25 novembre 1896, *Le Droit*, 1er janvier 1897).

732. Date certaine du bail. — Mais celui qui est poursuivi pour délit de chasse sur la propriété d'autrui n'est pas fondé à opposer à la poursuite une fin de non-recevoir tirée de ce que le locataire de la chasse ne peut justifier d'un bail ayant date certaine à son égard, alors que ne prétendant pas à un droit de chasse égal à celui du locataire, il n'est pas un tiers au sens de l'article 1328 du Code civil, et par suite ne peut opposer le défaut de date certaine du bail. (Trib. corr. Tonnerre, 22 janvier 1892, *La Loi*, 25 novembre 1892).

733. De la preuve. — La preuve du délit peut résulter d'un procès-verbal de gendarmerie, d'un garde forestier, champêtre, ou particulier. Elle peut être administrée à l'audience par le ministère public poursuivant qui fait entendre le ou les témoins. Si le procès-verbal est nul ou irrégulier, l'agent verbalisateur peut être entendu comme témoin sous la foi du serment.

734. Suffisance d'un seul témoin. — Il est à remarquer que le texte de l'article 21 « les délits seront prouvés, soit par procès-verbaux ou rapports, soit par témoins, à défaut de rapports et procès-verbaux, ou à leur appui » n'est autre que le texte de l'article 154 du Code d'instruction criminelle. Il en résulte que ce qui est admis d'une manière générale en matière répressive doit l'être aussi en matière de chasse : la preuve peut être faite par un seul témoin si sa déposition est de nature à inspirer confiance au tribunal.

735. Constats d'huissier. — Des constats d'huissier ne peuvent constituer, à eux seuls, une preuve suffisante ; mais ils peuvent être complétés par la preuve testimoniale. En 1894, la Société centrale des chasseurs délégua dans divers restaurants de Paris des huissiers auxquels on servit des perdreaux en temps prohibé. Les officiers ministériels dressèrent de ce fait des constats et l'affaire fut portée par le ministère public devant le tribunal correctionnel de la Seine. Cette juridiction décida que l'article 22 de la loi du 3 mai 1844 n'a d'autre portée que de conférer aux seuls procès-verbaux dressés par les agents y dénommés le privilège de faire, par eux-mêmes, foi en justice jusqu'à preuve contraire ; mais que les règles de procédure tracées par ces articles n'excluent en aucune façon tous autres modes de preuve admis en matière de délits, tels, notamment, que la preuve testimoniale. (Trib. corr. Seine, 5 décembre 1894, *Gaz. Pal.*, 1895.1.124).

736. Preuve contraire. — Les constatations et déclarations des juges correctionnels établissant que la preuve contraire a été administrée à l'encontre d'un procès-verbal d'un garde particulier pour délit de chasse sur le terrain d'autrui, suffisent à justifier l'acquittement du prévenu, alors même que le jugement aurait ajouté : « dans tous les cas, il y a doute et ce doute doit profiter au prévenu ». (Cass., 15 juin 1895, *Pand.*, 1896.1.455).

737. — Le prévenu a le droit de faire entendre des témoins à décharge et d'administrer la preuve contraire des faits retenus au procès-verbal de l'agent verbalisateur. La constatation faite par le tribunal dans son jugement que les faits mentionnés dans le procès-verbal qui a servi de base à la poursuite ont été démentis par la preuve contraire résultant de l'enquête faite à l'audience, entraîne le relaxe du prévenu et échappe au contrôle de la Cour de cassation. (Cass., 25 octobre 1894, *Pand.*, 1895.1.9).

738. Impossibilité de la preuve contraire. — Le fait de l'autorisation donnée par un propriétaire à son garde particulier de laisser un tiers continuer sur sa propriété la poursuite du gibier que cet individu avait levé sur un terrain lui appartenant, ne peut être assimilé au mandat prévu par l'article 1984 du Code civil. Le tribunal peut donc, en ce cas, admettre la preuve testimoniale proposée par le prévenu et tirer des dépositions des témoins la conclusion que le consentement avait été donné. (Cass., 15 décembre 1892, *Pand.*, 1894.1.286).

739. Nullité du procès-verbal. — La nullité du procès-verbal d'un garde particulier en matière de délit de chasse peut être invoquée en tout état de cause ; mais cette nullité n'invalide pas le témoignage à l'audience du garde qui l'avait dressé, et le tribunal peut régulièrement fonder une condamnation sur le résultat de sa déposition. (C. Lyon, 22 juin 1883, *Gaz. Pal.*, 1884.1.37).

740. Aveu. — L'article 21 de la loi de 1844 admet comme moyens de preuve les procès-verbaux ou rapports et les témoins. Il n'est pas question de l'aveu. Cependant il est généralement admis que l'article 21 n'est pas limitatif, et que l'aveu du prévenu suffit pour baser une condamnation. Si donc le procès-verbal constatant le délit est annulé pour une irrégularité telle, par exemple, que le défaut d'affirmation dans les 24 heures, le tribunal peut cependant, tout en rejetant le mode de preuve normal, baser une condamnation sur l'aveu fait par le prévenu. (Cass., 4 septembre 1847, *Pand. chr.*, III, 1.79).

741. — En sens contraire, certains auteurs invoquent un arrêt de cassation de 1894, mais cet arrêt n'a pas la portée

qu'on lui attribue. Il constate seulement « que la partie civile n'a pris aucune conclusion relativement aux déclarations
du prévenu, qui, selon elle, constituaient un aveu, qu'il n'en
a pas demandé acte et que par conséquent le tribunal et la
Cour n'avaient point à s'en expliquer ». Cet arrêt ne porte
donc pas atteinte aux principes posés par l'arrêt de 1847.
(Cass., 25 octobre 1894, *Pand.*, 1895.1.9).

742. — Si le fait relevé par la prévention ne résulte ni d'un
procès-verbal, ni d'un témoignage, mais seulement de l'aveu
du prévenu, ce fait doit être envisagé tel qu'il a été avoué.
(Trib. corr. Les Andelys, 23 août 1893, *Gaz. Pal.*, 1893.2.
407).

743. Interrogatoire. — Après l'audition des témoins, le président interroge le prévenu, l'entend en ses explications. Le
ministère public prononce le réquisitoire, et l'avocat, si le prévenu en a un, présente la défense. Le président déclare ensuite les débats clos, et, après délibéré, prononce le jugement.

744. Jugement contradictoire. — Ce jugement est rendu
contradictoirement ou par défaut. S'il est contradictoire, c'est-
à-dire si le prévenu a comparu ou s'il s'est fait représenter, le
jugement est susceptible d'appel de la part du condamné,
quelle que soit la peine prononcée. Le délai d'appel est de dix
jours. Cet appel doit être formulé par une déclaration signée
au greffe du tribunal.

745. Jugement par défaut. — Opposition. — Si le jugement est rendu par défaut, c'est-à-dire dans le cas où le prévenu n'a pas comparu, il est susceptible d'opposition. Le
délai d'opposition est de cinq jours à compter de la signification du jugement au condamné. Si celui-ci n'a pas été touché
par la signification, il conserve le droit à l'opposition jusqu'à
ce que cinq jours se soient écoulés depuis un acte d'exécution

15

du jugement dont le condamné a eu connaissance. Au délai de cinq jours pour faire opposition, il y a lieu d'ajouter un jour par cinq myriamètres de distance entre le domicile du prévenu et le siège du tribunal. L'opposition doit être signifiée au procureur de la République par un huissier. Cependant, en fait, pour éviter des frais au prévenu, les parquets se contentent généralement de l'engagement signé par l'opposant de comparaître à l'audience qu'on lui désigne. Si, pour la seconde fois, l'opposant ne comparaît pas, et si un second jugement par défaut intervient contre lui, ce jugement n'est plus attaquable que par la voie de l'appel.

746. Appel. — Pendant le délai d'appel, et pendant l'instance en appel, il est sursis à l'exécution du jugement (art. 203, C. instr. crim.). L'appelant est assigné devant la chambre correctionnelle de la Cour d'appel, à la requête du procureur général. Comme le tribunal, la Cour statue contradictoirement ou par défaut. Si l'arrêt a été rendu par défaut, l'appelant peut y faire opposition dans les mêmes formes et dans les mêmes délais qu'en première instance. Le second arrêt par défaut est définitif et ne peut plus être attaqué que par un pourvoi en cassation.

747. Appel par le ministère public. — Le ministère public a, lui aussi, le droit de frapper d'appel le jugement du tribunal. Mais le procureur général a le droit de formuler son appel pendant un délai de deux mois.

**II. — Compétence de la première chambre
de la Cour d'appel.**

748. Nomenclature des justiciables. — Dans le cas de délits de chasse commis par un certain nombre de fonctionnaires, ceux-ci sont justiciables non des tribunaux correctionnels mais de la première chambre de la Cour d'appel. Ce sont les grands officiers de la Légion d'honneur, les généraux et amiraux, les archevêques, les évêques, les présidents de consistoire, les préfets, les magistrats de la Cour de cassation, de la Cour des comptes, des Cours d'appel, les juges des tribunaux de première instance, les procureurs de la République, les substituts, les juges suppléants, les juges de paix et leurs suppléants.

749. Officiers de police judiciaire et autres. — Il en est de même de tous les officiers de police judiciaire, commissaires de police, maires, adjoints, les gardes champêtres, gardes forestiers et gardes particuliers, les juges des tribunaux de commerce, *mais seulement à raison des délits commis dans l'exercice de leurs fonctions.*(V. V° *Gardes particuliers*, n° 502).

750. Maire. — Le maire qui a commis un délit de chasse sur le territoire de sa commune n'est pas pour cela réputé avoir agi dans l'exercice de ses fonctions d'officier de police judiciaire et n'est pas par conséquent justiciable de la première chambre de la Cour d'appel. (C. Bourges, 30 décembre 1886, *Pand.*, 1887.2.194).

751. Monopole du procureur général. — Mais il n'appartient qu'au procureur général de faire citer devant la Cour les fonctionnaires ci-dessus désignés, et la voie de citation directe autorisée par l'article 182 du Code d'instruction criminelle contre les simples citoyens, ne peut être employée par la partie lésée.

752. Coprévenus. — Le prévenu jouissant du privilège de la juridiction supérieure attire devant la Cour ses coprévenus. Si donc parmi plusieurs individus inculpés de chasse sur le terrain d'autrui, se trouvaient un préfet et un garde champêtre, le tribunal correctionnel est incompétent pour connaître de la poursuite, alors même que la partie civile se serait désistée de son action contre le préfet et le garde champêtre (Cass., 11 août 1881, D. P. 1884.5.279).

III. — De l'action civile.

753. De l'action civile. — L'action civile est l'action en réparation d'un dommage causé exercée en vertu de l'article 1382 du Code civil : « Tout fait quelconque de l'homme qui cause à autrui un dommage, oblige celui par la faute duquel il est arrivé, à le réparer ». La condition principale de la possibilité de l'exercice de l'action civile est donc un dommage appréciable, dommage matériel ou moral. « Pour que l'action civile soit fondée, il faut que le demandeur justifie d'un préjudice né, actuel et personnel ayant sa cause directe et nécessaire dans le fait objet de le poursuite. » L'action civile se fonde souvent sur une infraction à la loi pénale.

754. Dommage. — En matière de chasse, la partie lésée pourra donc fonder l'action civile sur le dommage à elle causé par les délits prévus par la loi du 3 mai 1844, notamment la chasse sur le terrain d'autrui, la destruction sur le terrain d'autrui des œufs et couvées.

755. Procédures diverses. — La partie lésée par un fait délictueux peut :

1º Citer l'auteur du délit devant la juridiction répressive en demandant condamnation à des dommages-intérêts, sans préjudice aux réquisitions du ministère public en ce qui concerne l'application de la peine ;

2ª Intervenir dans la poursuite exercée par le ministère public pour demander condamnation à des dommages-intérêts ;

3º Citer l'auteur du délit devant la juridiction civile et demander condamnation à des dommages-intérêts.

756. Action civile devant la juridiction répressive. — Citation directe. — Quand la partie lésée prend l'initiative de la poursuite correctionnelle, le ministère public est partie jointe et requiert l'application de la peine. Mais la partie civile seule peut demander des dommages-intérêts, le ministère public n'a pas qualité pour le faire. (Cass., 25 novembre 1882, *Gaz. Pal.*, 1883.2.271).

757. Cause de préjudice immédiate. — Le droit reconnu par la loi à la partie civile, de saisir directement la juridiction correctionnelle de la connaissance d'un délit, est subordonné à la condition que ce délit ait été pour la partie civile la cause immédiate d'un préjudice. Spécialement, un chasseur ne serait pas recevable à actionner un autre chasseur devant la juridiction correctionnelle pour avoir, sans permis de chasse, tiré devant ses chiens un gibier déjà blessé et lui avoir ainsi causé un préjudice. Ce préjudice, en effet, ne serait pas la conséquence directe et nécessaire du fait délictueux, puisque l'inculpé eût-il été muni d'un permis de chasse, le préjudice n'en subsisterait pas moins. (C. Orléans, 28 juillet 1885, *Gaz. Pal.*, 1885.2.367).

758. Double délit. — Mais le propriétaire sur le terrain duquel aurait été commis le double délit de chasse sans permis et de chasse sans autorisation est recevable à demander uniquement la réparation du premier de ces délits et à soutenir qu'il lui porte préjudice. En effet, la chasse sans permis se compose d'un double élément : chasse et ensuite défaut de permis. La partie lésée peut donc baser sa demande sur le premier de ces éléments, le fait de chasse. En fait, il est plus simple et plus naturel pour la partie lésée de fonder son action sur le second délit de chasse sans autorisation. (C. Bourges, 8 mars 1894, *Pand.*, 1895.2.144).

759. Citation directe. — La citation directe délivrée à la requête de la partie civile satisfait à l'article 183 du Code d'instruction criminelle et énonce suffisamment les faits incriminés quand ses termes sont tels que le prévenu ne peut se méprendre sur les faits de la poursuite. Spécialement une citation délivrée en matière de chasse est suffisamment explicite quand elle précise un fait de chasse accompli un jour déterminé sur une terre située dans telle ou telle commune et dont le droit de chasse appartenait au plaignant, alors d'ailleurs que cette citation est la conséquence d'un procès-verbal dressé à la charge du prévenu sans qu'aucun autre procès-verbal ait été dressé le même jour à son enoncture. (C. Douai, 21 juin 1898, *Rec. Douai*, 1898.233).

760. Rectification des énonciations de la citation. — Il est certain qu'un tribunal correctionnel ne peut statuer et condamner un prévenu sur des faits autres que ceux dont il est saisi par la citation. Mais le tribunal peut, sans sortir des limites de la prévention, rectifier les énonciations de la citation sur une circonstance d'une importance secondaire et sans que le caractère du fait incriminé ait pu en être modifié. Spécialement, le tribunal saisi d'une prévention pour fait de chasse sur la propriété d'autrui accompli avec l'aide de traqueurs qui auraient, d'après la citation, rabattu le gibier sur une partie d'un chemin particulier faisant partie de cette propriété, peut condamner le prévenu tout en déclarant que l'action des traqueurs a eu lieu sur une autre partie du chemin. (Cass., 13 février 1885, *Gaz. Pal.*, 1885.1.781).

761. Acquittement. — L'action civile exercée par la partie lésée devant la juridiction de répression n'est que l'accessoire de l'action publique. Elle doit donc en suivre le sort. Si le prévenu est acquitté, le fait incriminé étant déclaré non délictueux, le tribunal ne peut le condamner à des dommages-intérêts au profit de la partie civile. (C. Paris, 20 mars 1886, *Gaz. Pal.*, 1886.2, *Supp.*, 21).

762. Outrage à un garde. — L'action civile n'est recevable et ne peut mettre en mouvement l'action publique qu'autant que la partie a été personnellement lésée par le délit imputé au prévenu. Elle n'est pas recevable en ce qui concerne le délit d'outrage par paroles commis envers un garde particulier. (Cass., 25 novembre 1882, *Gaz. Pal.*, 1883.1.271).

763. Justification de qualité. — Celui qui, en qualité de propriétaire d'un bois, poursuit les auteurs d'un délit de chasse, doit justifier de cette qualité : il est non recevable dans son action, s'il n'établit pas qu'il est réellement propriétaire du terrain sur lequel le délit aurait été commis. Il ne pourrait,au dernier moment,exciper de la qualité de locataire de ce terrain, surtout en ne produisant qu'un bail dénué de date certaine. (C. Riom, 2 mai 1894, *Gaz. Trib.*, 30 décembre 1894).

764. Permissionnaire. — Le simple permissionnaire du droit de chasse sur une propriété est sans qualité pour faire poursuivre en son nom les délits de chasse commis sur cette propriété. (C. Orléans, 16 juin 1885, *Gaz. Trib.*, 1885.2.67).

765. Nouveau jugement. — La condamnation sur la poursuite du ministère public, d'un fait de chasse commis sans permis de chasse, ne fait-elle pas obstacle à ce que le tribunal correctionnel statue par nouveau jugement sur l'action exercée séparément, en raison du même fait, par le propriétaire du terrain sur lequel il a été commis ? Dans ce cas, l'article 17 de la loi du 3 mai 1844, édictant que les délits de chasse sont soumis au droit commun relativement au non-cumul des peines, le prévenu ayant été condamné une première fois pour le délit de chasse sans permis, il n'y aurait pas lieu, pour le délit relevé par la partie civile, de le condamner à une nouvelle peine, mais le tribunal pourrait dire établi le délit prévu et puni par l'article 11 de la loi du 3 mai 1844, et statuer sur les dommages-intérêts à allouer à la partie civile ? (Trib. corr. Lunéville, 23 avril 1891, *Gaz. Pal.*, 1891.1. 508).

766. Répression simultanément pénale et civile. — Mais il est impossible d'admettre la singulière théorie du tribunal de Lunéville. Il est en effet un principe certain : les tribunaux correctionnels ne peuvent statuer sur l'action civile qu'accessoirement à l'action publique. La faculté de porter une action civile devant un tribunal correctionnel est une véritable exception aux règles qui déterminent l'ordre des juridictions. Cette exception est subordonnée à cette condition que les faits servant de base à l'action civile donnent lieu *en même temps* à une poursuite de la part du ministère public. Si donc la juridiction répressive a statué définitivement sur l'action publique, elle se trouve absolument dessaisie et ne saurait statuer ultérieurement sur une nouvelle demande d'indemnité formée par la partie civile. Dans l'espèce jugée par le tribunal de Lunéville, la partie lésée pouvait demander des dommages-intérêts en formant son action devant la juridiction civile. (C. Paris, 22 octobre 1888, *Gaz. Pal.*, 1888.2.489).

767. Appel par la partie civile. — La partie civile a le droit, comme le prévenu, d'interjeter appel dans le délai de dix jours. Mais dans le cas où le prévenu ayant été acquitté en première instance, la Cour réforme le jugement et déclare le prévenu coupable, elle ne prononce pas de peine et ne statue que sur les dommages-intérêts et les dépens.

768. Serment. — On a vu (Vᵒ *Exceptions*, nᵒ 727) que le juge de l'action est le juge de l'exception. Il est incontestable que les tribunaux correctionnels sont compétents pour apprécier les questions civiles relatives à des droits mobiliers. C'est ainsi qu'un prévenu de délit de chasse sans autorisation peut administrer la preuve qu'il avait l'autorisation de chasser. Il peut aussi, si la partie plaignante est en cause, lui déférer le serment sur le point de savoir si elle ne l'a pas autorisé à chasser. Ainsi jugé par la Cour de Caen dans une espèce où un garde particulier, poursuivi devant la première chambre de la Cour, a déféré au propriétaire, qui s'était porté partie civile, le serment sur la question de savoir si, lors de la signature du bail, il avait été verbalement convenu que le garde continuerait à avoir le droit de chasser sur les propriétés louées. (C. Caen, 14 mars 1892, *Pand.*, 1894.2.204).

769. Partie civile différente. — Lorsqu'un prévenu a été acquitté par un jugement rendu sur citation directe, et que la partie civile ayant seule appelé, a été déclarée non recevable pour défaut de qualité, le terrain sur lequel le délit aurait été commis appartenant à un tiers, l'action publique est éteinte et cette extinction ne permet pas à ce tiers ayant qualité d'intenter une nouvelle poursuite contre le prévenu. (C. Bourges, 3 avril 1890, *Gaz. Pal.*, 1890.1.668).

770. Frais et dépens. — **Consignation.** — La disposition de l'article 169 du décret du 18 juin 1811, aux termes duquel la partie civile doit consigner, avant toute poursuite, le montant présumé des frais, ne s'applique pas à la partie civile qui cite directement le prévenu devant le tribunal correctionnel. Ce droit lui est conféré par l'article 182 du Code d'instruction criminelle et on ne peut pas supposer que l'exercice en ait été entravé par la disposition précitée. La consignation ordonnée par le décret de 1811 est une mesure prescrite pour assurer le recouvrement des frais de procédure qui auraient été faits à la requête du ministère public et dont la régie de l'enregistrement pourrait être tenue de faire l'avance ; mais dans le cas où la partie lésée se pourvoit en conformité de l'article 182, les actes de procédure ne sont pas faits à la requête du ministère public. Cette solution a été donnée en 1833 par la Cour de cassation, chambres réunies et, depuis, la jurisprudence ne s'est pas modifiée. (C. Grenoble, 13 février 1884, *Gaz. Pal.*. 1884.2. *Suppl.*, 29 ; C. Nancy, 7 mars 1889, *Rec. Nancy*, 1888-89.157).

771. Intervention dans l'action pénale. — La partie lésée peut aussi intervenir dans la poursuite intentée par le ministère public, à l'effet de demander des dommages-intérêts. Bien entendu, cette intervention, comme au cas de poursuite directe (V. n°ˢ 757, 758), doit être basée sur un intérêt direct.

772. Intervention en tout état de cause. — Aux termes de l'article 67 du Code d'instruction criminelle, les plaignants pourront se porter partie civile en tout état de cause jusqu'à la clôture des débats. Mais cette disposition doit s'entendre, dans les causes sujettes à appel, des débats sur première instance, et l'intervention de la partie civile, qui s'est abstenue en première instance, est irrecevable quand elle se produit pour la première fois en cause d'appel. (C. Alger, 16 novembre 1895, *Gaz. Pal.*, 1896.1.57).

773. Société de répression du braconnage. — Un préjudice direct et personnel étant exigé pour permettre à une partie lésée d'intervenir en qualité de partie civile, une société de répression du braconnage n'est pas recevable à se porter partie civile dans une poursuite intentée par le ministère public contre des restaurateurs pour vente de gibier en temps prohibé, cette société reconnaissant n'agir qu'en vertu de l'intérêt qu'elle a à assurer d'une façon générale la répression du braconnage. (Trib. corr. Seine, 5 décembre 1894, *Gaz. Pal.*, 1895.1.124).

774. Consignation des frais. — L'article 150 du décret du 18 juin 1811 doit rester sans application dans le cas où la partie civile se constitue à l'audience au cours d'un procès correctionnel intenté d'office par le ministère public. En effet, quand les poursuites ont été commencées et doivent être continuées par la partie publique, il n'y a pas de motifs sérieux pour soumettre l'intervention de la partie civile à la garantie du versement préalable des frais. (C. Lyon, 27 janvier 1885, *Gaz. Pal.*, 1885.1.362).

775. 3° Action civile devant la juridiction civile. — Les parties lésées peuvent, sans porter plainte, sans s'adresser à la juridiction correctionnelle, assigner l'auteur du préjudice qui leur est causé, devant la juridiction civile. Si la demande n'excède pas deux cents francs, le juge de paix est compétent. Si la demande est supérieure à ce chiffre, c'est devant le tribunal civil qu'elle doit être portée. Ce dernier est compétent en dernier ressort jusqu'à quinze cents francs, et à charge d'appel à quelque valeur que la demande puisse s'élever. Les règles de la compétence sont celles de toutes les actions en justice : le demandeur doit faire citer le défendeur devant le tribunal du domicile de ce dernier. — V. V° *Prescription*, n° 757.

IV. — Administration des forêts.

776. Attributions. — Aux termes de l'arrêté du 28 vendémiaire an V, combiné avec les articles 182 du Code d'instruction criminelle et 159 du Code forestier auxquels n'a nulle· ment dérogé la loi du 3 mai 1844, les délits de chasse commis dans les bois soumis au régime forestier sont assimilés aux délits forestiers et rentrent ainsi dans les attributions de l'administration forestière qui a qualité pour en poursuivre la répression. Il en est ainsi alors même que la chasse dans ces bois a été affermée et que le fermier a négligé de se plaindre, le silence de ce dernier ne pouvant ni être opposé à l'Etat qui a un intérêt manifeste à la conservation du gibier, ni arrêter l'Administration, laquelle est expressément chargée par l'article 159 du Code forestier de poursuivre les délits forestiers. Cette administration a pour mission d'empêcher les étrangers de s'introduire dans les bois pour y chasser, et de les traduire, en cas d'infraction devant les tribunaux. L'intérêt, le droit et l'action qu'elle possède de ce chef sont entièrement distincts et indépendants de l'intérêt et de l'action du locataire de la chasse. D'ailleurs l'adjudicataire peut toujours intervenir en qualité de partie civile pour demander des dommages intérêts. (C. Poitiers, 17 mai 1889, *Gaz. Pal.*, 1889.1. 833).

777. Partie civile. — C'est d'ailleurs ce qui résulte généralement du cahier des charges de l'adjudication du droit de chasse dans les forêts communales, dont un article est ainsi conçu : « Les délits de chasse commis par les personnes sans titre dans les forêts affermées seront poursuivis correctionnellement, sauf à la partie lésée, d'après la connaissance que l'agent forestier ou le ministère public lui aura donnée du procès-verbal, à intervenir pour réclamer les dommages-intérêts auxquels elle aura droit ».

778. Représentation à l'audience. — Si l'article 159 du code forestier investit l'Administration des forêts du droit de poursuite des délits commis dans les bois et forêts soumis au régime forestier, cet article ajoute que ce droit l'est « sans préjudice du droit qui appartient au ministère public ». Il suit de là que l'Administration des forêts peut être légalement représentée à l'audience par le magistrat du ministère public ; la présence à l'audience d'un agent de l'administration pour l'y représenter n'est pas nécessaire. (Cass., 28 octobre 1892, *Gaz. Pal.*, 1892.2.539).

779. Transaction. — Aux termes de l'article 159, § 4 du Code forestier, « l'Administration des forêts est autorisée à transiger avant le jugement définitif, sur la poursuite des délits et contraventions en matière forestière, commis dans les bois soumis au régime forestier ». Les délits de chasse y étant assimilés aux délits forestiers, le droit de transaction, suivant une jurisprudence constante et notamment divers avis du Conseil d'Etat (26 novembre 1860 et 11 janvier 1862), est étendu aux délits de chasse commis dans les bois soumis au régime forestier. (Trib. civ. Bourgoin, 13 juin 1883, *Gaz. Pal.*, 1884. 1.199).

780. Extinction de l'action. — Quand une transaction est intervenue entre l'Administration forestière et le délinquant, l'action du ministère public n'est plus recevable. Il en est de même de l'action de la partie lésée qui peut seulement s'adresser à la juridiction civile pour obtenir des dommages-intérêts. (Cass., 24 décembre 1868, S. 1869.1.89).

781. Frais et dépens. — Aux termes de l'article 157 du décret du 18 juin 1811, la partie civile, qu'elle succombe ou non, est personnellement tenue des frais envers l'Etat, sauf son recours contre le prévenu condamné. Aux termes de l'article 158 du même décret, toute administration publique est assimilée à la partie civile relativement aux procès suivis soit à sa requête, soit même d'office et dans son intérêt. Il en est ainsi de l'Administration des forêts, même quand elle se borne à réclamer l'application des peines prévues par la loi pénale pour les délits forestiers ou pour délits de chasse qui leur sont assimilés lorsqu'ils sont commis dans des bois soumis au régime forestier. (Cass.,19 juillet 1895,*Gaz. Pal.*, 1895.2.224).

782. Appel. — L'Administration des forêts peut frapper d'appel le jugement du tribunal, et ce dans les délais et dans les formes imposés à la partie civile. Mais dans le cas d'acquittement du prévenu en première instance, si la Cour d'appel infirmant le jugement déclare le prévenu coupable, une peine sera prononcée, contrairement à ce qui a lieu en cas d'appel par la partie civile.

PRESCRIPTION

783. Laps de trois mois. — Aux termes de l'article 29 de la loi du 3 mai 1844, toute action relative à un délit de chasse sera prescrite par le laps de trois mois à compter du jour du délit. Ce laps de temps se compte de quantième à quantième, et non pas par une période de quatre-vingt-dix jours. Le jour du délit ne compte pas. Ainsi, un délit de chasse ayant été commis le 25 janvier, le dernier jour pour assigner valablement sera le 25 avril.

784. Effet de l'acte interruptif. — Mais l'article 29 ne dit pas que la même prescription de trois mois recommence à courir à partir de l'acte interruptif, ainsi qu'il en est en matière de diffamation aux termes de la loi du 29 juillet 1881. Il faut donc recourir au droit commun et admettre qu'à partir de l'acte interruptif la prescription est de trois ans, conformément aux articles 637 et 638 du Code d'instruction criminelle. (Cass., 15 juillet 1899, S. 1901.1.541 ; C. Alger, 23 février 1895, *Gaz. Pal.*, 1895.1 544 ; Cass., 13 avril 1883, *Gaz. Pal.*, 1884.2.223).

785. Citation. — Quels sont les actes interruptifs de la prescription ? La citation à comparaître devant la juridiction correctionnelle. (C. Alger, 23 février 1895, *Gaz. Pal.*, 1895. 1.544).

786. Procès-verbal de gendarmerie. — Un procès-verbal de gendarmerie interrompt-il la prescription ? Oui, suivant certains tribunaux qui considèrent qu'il constitue un véritable acte d'instruction et de poursuite. (C. Amiens, 7 avril 1883, *Gaz. Pal.*, 1882-83.2.358 ; C. Paris, 6 juillet 1885, *Gaz. Pal.*, 1885.2.339 ; C. Aix, 20 mars 1896, *Le Droit*, 4 avril 1896 ; Cass., 6 août 1891, *Pand.*, 1892.1.242).

787. — Il est difficile d'admettre cette manière de voir évidemment contraire à l'esprit de la loi et on est tenté de se ranger à l'avis contraire avec la généralité des auteurs. L'arrêt de cassation du 6 août 1891 n'est pas motivé : « Attendu, en droit, dit la Cour suprême, que la prescription a été interrompue par le procès-verbal qui l'a constatée. » C'est insuffisant. Cependant, il faut bien reconnaître que la jurisprudence est à peu près unanime.

788. Tribunal incompétent. — L'assignation donnée à la requête du ministère public devant un tribunal incompétent a pour effet d'interrompre la prescription de l'article 29 de la

loi du 3 mai 1844, et de lui substituer la prescription de droit
commun qui est de trois ans. (C. Nancy, 19 novembre 1890,
Rec. Nancy, 1890.91.217 ; C. Paris, 1ᵉʳ mai 1888, *Gaz. Pal.*,
1888.1.723 ; Cass., 29 mars 1884, D. P. 1885.1.183).

789. Citation à magistrat. — Spécialement la citation en
police correctionnelle pour délit de chasse dans un bois soumis au régime forestier, donnée par l'Administration des forêts à un délinquant ayant la qualité de magistrat, n'en est
pas moins interruptive de prescription, bien que, à raison de
cette qualité, le délinquant doit bénéficier du double privilège
personnel de n'être justiciable que de la première chambre
de la Cour d'appel et de ne pouvoir y être traduit qu'à la requête du procureur général près cette Cour. (Cass., 27 février
1865, *Pand. chr.*, IV, 1.180).

790. Remise de l'affaire. — Mais la remise de l'affaire à
une audience ultérieure n'est pas interruptive de la prescription. (C. Paris, 19 octobre 1887, *Le Droit*, 21 octobre 1887).

791. Action civile. — En matière criminelle, l'action civile
à raison d'un délit se prescrit par le même laps de temps que
l'action publique à laquelle elle se trouve liée, et cette prescription étant d'ordre public, doit être appliquée, même d'office, par le tribunal, si elle n'est pas invoquée par le prévenu.
(C. Alger, 23 février 1895, *Gaz. Pal.*, 1895.1.544).

792. Appel. — L'appel interjeté par la partie civile d'un
jugement acquittant le prévenu, est interruptif de prescription et dès lors l'action civile est soumise, à partir de l'acte
d'appel, à la prescription de trois ans et non plus à celle de
trois mois. (C. Alger, 23 février 1895, *Gaz. Pal.*, 1895.1.544).

PROCÈS-VERBAUX

793. Définitions. — Le procès-verbal est l'acte par lequel les agents de l'autorité (gardes champêtres, gardes forestiers, gardes particuliers, gendarmes, etc.) rendent compte de ce qu'ils ont constaté. Le mot *procès-verbal* semble peu fait pour désigner un acte dont la première condition est d'être rédigé *par écrit*. L'origine en est celle-ci : les sergents et autres agents attachés aux anciennes justices féodales, à une époque où les illettrés constituaient l'immense majorité, allaient de vive voix, *verbalement*, signifier aux parties l'ordre de comparaître. Cet acte a dû, depuis, être rédigé par écrit, mais a conservé son nom.

794. Agents verbalisateurs. — L'article 22 de la loi du 3 mai 1844 confère aux maires, adjoints, commissaires de police, officiers, maréchaux-des logis ou brigadiers de gendarmerie, gendarmes, gardes forestiers, gardes pêche, gardes champêtres ou gardes assermentés des particuliers, le soin de constater les délits de chasse.

795. Agents des contributions indirectes et des octrois. — L'article 23 charge les employés des contributions indirectes et des octrois de rechercher et de constater, *dans les limites de leurs attributions respectives* les délits de vente, achat, transport et colportage de gibier en temps prohibé prévus par le paragraphe 1er de l'article 4 de la même loi. Ce sont là des fonctions accessoires à leurs fonctions ordinaires, et la recherche du gibier ne doit pas être l'objet principal de leur visite. Une circulaire de l'Administration des contributions indirectes du 23 juin 1844, recommande à ses agents de n'exercer leur droit de visite que dans les maisons ou les lieux où les appelle l'exercice de leurs fonctions ; quand ils opèrent une saisie de gibier, le procès-verbal doit relever avec précision l'objet principal de leur visite. C'est donc pour les agents des contributions indirectes une compétence très restreinte.

796. Compétence. — La première condition de validité d'un procès-verbal est la compétence de celui qui le dresse. En conséquence, est nul le procès-verbal dressé par un agent hors du territoire pour lequel il est institué et assermenté.

797. Constatations personnelles. — L'article 16 du Code d'instruction criminelle a défini les attributions des gardes en tant qu'officiers de police judiciaire et n'a pas restreint leur compétence, en matière de procès-verbaux, à la constatation des faits qu'ils constatent *de visu*. Il leur donne qualité pour dresser des procès-verbaux à l'effet de constater les contraventions « ainsi que les preuves et les indices qu'ils auront pu en recueillir ». Ainsi, aucune disposition de loi ne subordonne la validité du procès-verbal à la condition que le garde rédacteur ait constaté le délit *de visu*, et un procès-verbal lorsqu'il a été régulièrement affirmé et enregistré, ne peut être annulé sous prétexte que le délit qui y est visé n'a été relevé par le garde champêtre que sur une simple dénonciation. (Cass., 17 novembre 1893, *Gaz. Pal.*, 1894.1.443).

798. Renseignements. — Mais, aux termes d'une jurisprudence constante, les procès-verbaux des officiers de police judiciaire ne font foi, jusqu'à preuve contraire, des faits qui y sont consignés, qu'autant qu'ils résultent des constatations personnelles de l'officier public rédacteur. Il en est tout autrement et ces mêmes procès-verbaux ne valent plus que comme simples rapports dont la valeur est soumise à l'appréciation des tribunaux lorsque les faits qu'ils relatent ne résultent que de renseignements recueillis au cours de l'information. (Cass., 20 janvier 1893, *Gaz. Pal.*, 1893.1.233).

799. Offre de preuve contraire. — Dans ce cas, alors que le prévenu conteste les faits de la poursuite, les tribunaux ne peuvent rejeter l'offre de preuve contraire que fait celui-ci. (Cass., 5 avril 1895, *Gaz. Pal.*, 1895.2.430).

800. Appréciation. — Les procès-verbaux ne font foi jusqu'à preuve contraire que des faits matériels qu'ils constatent et non des appréciations de l'agent rédacteur. Ainsi la mention inscrite dans un procès-verbal qu'un chemin est public, ne fait pas foi en justice. En conséquence, à défaut d'un acte administratif portant classement de ce chemin, le tribunal peut déclarer qu'il n'est pas public, malgré les indications contraires du procès-verbal. (Cass., 26 juillet 1894, D. P. 1895.1.54).

801. Garde forestier. — Les gardes forestiers domaniaux n'ont pas qualité pour constater, par procès-verbaux faisant foi en justice, les délits de chasse commis en dehors du sol forestier. (Trib. corr. Alençon, 11 mai 1897, *Gaz. Trib.*, 29 août 1897).

802. Garde particulier. — Un garde particulier qui dresse un procès-verbal à un chasseur sur un terrain non confié à sa garde, commet un excès de pouvoir. Il n'a donc pas dans cette circonstance le caractère d'agent de la force publique. Il en résulte que les injures qui lui sont adressées à l'occasion de ce procès-verbal ne l'atteignent que comme simple particulier. (C. Douai, 3 décembre 1883, *Gaz. Pal.*, 1884.1.185).

803. Garde champêtre. — Un garde champêtre ne peut verbaliser que sur le territoire de la commune pour laquelle il est commissionné et assermenté ; est nul le procès-verbal dressé par lui en dehors du territoire de cette commune. (Cass., 19 novembre 1890, *Pand. chron.*, 1891.1.234).

804. Gendarmes. — La gendarmerie est, aux termes du décret du 1ᵉʳ mars 1854, chargée de la constatation des délits de chasse, non pas seulement dans le ressort des brigades, mais sur tout le territoire de la République. (Cass., 8 mars 1851, D. P. 1851.5.312).

805. Rédaction. — L'article 11 du Code d'instruction criminelle prescrit aux rédacteurs de procès-verbaux d'y consigner « la nature et les circonstances des contraventions, le temps et le lieu où elles auront été commises, les preuves ou indices à la charge de ceux qui en seront présumés coupables ». L'article 16 du même Code réitère les mêmes prescriptions.

806. Indication du texte. — Si un procès-verbal doit constater la nature, les circonstances, le temps et le lieu de la contravention, il n'est pas indispensable qu'il contienne l'indication du texte légal méconnu. (Cass., 8 janvier 1898, *Mon. juges de paix*, 1898.322).

807. Noms et surnoms. — Les procès-verbaux doivent, en principe, contenir les nom et prénoms du délinquant, ou ceux sous lesquels il est connu. Un surnom ou sobriquet peut valablement désigner un délinquant. L'important est que l'identité du contrevenant soit nettement établie et ne puisse pas prêter à confusion.

808. Inconnu. — Cependant un procès-verbal peut être dressé contre un délinquant inconnu. Il peut arriver, en effet, qu'un agent verbalisateur soit amené à constater un délit de chasse et qu'il ne puisse être témoin que du fait matériel, sans pouvoir reconnaître l'identité du délinquant.

809. Ecriture. — Le procès-verbal doit, en principe, être écrit par l'agent verbalisateur. Cependant, faut-il aller jusqu'à soutenir que l'écriture tient à la substance même des procès-verbaux et constitue une formalité intrinsèque indispensable à la validité de ces actes ? Certains tribunaux l'ont ainsi décidé. (Trib. simple police Montmorency, 18 décembre 1895, *Gaz. Pal.*, 1896.1.11).

810. Rapports. — Mais je considère que cette manière de voir est inexacte parce que, nulle part, la loi n'exige une forme bien définie des procès-verbaux. Ainsi, d'ailleurs, en a décidé la Cour de cassation : « Attendu, en droit, que *les rapports des gardes champêtres, lorsque ces agents ne peuvent pas les écrire eux-mêmes, doivent être reçus, rédigés et écrits, soit par les juges de paix ou leurs suppléants, soit par les commissaires de police, les maires ou les adjoints de maires* ; — mais que la loi, en confiant à ces fonctionnaires, pour le cas qu'elle détermine, et dans les limites de leur compétence territoriale, la mission de recevoir et de rédiger, sous forme de procès-verbaux, les rapports ou dénonciations des gardes champêtres, n'a pas entendu leur imposer, à peine de nullité, l'obligation de les écrire *propria manu* ; qu'il est essentiel que le rapport du garde ait été fait directement à l'un des officiers publics compétents ; mais qu'il n'est pas indispensable que cet officier l'ait écrit de sa main, si, l'ayant reçu lui-même, il en a contrôlé la rédaction, et si, d'autre part, le garde, après lecture, a déclaré cette rédaction conforme à la vérité. » (Cass., 17 mai 1888, *Gaz. Pal.*, 1888.1.987 ; Trib. corr. les Andelys, 17 mars 1898, *Le Droit*, 26 avril 1898).

811. Gardes forestiers. — Cette solution, qu'il y a lieu d'adopter en ce qui concerne les gardes champêtres et particuliers, est consacrée par le Code forestier pour les agents et

gardes de cette administration. « Les gardes, dit l'article 165
de ce Code, écriront eux-mêmes leurs procès-verbaux ; ils les
signeront et les affirmeront au plus tard le lendemain de la
clôture desdits procès-verbaux, par devant le juge de paix du
canton ou l'un de ses suppléants, ou par devant le maire ou
l'adjoint, soit de la commune de leur résidence, soit de celle
où le délit a été commis ou constaté ; le tout sous peine de
nullité. Toutefois, si *par suite d'un empêchement quelconque*,
le procès-verbal est seulement signé par le garde, mais non
écrit en entier de sa main, l'officier public qui en recevra
l'affirmation devra lui en donner préalablement lecture, et
faire ensuite mention de cette formalité, le tout sous peine de
nullité du procès-verbal. » Par les mots *empêchement quelconque*, il faut entendre le cas où le garde blessé ne peut se
servir de sa main pour écrire, ou encore celui où le garde est
illettré, bien que le fait doive se présenter rarement parmi les
gardes forestiers actuels.

812. Signature. — Le garde rédacteur d'un procès-verbal
doit le signer. Cependant, si le garde champêtre ou particulier, dans l'impossibilité de rédiger lui-même son procès-verbal use de la faculté que la Cour de cassation lui reconnaît et
qui lui a été donnée par les lois des 27 décembre 1790, 5 janvier 1791 et 28 septembre-6 octobre 1791, de faire écrire son
procès-verbal par le juge de paix ou son suppléant, le commis-
saire de police, le maire ou son adjoint, le garde est aussi
dispensé de signer.

813. Date. — Le procès-verbal doit être daté ; cette formalité est essentielle parce qu'elle fixe le point de départ des
délais d'affirmation et d'enregistrement ; elle est générale et
s'applique à tous les procès-verbaux, de quelque agent qu'ils
émanent. Une erreur de date entraînerait la nullité du procès-
verbal, à moins que l'erreur se rectifiât d'elle-même. Par
exemple, un garde date son procès verbal du 23 décembre, et
indique que le délit a été commis le jour de Noël. Il ne peut,

dans ce cas, y avoir doute ; il faut admettre que 23 a été écrit par erreur au lieu de 25. Le procès-verbal, en matière de chasse, doit être dressé dans les vingt-quatre heures du délit.

814. Affirmation. — Aux termes de l'article 24 de la loi du 3 mai 1844, « les procès-verbaux des gardes seront, à peine de nullité, affirmés par les rédacteurs devant le juge de paix ou l'un de ses suppléants, ou devant le maire ou l'adjoint, soit de la commune de leur résidence, soit de celle où le délit aura été commis ». Cette formalité de l'affirmation n'est exigée par la loi que pour les procès-verbaux des gardes champêtres, gardes particuliers, gardes pêche et gardes forestiers. Ceux des gendarmes et de tous autres agents chargés de la constatation des délits en sont dispensés.

815. Définition de l'affirmation. — L'affirmation est la déclaration faite sous la foi du serment par le rédacteur d'un procès-verbal que les constatations consignées dans cet acte sont l'expression de la vérité. On a agité la question de savoir si, pour affirmer un procès-verbal, un garde devait prêter serment. La loi ne s'explique pas sur ce point. Mais, à son défaut, la Cour de cassation, dans plusieurs arrêts, a défini l'affirmation « le serment prêté par un garde sur la sincérité de son procès-verbal ». (Cass., 20 février 1862, D. P. 1862. 1.251).

816. Formalités de l'affirmation. — En fait, le garde rédacteur se présente devant un des magistrats compétents pour recevoir l'acte d'affirmation, et lui présente le procès-verbal. Le magistrat le lit à haute voix au garde et, après lecture, lui demande s'il l'affirme sincère et véritable. Le garde prête serment et dit : « Je le jure ! » Après quoi le magistrat qui a reçu l'affirmation en porte la mention à la suite du procès-verbal, en ayant soin d'y faire figurer la date et l'heure, ceci pour bien constater que l'affirmation a eu lieu dans les vingt-quatre heures du délit. Le fait par un juge de paix ou son suppléant

un maire ou son adjoint de recevoir l'affirmation d'un procès-
verbal est une obligation inhérente à sa fonction : elle ne peut
en rien engager sa responsabilité. C'est une formalité qui a
pour but de constater que le garde persiste dans les déclarations contenues dans son procès-verbal ; alors même que ces
déclarations seraient mensongères ou absurdes, le magistrat
donne acte de leur affirmation, et rien de plus. Il n'en est pas
juge, et c'est aux tribunaux qu'il appartiendra de les apprécier ou de les interpréter.

817. Signatures. — L'affirmation du procès-verbal doit
être signée par le garde rédacteur aussi bien que par l'autorité qui la reçoit ; sinon le procès-verbal est nul. (C. Caen,
22 janvier 1898, *J. Parq.*, 1898.2.32).

818. Maire, adjoints, conseillers. — Le juge de paix, et
ses suppléants habitant le chef-lieu de canton, les gardes des
communes s'adressent plus volontiers, ainsi que la loi leur
en laisse la faculté, au maire ou à l'adjoint. L'article 82 de la
loi du 5 avril 1884 autorise le maire à déléguer par arrêté une
partie de ses fonctions à un ou plusieurs de ses adjoints ou à
des membres du conseil municipal. Loin d'être faite pour le
cas d'absence du maire, elle suppose au contraire sa présence
dans la commune, et elle implique pour le maire le droit de
choisir parmi ses adjoints, et en cas d'absence ou d'empêchement des adjoints, parmi les membres du conseil municipal,
celui qui lui paraît le plus apte à s'acquitter des devoirs dont
il entend se décharger. (Cass., 23 février 1901, *Gaz. Pal.*,
1901 1.744).

819. Délégation. — Le cas d'absence ou d'empêchement
du maire est prévu par l'article 84 de la loi du 5 avril 1884,
qui dispose que ce magistrat municipal est provisoirement
remplacé dans la plénitude de ses fonctions par un adjoint,
dans l'ordre des nominations, et, à défaut d'adjoint, par un
conseiller municipal délégué par le conseil, sinon pris dans

l'ordre du tableau ; et, dans cette hypothèse, un conseiller municipal peut valablement procéder à un acte rentrant dans les attributions du maire, lorsque les adjoints et les conseillers inscrits avant lui sur le tableau sont absents ou empêchés. On doit donc considérer comme régulièrement affirmé le procès-verbal affirmé devant un conseiller municipal agissant comme « délégué en l'absence du maire ». Et, en admettant que la qualité de conseiller municipal « délégué en l'absence du maire » prise par ledit conseiller dans l'acte d'affirmation, laisse incertain le point de savoir s'il a procédé en vertu d'une délégation du maire ou s'il a agi en l'absence ou en cas d'empêchement des adjoints et comme le premier dans l'ordre du tableau parmi les conseillers municipaux non empêchés, il y a présomption légale, sans qu'il soit nécessaire que l'acte d'affirmation contienne aucune constatation à cet égard, que dans le premier cas la délégation était régulière, et que dans le second les adjoints et les conseillers portés avant lui sur le tableau étaient absents ou empêchés. (Cass., 23 février 1901, *Gaz. Pal.*, 1901.1.744).

820. Calcul du délai. — Le délai doit se compter par heure puisque la loi a fixé un nombre d'heures déterminé, et les vingt-quatre heures partent du délit et non de la clôture du procès-verbal. (Douai, 25 janvier 1899, S. 1900.2.25).

821. Jour et heure du délit. — Le document doit donc, à peine de nullité, indiquer le jour et l'heure du délit pour porter dans son contexte la preuve de la réalisation de cette condition essentielle de la validité de l'acte. A défaut de cette mention, le procès-verbal est nul, et cette nullité étant d'ordre public peut être opposée en tout état de cause. (Lyon, 22 octobre 1896, *Mon. Lyon*, 5 décembre 1896).

822. Heure. — De même, est nul le procès-verbal dressé par un garde particulier constatant un délit de chasse commis telle heure, tel jour et affirmé le lendemain de ce jour, mais

sans indication de l'heure dans l'acte d'affirmation. (C. Orléans, 3 mars 1885, *Gaz. Pal.*, 1885.1.684 ; C. Paris, 6 février
1894, *Gaz. Pal.*, 1894.1.657).

823. Défaut d'affirmation. — L'affirmation devant être faite
par le garde verbalisateur lui-même, le procès-verbal est nul
pour défaut d'affirmation lorsqu'il constate seulement qu'il
a été « vu et approuvé sincère et véritable par le maire de la
commune. » (C. Paris, 6 février 1894, *Gaz. Pal.*, 1894.1.657).

824. Heure de l'affirmation. — Si l'acte d'affirmation a lieu
le jour même du délit et reste muet sur l'heure, faut-il en conclure que le procès-verbal sera nul ? Il est évident que non,
puisque l'article 24 laisse au rédacteur vingt-quatre heures
pour faire procéder à l'acte d'affirmation. Cet acte étant daté
du jour même du délit, il en résulte incontestablement que
le délai n'a pas été dépassé et la prescription de la loi a été
respectée.

825. Refus d'affirmation. — Il a été jugé que le fait, par un
maire, de se refuser à recevoir l'acte d'affirmation d'un garde
particulier constituait un cas de force majeure donnant ouverture à un nouveau délai pour l'affirmation devant le juge
de paix du canton. Un garde particulier ayant verbalisé le
14 septembre 1883 à midi contre un délinquant, rédigea son
procès-verbal et se présenta le lendemain 15 septembre à
11 heures devant le maire pour y affirmer ledit procès-verbal.
Le maire, méconnaissant d'une étrange façon le but et la portée de l'acte d'affirmation qu'il était appelé à recevoir, refusa
son ministère au garde, en alléguant sous forme de mention
écrite au bas du procès-verbal qui lui était présenté, que les
faits relatés dans ce document ne lui paraissaient nullement
répréhensibles au point de vue pénal. A la suite du refus du
maire *présent*, le garde ne pouvait légalement s'adresser à l'adjoint sans pouvoir pour réviser cette décision. Force fut donc
au garde de se transporter chez le juge de paix, au chef-lieu

de canton. Mais le délai de vingt-quatre heures, imparti par la loi, était écoulé ; et cependant le garde s'était mis en règle vis-à-vis des prescriptions de la loi, et avait complètement fait son devoir. Le prévenu ayant excipé de la nullité du procès-verbal tirée de ce qu'il n'avait pas été affirmé dans les vingt-quatre heures, le tribunal annula le procès-verbal. Mais sur le pourvoi du ministère public, la Cour de cassation décida qu'il y avait bien eu un cas de force majeure entraînant prorogation du délai légal. (Cass., 29 février 1884, *Gaz. Pal.*, 1884.2.139).

826. Timbre, — Les procès-verbaux des gendarmes et des gardes autres que ceux des particuliers sont rédigés sur papier libre.

Les procès-verbaux des gardes champêtres particuliers, gardes forestiers particuliers doivent être dressés sur papier timbré. La contravention à cette obligation n'entraîne pas la nullité du procès-verbal, mais donnerait lieu à une amende.

827. Enregistrement. — L'article 34 de la loi du 22 frimaire an VII qui dispose que les procès-verbaux doivent être enregistrés dans le délai de quatre jours, à peine de nullité, est complété par l'article 47 de cette même loi qui conserve toute leur force aux procès-verbaux qui intéressent la vindicte publique et qui font foi jusqu'à preuve contraire. En conséquence, un procès-verbal pour délit de chasse, dressé le 12 septembre 1881 et enregistré le 23 novembre 1881 n'est pas nul. (C. d'Amiens, 18 mars 1882, *Gaz. Pal.*, 1882.2.475).

828. Tarif. — L'enregistrement des procès-verbaux peut avoir lieu au bureau de la résidence de l'agent rédacteur, soit au bureau le plus voisin de cette résidence, soit au bureau du lieu où le procès-verbal a été rédigé. Le tarif est actuellement de deux francs.

829. Défaut d'enregistrement. — En résumé, la loi du 3 mai 1844 restant muette sur la formalité de l'enregistrement elle est souvent négligée malgré une circulaire du garde des sceaux du 14 janvier 1863 qui rappelait que les procès-verbaux dressés en matière de chasse par les gendarmes et les gardes devaient être soumis au timbre et à l'enregistrement. Or les procès-verbaux de gendarmerie sont *toujours* sur papier libre. Quant à ceux des gardes, ils sont généralement sur papier timbré, mais très rarement enregistrés parce que le défaut de cette formalité n'en entraîne pas la nullité. D'ailleurs, les jugements correctionnels qui sanctionnent les procès-verbaux ne mentionnent pas le plus souvent ces documents et se contentent de déclarer « qu'il résulte des débats la preuve que... »

830. Modèle de procès-verbal de chasse.

L'an 1902, le 25 janvier, à neuf heures du matin, je soussigné Durand (Pierre-Auguste) garde particulier de M. René Benoit, propriétaire demeurant à Mazerulles (Meurthe-et-Moselle) dûment assermenté, déclare avoir constaté les faits suivants :

En faisant ma tournée habituelle les an, mois, jour et heure que dessus, j'ai aperçu au lieu dit « Bois-le-Comte » territoire de la commune de Mazerulles, un individu qui, armé d'un fusil et accompagné d'un chien d'arrêt à robe blanche et à poil ras, se livrait à la recherche du gibier. M'étant dissimulé derrière une haie, j'observai les allures de cet homme qui parcourut, en faisant quêter son chien, portant son fusil sur le bras droit, les canons dirigés vers le sol, plusieurs champs plantés de luzerne et de pommes de terre, appartenant à M. Benoit. Au bout de quelques minutes, un lièvre s'étant levé à une quarantaine de pas du délinquant, je le vis épauler et faire feu. Le lièvre sans paraître blessé, continua sa course poursuivi par le chien. M'étant approché rapidement, j'ai reconnu le sieur Gérard (Nicolas) tonnelier à Mazerulles que j'ai mis en demeure d'avoir à m'exhiber son permis. Ledit sieur Gérard ayant reconnu ne pas avoir de permis de chasse, je lui fis observer qu'il s'était rendu coupable des délits de chasse en temps prohibé, sans permis et sur le terrain d'autrui sans le consentement du propriétaire, et lui ai déclaré procès-verbal, après avoir constaté que son arme était un fusil à deux coups, à bascule, du genre dit Lefaucheux.

En foi de quoi j'ai rédigé le présent. Fait et clos à Mazerulles le vingt-cinq janvier mil neuf cent-deux, à dix heures du matin.

Signature.

831. Modèle d'acte d'affirmation.

Par devant nous, Simonin (Auguste), maire de la commune de Mazerulles, s'est présenté à l'instant le sieur Durand (Pierre Auguste) garde particulier de M. René Benoit, propriétaire, demeurant à Mazerulles, lequel nous a, après lecture à lui faite par nous du procès-verbal ci-dessus, affirmé par serment qu'il est sincère et conforme à la vérité.

De quoi nous lui avons donné acte et avons signé avec lui.

Fait le vingt-cinq janvier mil neuf cent-deux, à onze heures du matin.

<table>
<tr><td>Le garde particulier,
  Signature.</td><td>Le maire de Mazerulles,
  Signature.</td></tr>
</table>

PROPRIÉTÉS DES COMMUNES

Aliénation du droit de chasse, 832. — Cartes de chasse, 833.

832. Aliénation du droit de chasse. — Les communes peuvent être propriétaires de terrains et de bois. Elles peuvent donc aliéner le droit de chasse pour se constituer des revenus. Aucun mode particulier de mise en valeur n'est obligatoire. Ce sont là des actes de gestion municipale qui ne sont soumis qu'à l'approbation préfectorale.

833. Cartes de chasse. — Si la commune ne procède pas par voie d'adjudication, elle peut délivrer, contre paiement d'une certaine somme, des cartes de chasse qui équivalent à une permission de chasse valables pour un an sur les terrains communaux. (V. V° *Bail de chasse*).

PROPRIÉTÉS DES ÉTABLISSEMENTS PUBLICS

Administrateurs, 835. — Personnalité morale, 834.

834. Personnalité morale. — La personnalité morale appartient non seulement à l'Etat, aux communes, mais encore à un certain nombre d'organes administratifs et d'institutions privées qu'on nomme établissements publics. Tels sont les

Universités, les Facultés, les cinq Académies, les Lycées et collèges, le Collège de France, le Muséum, la maison de la Légion d'honneur, les bureaux de bienfaisance, les hôpitaux et hospices, etc., etc.

835. Administrateurs. — Les établissements publics peuvent donc être propriétaires d'immeubles, bois ou terrains et en aliéner le droit de chasse. Ce sont leurs administrateurs et représentants légaux qui sont chargés de préparer les baux dont l'acte est passé par le trésorier si la durée de ces baux n'excède pas dix-huit ans. Et la délibération de la commission est exécutoire et devient définitive si le préfet auquel elle a été notifiée, n'en prononce pas l'annulation dans les trente jours qui suivent cette notification.

PROPRIÉTÉ DU GIBIER

Actes postérieurs à la mort, 855. — Caractère légal de l'occupation, 846. — Complicité par recel, 858. — Fuite prolongée, 845. — Gibier abandonné, 861. — Gibier blessé, 850. — Gibier blessé ou mort, 842. — Gibier forcé, 843, 854. — Gibier lancé par deux chasseurs, 852. — Gibier pris dans un piège, 857. — Gibier pris par un chien, 853. — Gibier sur ses fins, 844. — Gibier tiré par deux chasseurs, 849. — Gibier trouvé, 856. — Gibier tué en battue, 851. — Gibier vivant, 860. — Mainmise sur le gibier, 839. — Mouvement instinctif, 859. — Parcs à gibier, 838. — Point de départ de la propriété, 840. — Poursuite du gibier, 846, 847, 848. — Prise sur le terrain d'autrui, 841. — *Res nullius*, 837. — Silence de la loi de 1844, 836.

836. Silence de la loi de 1844. — La loi du 3 mai 1844 a eu pour but de réglementer la police de la chasse. Elle n'avait donc pas à traiter la question de la propriété du gibier pour laquelle il faut se reporter aux principes du droit civil.

837. Res nullius. — Le gibier n'appartient à personne ; il est ce qu'on nommait en droit romain *res nullius* ; il devient la propriété de celui qui s'en empare. Certains théoriciens voudraient attribuer la propriété du gibier au propriétaire du sol. Mais ce système est inadmissible. Deux champs voisins appartiennent à deux propriétaires différents : l'un d'eux pourrait-il se dire propriétaire d'un lièvre qui aujourd'hui est gîté sur son champ, et qui, demain, se gîtera sur le champ voisin ? On ne peut admettre l'idée d'une propriété nomade. On est propriétaire d'une chose quand on peut en faire ce qu'on veut. On n'est pas propriétaire d'un animal sur lequel on ne peut pas mettre la main.

838. Parcs à gibier. — Il en serait autrement si le gibier était partiellement privé de sa liberté, si cette liberté était forcément restreinte à un espace limité. Par exemple, le propriétaire d'un terrain clos de murs assez élevés pour que le gibier ne puisse les franchir, doit être considéré comme propriétaire du gibier contenu dans ce clos. Le gibier ainsi enfermé, borné dans son parcours, devient un accessoire de la terre et immeuble par destination conformément aux termes de l'article 524 du Code civil.

839. Mainmise sur le gibier. — Le gibier devient donc, sauf dans le cas précédent, la propriété de celui qui s'en empare, quel que soit l'endroit où le gibier est atteint par le chasseur. Si je tue un lièvre sur une propriété qui ne m'appartient pas, où je n'ai pas le droit de chasse, le lièvre est à moi. Je puis être condamné correctionnellement pour délit de chasse ; je puis aussi être condamné à des dommages-intérêts envers le propriétaire du terrain ou le détenteur du droit de chasse, mais le lièvre n'en est pas moins ma propriété incontestable.

840. Point de départ de la propriété. — A partir de quel moment le gibier devient-il la propriété du chasseur ? Est-ce seulement au moment où le chasseur met la main dessus ? Non, car avec ce système on pourrait aller ramasser le gibier devant celui qui l'a tué. Le gibier appartient au chasseur à partir du moment où il est blessé assez grièvement ou épuisé assez complètement pour qu'il lui soit impossible d'échapper à la poursuite. Il y a donc là une question de fait qui sera tranchée par les tribunaux. Certains faits servent de base aux décisions judiciaires. On considère comme étant dans l'impossibilité d'échapper à la poursuite le grand gibier, cerf, chevreuil ou sanglier qui est *coffré*, c'est-à-dire atteint par le coup de fusil de telle sorte qu'une hémorrhagie interne ou externe doive à brève échéance faire mourir l'animal : il en est de même du lièvre qui a une patte de derrière cassée, du perdreau démonté.

841. Prise sur terrain d'autrui. — La conséquence de cette théorie est que le chasseur peut aller chercher et ramasser sur le terrain d'autrui une pièce de gibier qui y est tombée, après l'avoir tuée ou mortellement atteinte. C'est là une prise de possession pure et simple après un acte de chasse accompli. (Trib. corr. Les Andelys, 27 avril 1899, *La Loi*, 22 juin 1899).

842. Gibier blessé ou mort. — Il en est de la capture de l'animal mortellement blessé comme de l'animal mort, et cette capture n'est pas délictueuse même sur le terrain d'autrui quand l'animal était déjà mortellement blessé avant de pénétrer sur le terrain où il a été ramassé. (C. Paris, 17 octobre 1895, *Gaz. Pal.*, 1895.2.545).

843. Gibier forcé. — Il en est ainsi de la capture de l'animal chassé à courre qui était à bout de forces et dans l'impossibilité d'échapper à la meute au moment où il a pénétré sur le terrain d'autrui, alors qu'il est constaté qu'à ce moment déjà il est tombé, a été rejoint et mordu par les chiens. (C. Bourges, 6 juin 1900, *Gaz. Pal.*, 1901.1.261 ; C. Angers, 22 juillet 1898, *Gaz. Pal.*, 1898.2.501).

844. Gibier sur ses fins. — Le gibier chassé à courre cesse d'être *res nullius* et devient la propriété du maître des chiens dès qu'il est sur ses fins, forcé, et mis ainsi dans l'impossibilité d'échapper. Dès lors, les tiers n'ont plus le droit de s'en emparer, même dans leur terrain clos. Ils doivent le laisser enlever par le propriétaire de la meute, ou le lui remettre à peine de dommages-intérêts. (Trib. civ. Clermont (Oise), 9 juillet 1897, *Gaz. Trib.*, 27 juillet 1897).

845. Fuite prolongée. — Si le chasseur peut pénétrer sur une propriété privée pour y capturer le gibier soit mort, soit forcé, il n'en est ainsi qu'autant que l'animal est à bout de forces, à un point tel qu'il ne puisse plus s'échapper et qu'il soit considéré comme tombé d'ores et déjà en la puissance du chasseur. Tel n'est pas le cas d'un cerf qui prolonge sa fuite, et va se jeter dans une rivière où il n'est pris que 800 ou 1,000 mètres plus loin. (C. Poitiers, 7 arrêt 1889, *Gaz. Pal.*, 1889.2.293).

846. Caractère légal de l'occupation. — Une question sur laquelle les auteurs sont loin d'être d'accord, est celle de savoir si on peut tirer ou prendre le gibier devant les chiens d'autrui. En d'autres termes, la poursuite du gibier constitue-t-elle, par elle seule, une occupation acquisitive de propriété ?

847. Effets juridiques de la poursuite ? — Un premier système consiste à soutenir que le chasseur dont les chiens courants ont lancé et poursuivi un gibier doit en être réputé possesseur tant que ses chiens n'en ont pas perdu le pied. Et il doit en être réputé propriétaire, bien que l'animal ait été tué ou pris par un autre chasseur quand, en fait, ses chiens n'ont pas, depuis le lancer, abandonné la chasse. A l'appui de cette thèse, on fait valoir que le chasseur, à partir du lancé, a fait tomber l'animal dans sa dépendance. Poursuivi par les chiens, obligé d'employer la ruse et la vitesse pour ne pas être pris, l'animal a, dès lors, perdu sa liberté naturelle. Il a cessé d'être *res nullius*. Le chasseur a donc sur lui une mainmise qui doit suffire à lui en faire attribuer la propriété à

l'encontre de tout autre. Le système contraire porterait, dit-
on, une grave atteinte au droit de chasse, puisqu'il irait jusqu'à sanctionner l'intolérable abus de celui qui, s'attachant
aux pas d'un chasseur propriétaire de bons chiens, irait tuer
impunément sous leur nez tout le gibier qu'ils feraient partir.
Ce système reposerait donc sur un intérêt public et même de
sécurité. (Trib. civ. Vienne, 21 août 1884, *Gaz. Pal.*, 1884.2.
736 ; Trib. civ. Château-Chinon, 30 août 1878, *Pand.*, VI. 1.
58).

848. La poursuite ne confère pas de droit. — Mais ce système est malheureusement en contradiction avec l'esprit de
la loi de 1844. La seule poursuite du gibier ne peut conférer
un droit d'occupation. La bête lancée et poursuivie ne sera
pas infailliblement tuée. Elle a de nombreuses chances d'é-
chapper, soit en mettant les chiens en défaut, soit en passant
sur un territoire où le chasseur n'a pas le droit de chasse. Le
caractère légal de l'occupation ne peut donc être attribué au
seul fait de la poursuite. Je n'hésite pas à traiter de gens mal
élevés et peu délicats ceux qui se permettent de tirer devant
les chiens des autres ; c'est là un procédé véritablement hon-
teux, mais il ne trouve de sanction que dans l'opinion des
chasseurs qui se respectent, et non dans la loi. Un personnage
sans scrupules, mais muni d'un permis de chasse et investi
du droit de chasse, peut tuer un lièvre devant les chiens d'un
autre chasseur : il use de son droit strict et ne peut être poursuivi ni pénalement, ni civilement. (Trib. civ. Rochefort-sur-
Mer, 6 juillet 1892, *Gaz. Pal.*, 1892.2.382 ; Trib. paix Surgè-
res, 19 mars 1892, *Gaz. Pal.*, 1892.2, *Suppl.*, 24 ; Trib. paix
Coucy-le-Château, 15 janvier 1886, *Gaz. Pal.*, 1886.1.386 ;
Cass., 17 décembre 1879, *Pand.*, VI.1.57).

849. Gibier tiré par deux chasseurs. — De ces principes, il
faut tirer les conséquences suivantes : un animal tiré successivement par deux chasseurs deviendra la propriété de celui

qui l'a tué, alors même que le gibier dont s'agit aurait été lancé et chassé par les chiens du prévenu. (Trib. civ. Rochefort-sur-Mer, 6 juillet 1892, *Gaz. Pal.*, 1892.2.382).

850. Gibier blessé. — Si un gibier, blessé légèrement par un premier chasseur, va se réfugier sur une autre propriété interdite à ce chasseur, et se faire tuer par une autre personne locataire du droit de chasse, la propriété en revient à cette dernière personne. (Trib. paix Reims, 16 novembre 1895, *Mon. Lyon*, 5 février 1896).

851. Gibier tué en battue. — Il n'y a aucune distinction à faire entre le cas où un animal a été mortellement blessé au cours d'une battue organisée conformément à l'article 90 de la loi du 5 avril 1884, et le cas où il l'a été au cours d'une chasse ordinaire. En effet, l'animal nuisible, comme le gibier, étant *res nullius* en état de liberté devient la propriété de celui qui l'a tué. (C. Paris, 18 octobre 1895, *Gaz. Pal.*, 1895. 2.545).

852. Gibier lancé par deux chasseurs. — Si un gibier, lancé et chassé par les chiens de deux chasseurs, est tué par l'un d'eux, il appartient entièrement à ce dernier et non par moitié à chaque chasseur. (Cass., 17 décembre 1879, *Pand.*, VI, 1.57).

853. Gibier pris par un chien. — Quand un gibier (lièvre) a été tiré successivement par plusieurs chasseurs et grièvement blessé, et que le chien d'un des chasseurs après une poursuite persévérante et non interrompue, a opéré la capture du lièvre, le maître du chien doit en être déclaré seul propriétaire, à l'exclusion de celui qui aurait été saisir le gibier dans la gueule du chien. L'occupation dans ce cas a été manifestée par la blessure faite à l'animal, puis continuée et consommée par le chien. Et il n'est pas permis à un autre chasseur de s'emparer de la bête réduite à un tel état de faiblesse qu'elle

ne saurait échapper au chasseur qui l'a blessée. (Trib. civ.
Chaumont, 8 mars 1888, *Gaz. Pal.*, 1888.1.518).

854. Gibier forcé. — Si l'animal, lancé et chassé par les
chiens de deux chasseurs, est forcé, l'animal appartiendra
par moitié à chacun des chasseurs.

855. Actes postérieurs à la mort. — Les actes postérieurs
à la mort de l'animal poursuivi ne constituent pas des faits de
chasse, ceux-ci consistant exclusivement dans la recherche,
la poursuite et la mise à mort du gibier. N'est dès lors pas
délictueux le fait de s'approprier une pièce de gibier mort,
trouvée par hasard en circulant dans une forêt. (Trib. corr.
Blois, 8 mars 1895, *Gaz. Pal.*, 1895.2.388).

856. Gibier trouvé. — Le propriétaire qui trouve sur son
fonds un gibier mort, peut s'en emparer comme d'une *res nullius*, ou *res derelicta*, s'il n'est pas établi que ce gibier soit
tombé au pouvoir du chasseur qui l'a blessé mortellement.
(C. Liège, 13 avril 1895, *Gaz. Pal.*, 1895.2. *Suppl.*, 8).

857. Gibier trouvé dans un collet. — Le propriétaire qui
trouve sur son fonds un lièvre pris dans un collet a le droit
de se l'approprier. En effet, ce mode de chasse étant prohibé
ne saurait servir de base à un droit. Un braconnier ne peut
valablement tendre un collet, même avec le consentement
du propriétaire du fonds. Le gibier ainsi pris n'appartenant
à personne tant qu'on ne l'a pas ramassé, le propriétaire du
fonds peut se l'approprier si ce n'est pas lui qui a tendu le
collet (C. Rouen, 24 mars 1893, *Gaz. Pal.*, 1893.1.422).

858. Complicité par recel. — Mais celui qui s'approprie le
gibier pris à l'aide d'un engin prohibé placé par une autre
personne sur le terrain d'autrui, se rend complice par recel
du délit de cette personne. (Trib. corr. Segré, 24 février 1897,
J. Parq., 1897.2.35).

859. Mouvement instinctif. — Il a cependant été jugé que le fait par un cultivateur de porter la main sur un lapin pris dans un collet qu'il aperçoit dans le fossé d'un champ voisin, ne constitue pas un délit de chasse lorsque, d'ailleurs, il ne résulte pas des mentions du procès-verbal que le collet ait été tendu par le prévenu, et que ce dernier ait cédé à un autre mobile qu'à un mouvement irréfléchi et instinctif. (C. Angers, 19 mars 1897, *Rec. Angers*, 1897.144).

860. Gibier vivant. — Ne se rend pas coupable d'un délit de vol celui qui s'empare d'un gibier capturé à l'aide d'un engin prohibé, avant que ce gibier ait été effectivement appréhendé par celui qui a posé l'engin. Mais il se rend coupable d'un délit de chasse alors que n'ayant pas de permis, il s'est emparé d'un gibier encore vivant et qu'il a achevé. (C. Besançon, 10 janvier 1890, D. P. 1890.2.275).

861. Gibier abandonné. — N'est pas délictueux le fait par un individu de rechercher sur le sol et dans les herbes, et de ramasser des pièces de gibier mort et abandonnées par les chasseurs sur un terrain où on avait chassé la veille. (Trib. corr. Orange, 9 février 1893, *Gaz. Pal.*, 1893.1.350).

RÉCIDIVE

862. Définition. — L'article 15 de la loi du 3 mai 1844 porte qu' « il y a récidive lorsque, dans les douze mois qui ont précédé l'infraction, le délinquant a été condamné en vertu de la présente loi ». Et l'article 14 édicte que « lorsqu'il y aura récidive, dans les cas prévus en l'article 11, la peine de l'emprisonnement de six jours à trois mois pourra être appliquée si le délinquant n'a pas satisfait aux condamnations précédentes ».

863. Condamnation définitive. — La récidive résulte donc de ce qu'une condamnation basée sur la loi de 1844 a précédé l'acte à juger. Il est nécessaire que la première condamnation soit devenue définitive. Par exemple, un prévenu de chasse est condamné pour ce fait le 19 mars 1897 : ce jugement devient définitif le 19 mai 1897 date de l'expiration des délais d'appel du procureur général. Si donc le même individu commet un nouveau délit de chasse le 21 avril 1897, il n'est pas en état de récidive, puisqu'à cette date le premier jugement n'était pas encore définitif. (C. Paris, 5 juin 1897, *Gaz. Pal.*, 1897.2.134).

864. Délai de douze mois. — Le délai de douze mois dans lequel le prévenu peut être constitué en état de récidive aux termes de l'article 15, doit se calculer par jour et non d'heure à heure. En conséquence, le délinquant condamné une première fois le 17 avril dans l'après-midi n'est pas en récidive lorsqu'il commet un nouveau délit dans la matinée du 17 avril de l'année suivante. (C. Amiens, 28 juin 1889, *Rev. Eaux et Forêts*, 1889.140).

865. Mention de non-exécution. — Dans le cas de l'article 14, la peine de l'emprisonnement ne pouvant être prononcée en cas de récidive que si le délinquant n'a pas satisfait aux condamnations précédentes, il faut que le jugement qui prononce cette peine fasse mention de cette non-exécution des précédentes condamnations. Autrement, le jugement ou l'arrêt manque de base légale et tombe sous la censure de la Cour de cassation. (Cass., 26 avril 1895, *Pand.*, 1896.7.41).

866. Insolvabilité. — On doit considérer l'insolvable qui a justifié de son insolvabilité comme n'ayant pas satisfait aux condamnations précédentes ; c'est ce qui ressort nettement des travaux préparatoires de la loi de 1844. Mais, par le mot *condamnations précédentes*, il ne faut entendre que les amendes et les frais dus au Trésor, et non les condamnations à des dommages-intérêts prononcées au profit de la.partie civile.

867. Loi du 26 mars 1891. — Si la loi du 26 mars 1891, dite Loi Bérenger, est applicable aux délits de chasse en ce qui concerne le bénéfice du sursis à l'exécution de la peine (V. V° *Sursis*, n° 903), il n'en est pas de même en ce qui concerne la récidive.

868. Inapplicabilité de la loi Bérenger. — La loi de 1891 n'a pas pu modifier la récidive spéciale dont les conditions sont déterminées par l'article 15 de la loi du 3 mai 1844 que la loi de 1891 ne déclare pas abroger. La théorie contraire avait été admise par le tribunal de Château-Thierry, le 18 décembre 1891. (*La Loi*, 26 décembre 1891).

869. — Mais, au contraire, la Cour d'Amiens a justement décidé que les articles 57 et 68 du Code pénal, modifiés par la loi du 26 mars 1891, concernent la récidive en matière de crimes et délits de droit commun, et sont inapplicables aux délits pour lesquels le législateur a organisé une récidive spéciale et par conséquent aux délits de chasse. (C. Amiens, 31 mars 1892, *Rec. Amiens*, 1892.106).

RESPONSABILITÉ CIVILE

Article 1384 du Code civil, 871. — Berger, 879. — Conseil judiciaire, 874. — Curateur, 874. — Dommages-intérêts et frais, 870. — Émancipation, 875. — Étendue de la responsabilité, 882. — Excuses, 877. — Garçon de ferme, 880. — Mari, 873. — Maîtres, 878. — Personnes responsables, 872. — Piqueur, 881. — Recours, 883. — Résidence, 876.

870. Dommages-intérêts et frais. — Aux termes de l'article 28 de la loi du 3 mai 1844, « le père, la mère, le tuteur, les maîtres et commettants, sont civilement responsables des délits de chasse commis par leurs enfants mineurs non mariés, pupilles demeurant avec eux, domestiques ou préposés, sauf tout recours de droit. Cette responsabilité sera réglée conformément à l'article 1384 du Code civil, et ne s'appliquera qu'aux dommages-intérêts et frais, sans pouvoir toutefois donner lieu à la contrainte par corps ».

871. Article 1384 du Code civil. — La loi de 1844 vise l'article 1384, ainsi conçu : «.. Le père, et la mère après le décès du mari sont responsables du dommage causé par leurs enfants mineurs habitant avec eux ; — les maîtres et les commettants, du dommage causé par leurs domestiques et préposés dans les fonctions auxquelles ils les ont employés. — La responsabilité ci-dessus a lieu, à moins que les père et mère, ne prouvent qu'ils n'ont pu empêcher le fait qui donne lieu à cette responsabilité ».

872. Personnes responsables. — Il résulte tout d'abord de l'examen des deux textes que la mère ne se trouve responsable qu'autant que le père est décédé ou en état d'absence légale. Mais elle n'est pas responsable conjointement avec le père. Indépendamment du cas où le père est décédé, la mère sera encore responsable si le père est interdit ou si la mère a été chargée de l'éducation de ses enfants par un jugement ou arrêt prononçant la séparation ou le divorce.

873. Mari. — Mais l'article 28 est limitatif. Le mari ne peut donc être déclaré responsable des délits de chasse commis par sa femme. C'est ce qui résulte de la discussion de la loi de 1844 devant la Chambre des députés.

874. Curateur ou conseil judiciaire. — Le curateur ou le conseil judiciaire ne peut être responsable du mineur émancipé ou du prodigue. La discussion de la loi l'indique formellement, un des députés ayant dit : « Il est évident que les curateurs ne sont pas responsables des actes des mineurs ».

875. Emancipation. — L'émancipation ne fait pas disparaître la responsabilité des parents, puisque le texte dit : « mineurs non mariés. »

876. Résidence. — Enfin pour que les père ou mère soient responsables, il faut que les enfants mineurs et non mariés demeurent avec leurs parents. Les mots *demeurent avec eux* s'appliquent aux enfants comme aux pupilles.

877. Excuses. — Le père, la mère ou le tuteur peuvent se dégager de la responsabilité d'un délit de chasse en administrant une double preuve : 1° à un point de vue général, qu'ils ont donné une bonne éducation à leur enfant ou pupille ; 2° à un point de vue particulier, qu'ils n'ont pu intervenir à temps pour empêcher le délit dont s'agit. Et il y a là une question d'appréciation pour les tribunaux.

878. Maîtres. — Les maîtres ne peuvent être déclarés responsables des délits commis par leurs domestiques, que si ce délit a été commis dans les fonctions auxquelles ils sont employés. Il faut que le délit se rattache à l'objet du mandat et ait lieu à l'occasion de son exécution. Or, malheureusement, la jurisprudence se montre beaucoup trop disposée à déclarer le maître responsable.

879. Berger. — C'est ainsi que la Cour de Nîmes a déclaré responsable le maître d'un berger, alors que celui-ci, gardant le troupeau qui lui avait été confié, avait commis un délit de chasse. Cette solution n'est pas admissible. Il faudrait, pour l'admettre, considérer que le maître du troupeau doit monter la garde devant son berger pour l'empêcher de tendre des collets. (C. Nîmes, 2 mars 1876, *Gaz. Trib.*, 14 avril 1876).

880. Garçon de ferme. — La Cour de Caen a déclaré responsable le maître d'un garçon de ferme qui, étant à la charrue, avait tué un lièvre. Cette décision, comme la précédente, dénature absolument l'esprit de la loi. Le maître avait chargé son domestique de labourer et le délit commis ne se rattache en rien à l'objet du mandat. (C. Caen, 1er février 1865, *Rec. Caen et Rouen*, 1865.1.204).

881. Piqueur. — Un maître ne peut être déclaré responsable des délits de chasse commis par son domestique que s'il l'emploie à la chasse. Dans ce cas, mais dans ce cas seulement, le délit se rattache à l'objet du mandat et a lieu à l'occasion de son exécution.

882. Etendue de la responsabilité. — Le texte de la loi est des plus nets : la responsabilité ne s'applique pas aux amendes, mais seulement aux dommages-intérêts et frais. Elle ne peut davantage s'appliquer à la confiscation de l'arme ou au paiement de sa valeur.

883. Recours. — La responsabilité des père, mère, tuteur ou maître, n'exclut pas celle des mineurs, pupilles ou domestiques. Il est certain que les personnes responsables de par la loi et obligées de payer pour les personnes qui engendrent la responsabilité, conservent contre celles-ci leur recours.

SOCIÉTÉS DE CHASSE

Action en justice, 886. — Coassociés, 891. — Dépenses, 899. — Dissolution, 895. — Dommages-intérêts, 896. — Durée, 893. — Personne morale, 890. — Preuve de l'existence de la société, 887. — Remboursement des actions, 898. — Résiliation, 894. — Sociétaire nouveau, 892. — Sociétés civiles, 885. — Société *intuitu personæ*, 897. — Syndicat ou association, 889. — Syndicat professionnel, 888. — Validité des sociétés, 884.

884. Validité des sociétés. — Les particuliers peuvent valablement se constituer en sociétés de chasse par la mise en commun de l'exploitation entre les copartageants du droit de chasse leur appartenant, soit comme propriétaires de terres, soit comme fermiers de la chasse sur des terres à eux louées à cet effet. La validité de ces sociétés qui sont des sociétés civiles particulières, n'est subordonnée par l'article 1834 du Code civil qu'à la seule condition qu'elles soient constituées par un écrit, lorsque leur objet est d'une valeur de plus de 150 francs ; la forme et la publicité de cet écrit ne sont assujettis à aucune règle particulière, et il suffit, pour être opposable aux tiers, qu'il ait date certaine selon le droit commun. L'acte d'association est valable lorsqu'il a été rédigé en autant d'originaux qu'il y a de parties contractantes. Le président de la société chargé de son administration en cette qualité peut représenter la dite société en justice. (C. Paris, 22 juillet 1896, *Gaz. Pal.*, 1896.2.267).

885. Sociétés civiles. — Cette jurisprudence est conforme à celle de la Cour de cassation qui avait, dès 1865, statué dans le même sens. « Attendu qu'il appert des statuts de la Société des chasseurs de Saint-Valery-sur-Somme, que cette société s'est formée pour la mise en commun et l'exploitation entre les divers coparticipants, du droit de chasse leur appartenant, soit comme propriétaires des terres, soit comme fermiers de la chasse sur les terres à eux louées à cet effet. et ce, sous certaines conditions concernant l'apport et la mise de fonds de chacun d'eux, ainsi que l'étendue et le mode de jouissance leur revenant ; qu'une pareille société, qui n'a rien de commun avec les diverses associations réglées par le Code de commerce ni avec aucune autre association de capitaux pouvant être assimilée aux sociétés commerciales proprement dites, rentre dans les prescriptions des articles 1382, 1833 et 1834 du Code civil et constitue une société purement civile, société dans laquelle se rencontre et la mise en commun d'une chose quelconque, c'est-à-dire le droit de chasse, et la cotisation annuelle, et le bénéfice ; attendu qu'il est de l'essence de semblables associations de créer au profit de l'individualité collective des intérêts et des droits propres et distincts des intérêts et des droits de chacun de ses membres ; que dès lors, ces sociétés constituant une personne civile peuvent agir en justice dans les formes et conditions réglées dans leurs statuts, puisque la loi ne leur interdit par aucune disposition de se constituer des représentants pour leurs rapports avec les tiers, et qu'elle n'indique pour cette constitution aucun mode spécial ». (Cass.. 18 novembre 1865, D. P. 1866.1.455).

886. Action en justice. — Et lorsque les statuts de la société contiennent des dispositions comportant le droit pour le bureau de poursuivre en justice le recouvrement des cotisations des sociétaires, il appartient à l'assemblée générale de déléguer le trésorier, c'est-à-dire un des membres du bureau pour contraindre judiciairement un sociétaire au versement de sa cotisation. (Trib. civ. Seine, 15 janvier 1890, *Le Droit*, 21 janvier 1890).

887. Preuve de l'existence de la société. — La preuve de l'existence d'une société civile de chasse ne résulte pas suffisamment de différents actes sous seings privés (règlements de chasse) dépourvus de date certaine, non plus que d'un bail authentique aux termes duquel la société de chasse s'engage à payer à son bailleur certains fermages ; le fait qu'on a agi dans cet acte au nom d'une société ne saurait, en effet, à lui seul, établir que celle-ci existait en réalité. (C. Douai, 25 janvier 1899, D. P. 1900.2.373).

888. Syndicat professionnel. — Des chasseurs peuvent-ils former un syndicat professionnel ? Non. La loi du 21 mars 1884 porte (art. 2), que « les syndicats ou associations professionnelles, même de plus de vingt personnes exerçant la même profession, des métiers similaires ou des professions connexes concourant à l'établissement de produits disséminés, pourront se constituer librement, sans l'autorisation du gouvernement ».

ART. 3. — « Les syndicats professionnels ont exclusivement pour objet l'étude et la défense des intérêts économiques, industriels, commerciaux et agricoles. » On en a conclu que malgré la tendance essentiellement libérale de la loi, des chasseurs ne pouvaient pas constituer un syndicat.

889. Syndicat ou association. — C'est ainsi qu'une société de répression du braconnage s'étant formée en 1892 à Nancy, sous le nom de « syndicat des chasseurs au bois de Meurthe-et-Moselle », l'autorité préfectorale l'invita à abandonner le titre de *syndicat* pour prendre celui d'*association*.

890. Personne morale. — Le tribunal de Langres a statué dans une espèce identique et décidé qu'une association de chasseurs ne pouvait former un syndicat professionnel ayant la personnalité civile avec les droits et immunités qui y sont attachés. C'est exact ; mais dans le même jugement, le tribunal de Langres commet une grave erreur en alléguant qu'alors même qu'une telle association pourrait constituer une société civile, le président n'aurait pas davantage le droit d'ester en justice parce que ces sortes de sociétés ne forment pas des personnes morales et juridiques ayant une existence propre et distincte de la personnalité individuelle des associés. C'est une erreur complète, la jurisprudence est fixée en sens contraire.(Trib.civ.Langres,9 décembre 1887, *Pand.*, 1888.3.136).

891. Coassociés. — Les associations de chasse sont régies à défaut de conventions spéciales par les principes de droit commun en matière de communauté et de cojouissance, et par suite chacun des coassociés ne peut, par son fait abusif et anormal, paralyser le droit de jouissance des autres cofermiers. (Trib. civ. Châtillon-sur-Seine, 16 juillet 1895, *Gaz. Pal.*, 1895.2.566).

892. Sociétaire nouveau. — Le sociétaire nouveau qui entre dans la société de chasse succède à celui qu'il remplace dans toutes les obligations qu'avait prises son prédécesseur (engagements et statuts). (Trib. civ. Seine, 15 janvier 1890, *Le Droit*, 21 janvier 1890).

893. Durée. — Si la durée d'une société de chasse n'est pas déterminée par les statuts, elle doit l'être, d'après les circonstances et l'intention des parties, à la durée du bail consenti par les propriétaires des terrains sur lesquels elle s'exerce. Cette société est régie par l'article 1871 du Code civil, aux termes duquel la dissolution ne peut être demandée par l'un des associés avant le terme convenu, qu'autant qu'il y en a de justes motifs, comme lorsqu'un autre associé manque à ses engagements. ou qu'une infirmité habituelle le rend inhabile aux actes de la société, ou autres cas semblables dont la légitimité et la gravité sont laissées à l'arbitrage des juges. (Trib. civ. Lyon, 8 juillet 1893, *Gaz. Pal.*, 1893.2.561).

894. Résiliation. — L'adjudicataire d'un droit de chasse qui s'est adjoint un cofermier et lui a, par convention, imposé certaines conditions, notamment de ne chasser que deux fois par semaine, de ne tirer ni cerfs, ni biches, ni faisans, et de n'emmener jamais avec lui plus de deux personnes, est fondé à demander, en cas d'inexécution de ces conditions, la résiliation de la concession du cofermage consentie, avec dommages-intérêts. (Trib. civ. Langres, 30 janvier 1889, *La Loi*, 11 mai 1889).

895. Dissolution. — Dans ce cas de dissolution nécessitée par une discorde grave entre les associés, lorsque l'adjudication du droit de chasse a eu lieu administrativement, ce droit ne pouvant être licité, celui qui en était attributaire est fondé à réclamer des dommages-intérêts à ceux par la faute desquels la société est dissoute. (C. Orléans, 19 novembre 1887, *Le Droit*, 27 novembre 1887).

896. Dommages-intérêts. — De même, ceux des associés qui ne sont pas adjudicataires et qui ont obtenu la résiliation aux torts de l'adjudicataire sont fondés à demander des dommages-intérêts. Le préjudice qu'ils éprouvent est indéniable et résulte de ce qu'ils sont privés de la chasse et auront probablement beaucoup de mal à louer d'autres terrains de chasse, les adjudications ayant lieu périodiquement.

897. Société intuitu personæ. — Lorsqu'il a été formé entre plusieurs individus une société de chasse pour la mise en commun de leurs droits de chasse sur leurs propriétés respectives, cette association a, en principe, et à moins de clauses contraires, le caractère d'une association contractée *intuitu personæ*, c'est-à-dire formée en considération de la personne des intéressés et ayant pour mobile une confiance individuelle et réciproque. Il en résulte que le droit des contractants doit être considéré comme individuel et ne peut être passé à ses héritiers ou transmis à des tiers. L'association doit donc être dissoute par le décès d'un des contractants. (Cass.. 31 janvier 1894, S. 1894.1.237 ; C. Orléans, 19 décembre 1885, *Gaz. Pal.*, 1886.1.390 ; Cass., 24 avril 1876, D. P. 1877.1.196)..

898. Remboursement des actions. — Du principe admis ci-dessus, il faut conclure que lorsque plusieurs individus ont formé une société de chasse avec stipulation formelle qu'un tiers nominativement désigné n'aurait pas le droit de chasser sur le terrain réservé à la société, la violation de cette clause autorise les associés à demander le remboursement de leurs actions et des dommages-intérêts. (Trib. civ. Seine, 4 juin 1892, *Gaz. Pal.*, 1892.2.190).

899. Dépenses. — Le fait par un membre d'une société de chasse d'avoir cherché et trouvé des actionnaires versant une somme fixe et déterminée, ne saurait modifier la situation de fait telle qu'elle résultait des accords passés dès le début entre les associés. On ne saurait faire grief audit associé d'avoir seul engagé les dépenses sans le consentement exprès de ses associés, alors qu'il n'a pas excédé les limites du mandat tacite qu'il avait reçu d'eux. (Trib. civ. Seine, 14 juin 1898, *Le Droit*, 14 août 1898).

SOLIDARITÉ

But de la loi, 901. — Cas de solidarité, 900.

900. Cas de solidarité. — Aux termes de l'article 27 de la
loi du 3 mai 1844, « ceux qui auront commis conjointement
des délits de chasse seront condamnés solidairement aux amendes, dommages-intérêts et frais ». Cette disposition constitue
l'application de l'article 55 du Code pénal qui édicte que
« tous les individus condamnés pour un même crime ou pour
un même délit seront tenus solidairement des amendes, des
restitutions, des dommages-intérêts et des frais ».

901. But de la loi. — Ces dispositions ont pour but de faciliter au Trésor le recouvrement des condamnations, chacun
des délinquants étant tenu au paiement de la totalité des amendes, dommages-intérêts et frais. Si donc un des condamnés
est insolvable, les autres sont tenus de payer la part lui affé-
rant. Pour que le tribunal prononce la solidarité, il faut donc
bien qu'il y ait communauté de délits entre les délinquants.

SURSIS

Applicabilité du sursis, 902. — Cas d'application, 905. — Confiscation,
909. — Dommages-intérêts et frais, 907. — Jurisprudence, 904. — Loi
Bérenger, 903. — Peines accessoires, 908. — Privation du permis, 910.
— Régime forestier, 906.

902. Applicabilité du sursis. — La loi du 26 mars 1891, dite
Loi Bérenger, est applicable en matière de délits de chasse.

903. Loi Bérenger. — L'article 1er de cette loi est ainsi
conçu : « En cas de condamnation à l'emprisonnement ou à
l'amende, si l'inculpé n'a pas subi de condamnation antérieure à la prison pour crime et délit de droit commun, les
Cours et tribunaux peuvent ordonner, par le même jugement
et par décision motivée, qu'il sera sursis à l'exécution de la

peine. Si pendant le délai de cinq ans à dater du jugement ou de l'arrêt, le condamné n'a encouru aucune poursuite suivie de condamnation à l'emprisonnement ou à une peine plus grave pour crime et délit de droit commun, la condamnation sera comme non avenue. »

904. Jurisprudence. — La jurisprudence a décidé que la loi Bérenger s'appliquait aussi bien aux délits prévus par une loi spéciale qu'aux délits de droit commun, et notamment en matière de chasse. (Trib. corr. Evreux, 25 février 1892, *Pand.*, 1893.2.25 ; C. Bourges, 16 décembre 1891, *Gaz. Pal.*, 1891.2. 737).

905. Cas d'application. — Si donc le tribunal a de bons renseignements sur le prévenu qui n'a pas encore encouru de condamnation, si le tribunal veut mitiger la peine d'amende prononcée pour un fait peu grave, il peut déclarer qu'il sera sursis à l'exécution de la peine.

906. Forêts soumises au régime forestier. — A la règle de l'applicabilité de la loi du 26 mars 1891 aux délits de chasse, il est une exception. Les délits de chasse accomplis *dans les bois et forêts soumis au régime forestier* sont considérés par la jurisprudence comme constituant des délits forestiers sanctionnés par des *amendes* ayant moins le caractère de peines que celui de réparations civiles, et par suite le sursis à la condamnation ne leur est pas applicable. On peut donc appliquer, dans ce cas, le sursis à la peine de l'emprisonnement, mais non à la peine d'amende. (C. Paris, 21 octobre 1897, *Gaz. Trib.*, 18 janvier 1898 ; C. Besançon, 19 mai 1897, D. P. 1897.2.408 ; Cass., 28 janvier 1897, D. P. 1897.1.87 ; C. Dijon, 4 avril 1900, *Gaz. Pal.*, 1900.1.69).

907. Dommages-intérêts et frais. — Mais si la décision de sursis porte sur les peines d'emprisonnement et généralement sur les peines d'amende, sauf dans les cas visés plus haut, elle ne fait pas obstacle au recouvrement des dommages-intérêts et des frais du procès. C'est ce qui résulte formellement de l'article 2 de la loi du 26 mars 1891 dont le § 2 ajoute : « La suspension de la peine ne comprend pas non plus les peines accessoires et les incapacités résultant de la condamnation. »

908. Peines accessoires. — En matière de chasse, les peines accessoires sont la confiscation des armes et engins, et la privation de permis de chasse prévues par les articles 16 et 18 de la loi de 1844.

909. Confiscation. — La confiscation des armes et engins est obligatoire. Le tribunal ne peut se dispenser de la prononcer. L'application de la loi de sursis à la condamnation à une peine de prison ou d'amende n'aura donc aucune influence sur la peine accessoire de la confiscation.

910. Privation de permis. — Au contraire, la privation de permis de chasse est une peine accessoire facultative, que les tribunaux ne sont donc pas obligés de prononcer. Il y aurait, semble-t-il, une véritable contradiction dans un jugement qui appliquerait au prévenu le bénéfice du sursis, et, en même temps, le priverait de permis de chasse. Cependant les tribunaux sont libres d'accorder à un condamné le bénéfice de la loi de 1891, et cependant de le priver de permis pendant trois mois, six mois, ou un an.

TERRAIN D'AUTRUI

911. Chasse sur le terrain d'autrui. — Aux termes de l'article 1er, § 2, de la loi du 3 mai 1844, « nul n'aura la faculté de chasse sur la propriété d'autrui sans le consentement du propriétaire ou de ses ayants droit ». Et l'article 11 édicte une peine de 16 à 100 francs d'amende contre ceux qui auront chassé sur le terrain d'autrui sans le consentement du propriétaire ».

912. Fait matériel. — Le fait matériel suffit pour constituer le délit de chasse sur le terrain d'autrui, et ce délit existe sans qu'il y ait lieu de tenir compte de la bonne ou de la mauvaise foi. (C. Lyon, 8 avril 1895. *Gaz. Pal.*, 1896.2.463).

913. Introduction sur le terrain. — Les expressions de la loi du 3 mai 1844, « chasser sur la propriété d'autrui », n'emportent pas nécessairement la pensée de l'introduction ni de la présence du chasseur sur la propriété d'autrui. Il y a fait de chasse sur la propriété d'autrui soit que le chasseur y pénètre réellement pour y chercher le gibier, soit qu'il le recherche et le poursuive indirectement au moyen d'instruments ou d'agents chargés de le mettre sur pied d'une manière quelconque et de le diriger sur les tireurs. Si donc deux chasseurs armés chacun d'un fusil se placent à l'affût à une certaine distance l'un de l'autre dans des pièces de terre sur lesquelles ils ont le droit de chasser, et font passer sur les chemins qui bordent les terres voisines (où ils n'ont pas le droit de chasse) deux traqueurs qui crient et font du bruit dans le but évident de faire lever le gibier et de le faire tirer aux deux chasseurs embusqués, il y a là le délit prévu et puni par l'article 11, § 2, de la loi du 3 mai 1844. (Trib. corr. Provins, 17 décembre 1884, *Gaz. Pal.*, 1885.1.691).

914. Auxiliaires. — Et les traqueurs qui ont ainsi prêté leur concours à un fait de chasse illicite, tombent, comme coauteurs du délit, sous le coup de la disposition pénale. (Trib. corr. Provins, 17 décembre 1884, *Gaz. Pal.*, 1885.1.691 ; C. Amiens, 30 avril 1885, *Gaz. Pal.*, 1885.1.683).

915. Connaissance du territoire. — C'est donc au chasseur qui se met en chasse à savoir quels sont les terrains sur les-

quels il peut chasser, soit qu'il en soit propriétaire, soit que
le droit de chasse lui en ait été cédé par le propriétaire au
moyen d'un bail, soit qu'il ait obtenu l'autorisation expresse
ou tacite d'y chasser. La propriété étant de plus en plus mor-
celée, il faut donc au chasseur une connaissance complète du
territoire, puisqu'il peut être l'objet d'un procès-verbal pour
avoir traversé, en action de chasse, un lopin de terre de quelques mètres appartenant à un propriétaire grincheux ou à un
adversaire politique.

916. Délit et complicité. — Il ne suffit pas, pour éviter de
commettre un délit, de rester constamment sur des terrains
où on a le droit de chasse, le délit de chasse sur le terrain
d'autrui sans consentement du propriétaire n'étant pas subordonné à l'introduction du chasseur sur ce terrain. Un chasseur se poste sur sa propriété et tire le gibier que font lever
et dirigent vers lui des traqueurs qui passent sur le terrain
d'autrui. Il y a délit de la part du chasseur, auteur principal,
et des traqueurs complices du chasseur. (C. Montpellier,
31 juillet 1897, *Gaz. Pal.*, 1897.2.498).

917. Circonstance accidentelle. — Cependant c'est avec
raison qu'on a jugé que le délit de chasse sur le terrain d'autrui sans consentement, imputé à des chasseurs qui se sont
livrés à une battue dans une plaine où ils avaient le droit de
chasser, ne saurait résulter de ce seul fait que les traqueurs,
par leurs cris, ont pu inquiéter le gibier sur des parcelles non
soumises à leur droit de chasse et disséminées dans cette
plaine, si cette circonstance a été accidentelle et indépendante
de tout fait volontaire des traqueurs. Il en est ainsi alors surtout que des précautions avaient été prises par les chasseurs
pour empêcher les traqueurs de traverser par inattention ou
ignorance les parcelles sur lesquelles la chasse appartient à
autrui. (C. Douai, 5 août 1872, D. P. 1873.1.162).

918. Intention délictueuse. — Que dire du cas d'un chasseur qui, parcourant une pièce de terre sur laquelle il a le droit de chasse, fait lever, par le seul fait de son approche, un gibier, par exemple une compagnie de perdreaux, remisé dans un champ voisin sur lequel il n'a pas le droit de chasse. Le gibier passant au-dessus de son champ, le chasseur le tue. Est-ce là le délit de chasse sur le terrain d'autrui ? Certainement non. Cependant la Cour de Paris a condamné un chasseur dans ces conditions. Mais l'arrêt a le grave défaut de ne pas être motivé. Pour justifier une condamnation, il aurait fallu relever à l'encontre du prévenu le fait de s'être approché du terrain d'autrui en manifestant, par du bruit ou un acte quelconque, l'intention de faire lever le gibier d'autrui. Dans ce cas, il y aurait eu recherche et poursuite du gibier et conséquemment délit. Si les perdreaux s'étaient levés inopinément, sans que le chasseur s'y attendît, il pouvait les tirer d'une façon licite une fois parvenus au-dessus de son terrain. (C. Paris, 17 novembre 1890, *Pand.*, 1891.2.177).

919. Tir au vol. — Le fait de tirer d'un terrain où on a le droit de chasse sur un gibier qui se trouve au-dessus d'un terrain où on n'a pas ce droit constitue le délit de l'article 1er, § 2, de la loi du 3 mai 1844 (C. Amiens, 19 février 1896, D. P. 1896.2.464).

920. Gibier mort sur le terrain d'autrui. — Mais le chasseur qui tire un oiseau au moment où il passe au-dessus de sa propriété, ne commet pas de délit en allant le ramasser sur le terrain d'autrui si cet oiseau est allé y tomber, soit qu'il ait été emporté par la vitesse acquise, soit que la blessure reçue lui ait encore laissé assez de forces pour donner quelques coups d'ailes après l'avoir reçue. (V. V° *Propriété du gibier*).

921. Affût. — Le fait par un individu posté en attitude de chasse sur un chemin public, à la lisière d'un champ appartenant à un tiers, d'avoir laissé son chien quêter pendant un certain temps dans le champ, constitue le délit de chasse sur le terrain d'autrui. (C. Angers, 28 février 1895, *Rec. Angers*, 1895.47).

922. Acte de poursuite. — En résumé, pour qu'il y ait fait de chasse délictueux, il faut de la part de l'inculpé la manifestation, intentionnelle ou non, d'un acte de poursuite ou de recherche du gibier dans un but de chasse ou tendant à la capture du gibier. Spécialement, ne commet pas de délit de chasse celui qui passe sur le terrain d'autrui pour y effaroucher le gibier et le faire rentrer sur une propriété, mais sans le poursuivre ou le rechercher dans le but de le chasser ou de le faire chasser par d'autres. (Trib. corr. Melun, 27 janvier 1897, *Gaz. Pal.*, 1897.1.265).

923. Contestation du droit de propriété. — Celui qui est poursuivi pour avoir chassé sur le terrain d'autrui sans l'autorisation du propriétaire peut, s'il s'y croit fondé, contester le droit de propriété du plaignant. En ce faisant, il ne soulève pas une question préjudicielle, mais exerce seulement le droit qui appartient à tout défendeur d'exiger que le poursuivant justifie avoir qualité pour agir. Le juge saisi de la poursuite peut donc, sans trancher aucune question préjudicielle, statuer au fond et relaxer le prévenu par le motif que le demandeur n'a pas établi son droit de propriété et prouvé son droit d'agir. (Cass., 23 février 1901, D. P. 1901.1. 342).

924. Terriers. — Le fait de boucher quelques trous d'un terrier sur le terrain d'autrui ne constitue qu'un acte préparatoire de chasse qui ne tombe pas sous le coup de la loi. (Trib. corr. Alençon, 11 avril 1901, *Gaz. Trib.*, 8 mai 1901).

925. Gibier achevé. — Si le chasseur ne commet pas de délit quand il ramasse sur le terrain d'autrui une pièce de gibier tirée sur son propre terrain, et tombée morte sur le terrain d'un tiers, il en est autrement du chasseur qui tire, pour l'achever et s'en emparer, un gibier sur le terrain d'autrui, soit que le gibier ait été blessé non mortellement par lui en dehors de ce terrain, soit surtout que le gibier, non blessé jusque-là, ait été mortellement blessé sur le terrain d'autrui, par le propriétaire de ce terrain ou son ayant droit, ou invité. Le prévenu ne peut, en ce cas, exciper de ce qu'il n'a fait que se conformer à un usage constant pratiqué même à l'égard du gibier le plus inoffensif, et qui devient une sage précaution envers certains animaux sauvages. (Cass., 20 décembre 1894, S. 1894.1.159).

926. Gibier mort. — La chasse doit donc en principe se terminer sur le terrain appartenant au chasseur ; si celui-ci peut aller chercher et ramasser sur le terrain d'autrui une pièce de gibier qui y est tombée, après l'avoir tuée ou mortellement atteinte, c'est parce qu'il s'agit d'une prise de possession pure et simple après un acte de chasse accompli. Et certains tribunaux ont été jusqu'à déclarer que cette mainmise, pour échapper à toute incrimination pénale, à l'obligation pour le chasseur de ne se livrer à aucun agissement de chasse, de n'avoir pas à poursuivre, à arrêter dans sa fuite, à frapper encore le gibier qui s'enfuit ou se défend et conserve assez de vigueur et de force pour rendre nécessaire l'emploi du fusil. (Trib. corr. Les Andelys, 27 avril 1899, *La Loi*, 22 juin 1899.

TERRAIN CLOS
attenant à une habitation.

927. Privilège du propriétaire. — Aux termes de l'article 2 de la loi du 3 mai 1844, « le propriétaire ou possesseur peut chasser ou faire chasser en tout temps, sans permis de chasse dans ses possessions attenant à une habitation, et entourées d'une clôture continue faisant obstacle à toute communication avec les héritages voisins ». Cette faculté, attribuée au propriétaire, est une conséquence légitime et nécessaire de la définition de la propriété telle qu'elle est formulée par l'article 554 du Code civil : « le droit de jouir et disposer des choses de la manière la plus absolue, pourvu qu'on n'en fasse pas un usage prohibé par les lois ou par les règlements ».

928. Respect du domicile. — Les travaux préparatoires établissent nettement que si l'article 2 a été voté tel qu'il est, malgré l'opposition de certains, « c'est par respect pour le domicile » et parce que « en supposant que le propriétaire commît un délit en chassant sur ses possessions, situées et closes de la manière prévue par l'article 2, il serait impossible de constater le délit sans s'introduire, pour ainsi dire, dans son domicile », et sans autoriser les agents à commettre des vexations continuelles.

929. Propriétaire et ayants droit. — Le droit conféré par l'article 2 appartiendra donc : 1° au propriétaire ; 2° au possesseur ; 3° à l'usufruitier ; 4° au locataire ou fermier (si le propriétaire ne s'est pas réservé ce droit) ; 5° à tous ceux auxquels le propriétaire a donné l'autorisation de chasser.

930. Habitation. — Que faut-il entendre par habitation ? Dans cet article 2, il y a lieu de regretter l'absence de définition. On ne peut accepter et appliquer à l'espèce celle de l'article 390 du Code pénal qui porte : « Est réputée maison habitée tout bâtiment, logement, loge, cabane même mobile, qui, sans être actuellement habité, est destiné à l'habitation, et tout ce qui en dépend ». Avec ce système, il suffirait, pour être en règle avec la loi et ne pas prendre de permis, d'installer dans le clos où l'on veut chasser, une de ces cabanes posées sur deux roues que les bergers emmènent avec eux dans les champs. La jurisprudence admet que par le mot *habitation*, on doit entendre une maison ou maisonnette habitée actuellement, ou servant à certaines époques à l'habitation. Telle est une maison de campagne contenant une chambre à coucher.

931. Maisonnette. — Mais on ne saurait donner le nom d'habitation dans le sens de la loi à une maisonnette construite en pierre et couverte de tuiles, ayant 3 mètres de longueur sur 2 m. 50 de largeur environ et contenant un petit lit en fer avec paillasse, un petit poële et quelques instruments aratoires ; cette construction n'étant ni habitée d'ordinaire, ni destinée à l'habitation, mais seulement un lieu de refuge et un abri pour le propriétaire quand il vient surveiller ses récoltes. (C. Bordeaux, 23 novembre 1887, *Gaz. Pal.*, 1888.1, *Suppl.*, 82).

932. Usine à huile. — Ne doit pas être considérée comme habitation une construction qui sert d'usine à huile lors de la récolte des olives et n'est occupée que pendant la mouture par les ouvriers employés à ce genre de travail. (Cass., 20 juillet 1883, *Gaz. Pal.*, 1884.1.33).

933. Cabane. — N'est pas une habitation dans le sens de la loi une simple cabane ou maisonnette dépourvue de tout mobilier et affectée seulement pendant une certaine époque de l'année au séchage des châtaignes. (Cass., 10 novembre 1883, *Gaz. Pal.*, 1884.1.598).

934. Contiguïté. — La condition de contiguïté d'habitation a fait l'objet d'observations au moment de la discussion de la loi de 1844 devant les deux Chambres. Le projet portait d'abord les mots « dépendant d'une habitation ». M. Rossi a fait observer qu'il ne faut pas confondre les possessions *dépendant* d'une habitation avec les possessions *attenant à* une habitation. Une possession peut dépendre d'une habitation et cependant en être séparée par une assez grande distance. Et comme on avait en vue surtout le respect du domicile, on substitua *attenant à* au mot *dépendant de*. Il faut donc, pour pouvoir chasser sans permis que le clos soit attenant à la maison, c'est-à-dire contigu ; il est admis qu'il peut en être séparé par une haie, un mur, ou une clôture, mais à condition de communiquer avec l'habitation par des baies ou portes constamment ouvertes.

935. Clôture. — De même que la loi ne définit pas l'habitation, elle ne définit pas davantage la clôture. On ne peut cependant pas appliquer en matière de chasse la définition du parc ou enclos telle qu'on la trouve dans l'article 391 du Code pénal : « Tout terrain environné de fossés, de pieux, de claies, de planches, de haies vives ou sèches ou de murs de quelque espèce de matériaux que ce soit ». Ce que l'article 2 exige surtout de la clôture, c'est qu'elle soit « continue, faisant obstacle à toute communication avec les héritages voisins ». Le législateur a voulu quelque chose de plus que le Code pénal, une clôture réelle et non une apparence de clôture, c'est aux tribunaux qu'il appartiendra d'apprécier la suffisance ou l'insuffisance des différentes espèces de clôture.

936. Genres de clôture. — Fossé. — Doit être réputé clos un terrain entouré par un fossé plein d'eau, profond d'un mètre et large de trois et rendant impossible toute communication avec les fonds voisins autrement que par des moyens extraordinaires ou inusités. (Trib. corr. Roanne, 7 mars 1884, *Gaz. Pal.*, 1884.1.833).

937. Ile dans un fleuve. — Cependant une île située dans un fleuve et qui n'est entourée d'aucune clôture effective ne peut être considérée comme un clos, les eaux du fleuve qui la bordent, assimilées par la loi du 29 floréal an X aux grandes routes, ne constituent pas en raison de ce caractère public, une clôture continue. (C. Paris, 29 février 1896, *Gaz. Pal.*, 1896.1.371)

938. Obstacle continu. — Il y a clôture toutes les fois qu'il y a obstacle sérieux et continu au passage, obstacle de nature à arrêter une personne d'une force, d'une agilité et d'une taille ordinaires, n'ayant pas recours à des moyens de locomotion exceptionnels et inusités. Spécialement, doit être réputé clos un terrain attenant à une maison habitée et confrontant d'un côté à la voie ferrée dont il est séparé par un treillage de un mètre au moins de hauteur à la suite duquel est un talus élevé et à pente très rapide, d'un autre côté à une rivière qui n'est ni navigable ni flottable, et entouré dans ses autres parties d'un fossé de deux mètres de largeur sur cinquante centimètres de profondeur et presque entièrement rempli d'eau, le tout formant une clôture continue (Trib.corr. Angoulême, 12 février 1885, *Gaz. Pal.*, 1885.1.686).

939. Murs, haies. — Est clos dans le sens de l'article 2 de la loi de 1844 l'héritage fermé d'un côté par un mur, de l'autre par une haie vive, et d'un troisième mesurant vingt-cinq mètres environ par des fils de fer placés horizontalement et séparés les uns des autres par un intervalle de douze à quinze centimètres. (Trib. corr. Beauvais, 11 décembre 1889, *Gaz. Pal.*, 1890.2. *Suppl.*, 11).

940. Parc traversé par des routes. — Un parc quoique entouré de murs ne doit pas être considéré comme clos s'il est traversé par des routes et chemins publics librement ouverts à la circulation. Mais il en est autrement et il faut admettre ce parc comme ceint d'une clôture continue faisant obstacle à toute communication avec les héritages voisins, quand les routes traversant ce parc sont pourvues aux extrémités de portes, qui, lorsqu'elles sont ouvertes, sont surveillées par des préposés du propriétaire. (C. Orléans, 15 mars 1892, D. P. 1892.2.471).

941. Porte ouverte. — Alors même que la porte d'un lieu clos serait ouverte au moment de l'action de chasse à raison de laquelle il est poursuivi, le prévenu peut se prévaloir en tout temps de l'immunité établie par l'article 2 de la loi de 1844. (Trib. corr. Périgueux, 16 janvier 1900, *Le Droit*, 21 février 1900).

942. Barrières disparues. — Ne peut être considéré comme clos le terrain entouré de murs et attenant à une habitation dont les portes ou barrières qui en empêchaient l'accès n'existent plus. (Trib. corr. Compiègne, 18 mai 1886, *Le Droit*, 10 juin 1886).

943. Brèches. — Une brèche de dix mètres d'ouverture pratiquée dans un mur de clôture fait perdre au terrain entouré attenant à une habitation le caractère de terrain clos. (Cass., 20 juillet 1883, *Pand. chron.*, VI. 1.227; Cass., 16 novembre 1883, *Gaz. Pal.*, 1884.1.731).

944. Châssis à coulisses. — Ne constituent pas des brèches devant être considérées comme des solutions de continuité, six ouvertures pratiquées dans une haie et garnies de châssis à coulisses avec panneaux de bois mobiles pour l'entrée du gibier. (C. Douai, 22 juin 1886, *Gaz. Pal.*, 1886.2.139).

945. Nuit. — Le propriétaire d'un clos attenant à une habitation a par exception le droit de chasser en tout temps et sans permis. Mais peut-il chasser la nuit ? Evidemment, et c'est l'opinion professée par tous les auteurs.

946. Neige. — Il pourra aussi chasser en temps de neige.

947. Engins prohibés. — Mais la jurisprudence lui refuse le droit de chasser à l'aide d'engins prohibés. On fait observer que les dispositions qui punissent l'emploi ou même la seule détention d'engins prohibés sont générales et ne peuvent être restreintes que par des textes formels. La faculté accordée au propriétaire du clos par l'article 2 de la loi de

1843 est limitée par l'article 9 de la même loi qui dispose qu'on ne peut chasser qu'à tir, à courre, à cors et à cris et que tous les autres moyens de chasse, à l'exception des filets et bourses destinés à prendre les lapins, sont formellement prohibés. (Cass., 20 juillet 1883, *Pand.*, VI. 1.227).

948. Glu. — Dès lors commet un délit le propriétaire qui se livre dans son enclos à la chasse à la glu. (Trib. corr. St-Etienne, 20 janvier 1891, *Pand.*, 1891.2.218).

949. Collets. — Commet un délit, le propriétaire qui, dans son enclos, tends des collets. (C. Paris, 7 mars 1894, D. P. 1894.2.511 ; Cass., 5 juin 1893, *Pand.*, 1895.1.35).

950. Chasse des oiseaux. — Commet un délit, le propriétaire qui, dans son enclos, chasse des oiseaux dont la destruction est interdite par arrêté préfectoral. (Trib. corr. Mont-de-Marsan, 26 novembre 1884, *Gaz. Pal.*, 1885.1, *Suppl.*, 91).

951. — Jugé en sens contraire que l'arrêté préfectoral interdisant la destruction des oiseaux n'est pas applicable au propriétaire d'un enclos dans le sens de l'article 2. (Trib. corr. Périgueux, 8 décembre 1886, *Gaz. Trib.*, 15 décembre 1886).

952. — Cette dernière jurisprudence me paraît plus conforme à l'intention du législateur qui n'a pas entendu limiter les animaux que le propriétaire peut chasser dans son enclos.

TERRAIN ENSEMENCÉ ET NON DÉPOUILLÉ DE SES FRUITS

953. Circonstance aggravante. — Aux termes de l'article 11 § 2 de la loi du 3 mai 1844, l'amende de 16 à 100 francs édictée contre l'auteur du délit de chasse sur le terrain d'autrui, peut être portée au double si le délit a été commis sur *des terres non dépouillées de leurs fruits.*

954. Fruits et cultures. — Ce n'est pas seulement les fruits en état de maturité que la loi entend protéger à la veille de la récolte, mais toutes les cultures. Quantité de décisions, jugements et arrêts sont intervenus à cet égard. On ne peut que mentionner rapidement les principales.

955. Récoltes. — La jurisprudence admet comme non dépouillés de leur récolte une vigne avant les vendanges, une prairie avant la fenaison, un champ de haricots, un champ d'orge et d'avoine, un champ de seigle.

956. Passage licite. — Mais l'interdiction ne s'applique qu'à des terres dont les fruits sont susceptibles d'être récoltés. Par exemple, le fait de chasse ne serait pas aggravé par le passage dans un champ de luzerne dont la récolte n'a pas été coupée en son temps et a été pâturée pour partie par les bestiaux ; — une prairie après la fenaison ; — une oseraie ; — un champ de navettes ; — un champ de sainfoin dont la coupe vient d'être effectuée.

957. Pommes de terre. — Il est aussi admis que la loi ne saurait viser un champ de pommes de terre dont les tubercules enfouis dans le sol ne peuvent être abîmés par le passage du chasseur. (C. Orléans, 22 octobre 1844, D. P. 1845.4.78).

958. Indivisibilité du délit. — Le fait de passer en action de chasse sur un terrain ensemencé ou couvert de récoltes constitue un délit de chasse avec circonstance aggravante. On ne peut diviser en délit de chasse sur le terrain d'autrui et en contravention de police, et l'individu qui s'en est rendu coupable ne peut être poursuivi pour la contravention de police prévue et réprimée par l'article 471, § 13 ou 475, § 9 du Code pénal, abstraction faite du délit de chasse. (Cass., 3 février 1893, D. P. 1893.1.133 ; Cass., 9 décembre 1885, D. P. 1886.1.259).

959. Aliénation du droit de passage. — Si le propriétaire d'un bien rural, en donnant à bail le droit de chasse, peut concéder au preneur le droit de traverser, en chassant, les terres ensemencées ou chargées de fruits, c'est évidemment à la condition qu'il aura lui-même conservé le droit de passage sur ces terres. Mais si, antérieurement au bail de chasse, le propriétaire a aliéné la culture de son domaine, il a en même temps aliéné le droit de passage sur les terrains ensemencés ou chargés de récoltes, et ne pourrait plus, dans la suite, en louant le droit de chasse, transmettre un droit de passage qui ne lui appartenait plus. Le locataire de la chasse, en passant sur ces terrains, commet la contravention des articles 471, § 13 et 475, § 9. (Cass., 2 avril 1881, *Pand.*, VI.1.87).

VOIES FERRÉES

Interdiction aux agents, 961. — Propriété du droit de chasse, 960.

960. Propriété du droit de chasse. — Les compagnies de chemins de fer, tout en les détenant à titre précaire, l'Etat les leur ayant concédés, ont sur les voies ferrées un droit de jouissance plénière et absolue. Cette jouissance, en échange de laquelle elles sont assujetties notamment à payer toutes contributions du sol, emporte le droit de chasse à leur profit, dont l'Etat doit être réputé s'être tacitement dépouillé. Il en résulte qu'une compagnie de chemin de fer peut poursuivre la répression d'un acte de chasse sur un terrain à elle concédé, comme constituant le délit de chasse sur le terrain d'autrui. (Trib. corr. Melun, 16 décembre 1885, *Gaz. Pal.*, 1886.1. *Suppl.*, 59).

961. Interdiction aux agents. — Cependant, il ne faudrait pas en conclure que les administrateurs et agents des com=

pagnies de chemin de fer ont le droit de chasse sur leurs
terrains. Ce droit leur appartient, mais il est paralysé par les
règlements concernant les chemins de fer, et notamment une
circulaire ministérielle du 25 décembre 1859 invitant les compagnies à donner à tous les agents de l'exploitation les ordres
les plus formels pour qu'ils s'abstiennent complètement, et
en toute circonstance de se livrer à l'exercice de la chasse
dans l'enceinte du chemin de fer.

ANNEXES

Loi du 3 mai 1844 sur la police de la chasse.

Loi du 22 janvier 1874 modifiant les articles 3 et 9 de la loi du 3 mai 1844.

Loi du 16 février 1898 complétant l'article 3 des lois du 3 mai 1844 et du 22 janvier 1874.

Loi du 12 avril 1892 relative aux arrêtés administratifs agréant des gardes particuliers.

Loi du 3 août 1882 relative à la destruction des loups.

Décret du 28 novembre 1882 portant règlement d'administration publique pour le paiement des primes relatives à la destruction des loups.

Arrêté du 19 pluviôse an V (7 février 1797) sur la chasse des animaux nuisibles.

Règlement du 20 août 1814 sur l'organisation de la louveterie.

Loi du 4 mars 1898 modifiant l'article 6 de la loi du 22 juillet 1896 sur les pigeons voyageurs.

Loi du 19 avril 1901 relative à la réparation des dommages causés aux récoltes par le gibier.

Loi du 5 avril 1884 relative aux pouvoirs des maires.

Cahier des charges de l'adjudication du droit de chasse dans les forêts et terrains communaux.

Cahier des charges de l'adjudication du droit de chasse dans les forêts de l'Etat.

Loi du 3 mai 1844 sur la police de la chasse.

SECTION I

DE L'EXERCICE DU DROIT DE CHASSE.

Art. 1er. — Nul ne pourra chasser, sauf les exceptions ci-après, si la chasse n'est pas ouverte, et s'il ne lui a pas été délivré un permis de chasse par l'autorité compétente.

Nul n'aura la faculté de chasser sur la propriété d'autrui sans le consentement du propriétaire ou de ses ayants droit.

Art. 2. — Le propriétaire ou possesseur peut chasser ou faire chasser en tout temps, sans permis de chasse, dans ses possessions attenant à une habitation, et entourées d'une clôture continue faisant obstacle à toute communication avec les héritages voisins.

ART. 3 (1). — Les préfets détermineront, par des arrêtés publiés au moins dix jours à l'avance, l'époque de l'ouverture et celle de la clôture de la chasse dans chaque département.

ART. 4. — Dans chaque département, il est interdit de mettre en vente, de vendre, d'acheter, de transporter et colporter du gibier pendant le temps où la chasse n'y est pas permise.

En cas d'infraction à cette disposition, le gibier sera saisi, et immédiatement livré à l'établissement de bienfaisance le plus voisin, en vertu, soit d'une ordonnance du juge de paix, si la saisie a eu lieu au chef-lieu du canton, soit d'une autorisation du maire, si le juge de paix est absent, ou si la saisie a été faite dans une commune autre que le chef-lieu. Cette ordonnance ou cette autorisation sera délivrée sur la requête des agents ou gardes qui auront opéré la saisie et sur la présentation d'un procès-verbal régulièrement dressé.

La recherche du gibier ne pourra être faite à domicile que chez les aubergistes, chez les marchands de comestibles et dans les lieux ouverts au public.

Il est interdit de prendre ou de détruire, sur le terrain d'autrui, des œufs ou des couvées de faisans, de perdrix et de cailles.

ART. 5. — Les permis de chasse seront délivrés, sur l'avis du maire et du sous-préfet, par le préfet du département dans lequel celui qui en fera la demande aura sa résidence ou son domicile.

. La délivrance des permis de chasse donnera lieu au paiement d'un droit de quinze francs (15 fr.) au profit de l'Etat, et de dix francs (10 fr.) au profit de la commune dont le maire aura donné l'avis énoncé au paragraphe précédent.

Les permis de chasse seront personnels ; ils seront valables pour tout le royaume, et pour un an seulement.

ART. 6. — Le préfet pourra refuser le permis de chasse :

1° A tout individu majeur qui ne sera point personnellement inscrit ou dont le père ou la mère ne serait pas inscrit au rôle des contributions ;

2° A tout individu qui, par une condamnation judiciaire, a été privé de l'un ou de plusieurs des droits énumérés dans l'article 42 du Code pénal, autres que le droit de port d'armes ;

3° A tout condamné à un emprisonnement de plus de six mois pour rébellion ou violence envers les agents de l'autorité publique ;

4° A tout condamné pour délit d'association illicite, de fabrication,

(1) Modifié par la loi du 22 janvier 1874.

débit, distribution de poudre, armes ou autres munitions de guerre, de menaces écrites ou de menaces verbales avec ordre ou sous condition ; d'entraves à la circulation des grains ; de dévastations d'arbres ou de récoltes sur pied, de plants venus naturellement ou faits de main d'homme ;

5° A ceux qui auront été condamnés pour vagabondage, mendicité, vol, escroquerie ou abus de confiance.

La faculté de refuser le permis de chasse aux condamnés dont il est question dans les §§ 3, 4 et 5 cessera cinq ans après l'expiration de la peine.

Art. 7. — Le permis de chasse ne sera pas délivré :

1° Aux mineurs qui n'auront pas seize ans accomplis ;

2° Aux mineurs de seize à vingt et un ans à moins que le permis ne soit demandé pour eux par leurs père, mère, tuteur ou curateur, porté au rôle des contributions ;

3° Aux interdits ;

4° Aux gardes champêtres ou forestiers des communes et établissements publics, ainsi qu'aux gardes forestiers de l'Etat et aux gardes-pêche.

Art. 8. — Le permis de chasse ne sera pas accordé :

1° A ceux qui, par suite de condamnation, sont privés du droit de port d'armes ;

2° A ceux qui n'auront pas exécuté les condamnations prononcées contre eux pour l'un des délits prévus par la présente loi ;

3° A tout condamné placé sous la surveillance de la haute police.

Art. 9 (1). — Dans le temps où la chasse est ouverte, le permis donne, à celui qui l'a obtenu, le droit de chasse de jour, à tir et à courre, sur ses propres terres, et sur les terres d'autrui avec le consentement de celui à qui le droit de chasse appartient.

Tous autres moyens de chasse, à l'exception des furets et des bourses destinés à prendre le lapin, sont formellement prohibés.

Néanmoins les préfets des départements, sur l'avis des conseils généraux, prendront des arrêtés pour déterminer :

1° L'époque de la chasse des oiseaux de passage, autres que la caille, et les modes et procédés de cette chasse ;

2° Le temps pendant lequel il sera permis de chasser le gibier d'eau dans les marais, sur les étangs, fleuves et rivières ;

3° Les espèces d'animaux malfaisants ou nuisibles que le propriétaire, possesseur ou fermier, pourra en tout temps détruire sur ses terres, et les conditions de l'exercice du droit appartenant au

---

(1) Modifié par la loi du 22 janvier 1874.

propriétaire ou au fermier de repousser ou de détruire, même avec les armes à feu, les bêtes fauves qui porteraient dommage à ses propriétés.

Il pourrait également prendre des arrêtés :

1° Pour prévenir la destruction des oiseaux ;

2° Pour autoriser l'emploi des chiens lévriers pour la destruction des animaux malfaisants ou nuisibles ;

3° Pour interdire la chasse pendant le temps de neige.

ART. 10. — Des ordonnances royales détermineront la gratification qui sera accordée aux gardes et gendarmes, rédacteurs de procès-verbaux ayant pour objet de constater les délits.

SECTION II

DES PEINES.

ART. 11. — Seront punis d'une amende de seize à cent francs ;

1° Ceux qui auront chassé sans permis de chasse ;

2° Ceux qui auront chassé sur le terrain d'autrui sans le consentement du propriétaire.

L'amende pourra être portée au double, si le délit a été commis sur des terres non dépouillées de leurs fruits ou s'il a été commis sur un terrain entouré d'une clôture continue faisant obstacle à toute communication avec les héritages voisins, mais non attenant à une habitation.

Pourra ne pas être considéré comme délit de chasse le fait du passage de chiens courants sur l'héritage d'autrui lorsque ces chiens seront à la suite d'un gibier lancé sur la propriété de leurs maîtres, sauf l'action civile, s'il y a lieu, en cas de dommage ;

3° Ceux qui auront contrevenu aux arrêtés des préfets concernant les oiseaux de passage, le gibier d'eau, la chasse en temps de neige, l'emploi des chiens lévriers, ou aux arrêtés concernant la destruction des oiseaux et celle des animaux nuisibles ou malfaisants ;

4° Ceux qui auront pris ou détruit, sur le terrain d'autrui, des œufs ou des couvées de faisans, de perdrix et de cailles ;

5° Les fermiers de la chasse soit dans les bois soumis au régime forestier, soit sur les propriétés dont la chasse est louée au profit des communes ou établissements publics qui auront contrevenu aux clauses et conditions de leurs cahiers de charges relatives à la chasse.

ART. 12. — Seront punis d'une amende de cinquante à deux cents francs et pourront en outre l'être d'un emprisonnement de six jours à deux mois :

1º Ceux qui auront chassé en temps prohibé ;

2º Ceux qui auront chassé pendant la nuit ou à l'aide d'engins et d'instruments prohibés, ou par d'autres moyens que ceux qui sont autorisés par l'article 9 ;

3º Ceux qui seront détenteurs ou ceux qui seront trouvés munis ou porteurs, hors de leur domicile, de filets, engins ou autres instruments de chasse prohibés ;

4º Ceux qui, en temps où la chasse est prohibée, auront mis en vente, acheté, transporté ou colporté du gibier ;

5º Ceux qui auront employé des drogues ou appâts qui sont de nature à enivrer le gibier ;

6º Ceux qui auront chassé avec appeaux, appelants ou chanterelles.

Les peines déterminées par l'article 11, et par le présent article, seront toujours portées au maximum, lorsque les délits auront été commis par les gardes champêtres ou forestiers des communes, ainsi que par les gardes forestiers de l'Etat et des établissements publics.

Les peines déterminées par le présent article pourront être portées au double contre ceux qui auront chassé pendant la nuit sur le terrain d'autrui et par l'un des moyens spécifiés au § 2, si les chasseurs étaient munis d'une arme apparente ou cachée.

Art. 13. — Celui qui aura chassé sur le terrain d'autrui sans son consentement, si ce terrain est attenant à une maison habitée ou servant à l'habitation, et s'il est entouré d'une clôture continue faisant obstacle à toute communication avec les héritages voisins, sera puni d'une amende de cent francs à mille francs, et pourra l'être d'un emprisonnement de trois mois à deux ans, sans préjudice, dans l'un et l'autre cas. s'il y a lieu, de plus fortes peines, prononcées par le Code pénal.

Art. 14. — Les peines déterminées par les trois articles qui précèdent pourront être portées au double si le délinquant était en état de récidive, et s'il était déguisé ou masqué, s'il a pris un faux nom, s'il a usé de violence envers les personnes, ou s'il a fait des menaces, sans préjudice, s'il y a lieu, de plus fortes peines prononcées par la loi.

Lorsqu'il y aura récidive, dans les cas prévus en l'article 11, la peine de l'emprisonnement de six jours à trois mois pourra être appliquée si le délinquant n'a pas satisfait aux condamnations précédentes.

Art. 15. — Il y a récidive lorsque, dans les douze mois qui ont précédé l'infraction, le délinquant a été condamné en vertu de la présente loi.

Art. 16. — Tout jugement de condamnation prononcera la confiscation des filets, engins et autres instruments de chasse. Il ordonnera, en outre, la destruction des instruments de chasse prohibés.

Il prononcera également la confiscation des armes, excepté dans le cas où le délit a été commis par un individu muni d'un permis de chasse, dans le temps où la chasse est autorisée.

Si les armes, filets, engins et autres instruments de chasse n'ont pas été saisis, le délinquant sera condamné à les représenter ou en payer la valeur, suivant la fixation qui en sera faite par le jugement, sans qu'elle puisse être au-dessous de cinquante francs.

Les armes, engins et autres instruments de chasse abandonnés par les délinquants restés inconnus, seront saisis et déposés au greffe du tribunal compétent. La confiscation et, s'il y a lieu, la destruction en seront ordonnées sur le vu du procès-verbal.

Dans tous les cas, la quotité des dommages-intérêts est laissée à l'appréciation des tribunaux.

Art. 17. — En cas de conviction de plusieurs délits prévus par la présente loi, par le Code pénal ordinaire ou par les lois spéciales, la peine la plus forte sera seule prononcée.

Les peines encourues pour des faits postérieurs à la déclaration de procès-verbal de contravention pourront être cumulées, s'il y a lieu, sans préjudice des peines de la récidive.

Art. 18. — En cas de condamnation pour délits prévus par la présente loi, les tribunaux pourront priver le délinquant du droit d'obtenir un permis de chasse pour un temps qui n'excédera pas cinq ans.

Art. 19. — La gratification mentionnée en l'article 10 sera prélevée sur le produit des amendes.

Le surplus des dites amendes sera attribué aux communes sur le territoire desquelles les infractions auront été commises.

Art. 20. — L'article 463 du Code pénal ne sera pas applicable aux délits prévus par la présente loi.

SECTION III

DE LA POURSUITE ET DU JUGEMENT.

Art. 21. — Les délits prévus par la présente loi seront prouvés, soit par procès-verbaux ou rapports, soit par témoins, à défaut de rapports et procès-verbaux, ou à leur appui.

Art. 22. — Les procès-verbaux des maires et adjoints, commissaires de police, officiers, maréchal-de-logis ou brigadier de gendarmerie, gendarmes, gardes forestiers, garde-pêche, gardes champêtres, ou gardes assermentés des particuliers, feront foi jusqu'à preuve contraire.

Art. 23. — Les procès-verbaux des employés de contributions indirectes feront également foi jusqu'à preuve contraire, lorsque, dans la limite de leurs attributions respectives, ces agents rechercheront et constateront les délits prévus par le § 1er de l'article 4.

Art. 24. — Dans les 24 heures du délit les procès-verbaux des gardes seront, à peine de nullité, affirmés par les rédacteurs devant le juge de paix ou l'un de ses suppléants, ou devant le maire ou l'adjoint, soit de la commune de leur résidence, soit de celle où le délit a été commis.

Art. 25. — Les délinquants ne pourront être saisis ni désarmés, néanmoins s'ils sont déguisés ou masqués, s'ils refusent de faire connaître leurs noms, ou s'ils n'ont pas de domicile connu, ils seront conduits immédiatement *devant le maire* ou *le* juge de paix, lequel s'assurera de leur individualité.

Art. 26. — Tous les délits prévus par la présente loi seront poursuivis d'office par le ministère public, sans préjudice du droit conféré aux parties lésées par l'article 182 du Code d'instruction criminelle.

Néanmoins, dans le cas de chasse sur le terrain d'autrui sans le consentement du propriétaire, la poursuite d'office ne pourra être exercée par le ministère public, sans une plainte de la partie intéressée, qu'autant que le délit aura été commis dans un terrain clos, suivant les termes de l'article 2, et attenant à une habitation, ou sur des terres non encore dépouillées de leurs fruits.

Art. 27. — Ceux qui auront commis conjointement le délit de chasse, seront condamnés solidairement aux amendes, dommages-intérêts et frais.

Art. 28. — Le père et la mère, le tuteur, les maîtres et commettants, sont civilement responsables des délits de chasse commis par leurs enfants mineurs non mariés, pupilles demeurant avec eux, domestiques ou préposés, sauf tout recours de droit.

Cette responsabilité sera réglée conformément à l'article 1384 du Code civil, et ne s'appliquera qu'aux dommages-intérêts et frais sans pouvoir toutefois donner lieu à la contrainte par corps.

Art. 29. — Toute action relative aux délits prévus par la présente loi sera prescrite par le laps de trois mois, à compter du jour du délit.

SECTION IV

DISPOSITIONS GÉNÉRALES.

Art. 30. — Les dispositions de la présente loi relatives à l'exercice du droit de chasse ne sont pas applicables aux propriétés de la couronne. Ceux qui commettraient des délits de chasse dans ces propriétés seront poursuivis et punis conformément aux sections II et III.

Art. 31. — Le décret du 4 mai 1812 et la loi du 30 avril 1790 sont abrogés.

Sont et demeurent également abrogés les lois, arrêtés, décrets et ordonnances intervenus sur les matières réglées par la présente loi, en tout ce qui est contraire à ses dispositions.

Loi du 22 janvier 1874 modifiant les articles 3 et 9 de la loi du 2 mai 1844.

Article unique. — Les articles 3 et 9 de la loi du 3 mai 1844 sont modifiés ainsi qu'il suit :

Art. 3. — Les préfets détermineront, par des arrêtés publiés au moins dix jours à l'avance, les époques des ouvertures et celles des clôtures des chasses, soit à tir, soit à courre, à cor et à cris, dans chaque département.

Art. 9. — Dans le temps où la chasse est ouverte, le permis donne à celui qui l'a obtenu le droit de chasser le jour, soit à tir, soit à courre, à cor et à cris, suivant les distinctions établies par les arrêtés préfectoraux, sur ses propres terres et sur les terres d'autrui, avec le consentement de celui à qui le droit de chasse appartient.

Tous les autres moyens de chasse, à l'exception des furets et des bourses destinés à prendre les lapins, sont formellement prohibés. Néanmoins les préfets des départements sur l'avis des conseils généraux, prendront des arrêtés pour déterminer :

1° L'époque de la chasse des oiseaux de passage, autres que la caille, la nomenclature des oiseaux et les modes et procédés de chasse pour les diverses espèces ;

2° Le temps pendant lequel il sera permis de chasser le gibier d'eau dans les marais, sur les étangs, fleuves ou rivières ;

3° Les espèces d'animaux malfaisants ou nuisibles que le propriétaire, possesseur ou fermier, pourra en tout temps détruire sur ses terres, et les conditions de l'exercice de ce droit, sans préjudice du droit appartenant au propriétaire ou au fermier de repousser ou de détruire, même avec des armes à feu, les bêtes fauves qui porteraient dommage à ses propriétés.

Ils pourront prendre également des arrêtés :

1º Pour prévenir la destruction des oiseaux ou pour favoriser leur repeuplement ;

2º Pour autoriser l'emploi des chiens lévriers pour la destruction des animaux malfaisants ou nuisibles ;

3º Pour interdire la chasse pendant les temps de neige.

Loi du 16 février 1898 complétant l'article 3 des lois du 3 mai 1844 et du 22 janvier 1874.

ARTICLE UNIQUE. — L'article 3 de la loi du 3 mai 1844 est complété ainsi qu'il suit :

Les préfets pourront, sur l'avis du conseil général, retarder la date de l'ouverture et avancer la date de la clôture de la chasse à l'égard d'une espèce de gibier déterminée.

Loi du 12 avril 1892 relative aux arrêtés administratifs agréant des gardes particuliers.

ART. 1ᵉʳ. — Les préfets pourront, par décision motivée, le propriétaire et le garde entendus ou dûment appelés, rapporter les arrêtés agréant les gardes particuliers.

ART. 2. — La demande tendant à faire agréer les gardes particuliers sera déposée à la préfecture. Il en sera donné récépissé. Après l'expiration du délai d'un mois, le propriétaire qui n'aura pas obtenu de réponse pourra se pourvoir devant le ministre.

Loi du 3 août 1882 relative à la destruction des loups.

ART. 1ᵉʳ. — Les primes pour la destruction des loups sont fixées de la manière suivante :

Cent francs (100 fr.) par tête de loup ou de louve non pleine ;

Cent cinquante francs (150 fr.) par tête de louve pleine ;

Quarante francs (40 fr.) par tête de louveteau.

Est considéré comme louveteau l'animal dont le poids est inférieur à huit kilogrammes.

Lorsqu'il sera prouvé qu'un loup s'est jeté sur des êtres humains, celui qui le tuera aura droit à une prime de deux cents francs (200 fr.).

Art. 2. — Le paiement des primes pour la destruction des loups est à la charge de l'Etat. Un crédit spécial est ouvert à cet effet au budget du ministère de l'agriculture.

Art. 3. — L'abatage sera constaté par le maire de la commune sur le territoire de laquelle le loup aura été abattu.

Art. 4. — La prime sera payée au plus tard le quinzième jour qui suivra la constatation de l'abatage.

Art. 5. — Un règlement d'administration publique déterminera les formalités à remplir pour la constatation de l'abatage par l'autorité municipale, ainsi que pour le paiement des primes.

Art. 6. — La loi du 16 messidor an V est et demeure abrogée.

Décret du 28 novembre 1882 portant règlement d'administration publique pour le paiement des primes relatives à la destruction des loups.

Art. 1er. — Quiconque a détruit un loup, une louve ou un louveteau, et réclame l'une des primes mentionnées dans l'article premier de la loi du 3 août 1882, doit, dans les 24 heures qui suivent la destruction de l'animal, en faire la déclaration au maire de la commune sur le territoire de laquelle il a été détruit. La demande de la prime doit être faite sur papier timbré.

Le réclamant doit, en même temps, représenter le corps entier de l'animal couvert de sa peau et le déposer au lieu indiqué par le maire pour faire les vérifications nécessaires.

Art. 2. — Le maire procède immédiatement aux constatations et en dresse le procès-verbal.

Art. 3. — Le procès-verbal mentionne : 1° la date et le lieu de l'abatage, ou, en cas d'empoisonnement, le jour et le lieu où l'animal a été trouvé ; 2° le nom et le domicile de celui qui a tué ou empoisonné le fauve ; 3° le poids, lorsqu'il s'agit d'un louveteau ; 4° le sexe, et le nombre des petits composant la portée, si c'est une louve pleine ; 5° les preuves, s'il y a lieu, que l'animal s'est jeté sur des êtres humains.

Le procès-verbal indique, en outre, que l'animal a été présenté en entier et couvert de sa peau.

Art. 4. — Après la constatation, celui qui a détruit l'animal est tenu de le dépouiller, et peut réclamer la peau, la tête et les pattes.

Par l'ordre et sous la surveillance du maire ou de son suppléant, le corps du fauve dépouillé est ensuite enfoui dans une fosse ayant au moins un mètre trente-cinq centimètres de profondeur.

Toutefois, s'il existe dans la commune ou dans un rayon de quatre kilomètres un atelier d'équarrissage autorisé, l'animal peut y être transporté.

Le procès-verbal mentionne ces diverses circonstances et opérations.

Les frais d'enfouissement sont à la charge de la commune.

Art. 5. — Dans les 24 heures, le maire adresse au préfet du département son procès-verbal, auquel il joint la demande de la prime faite par l'intéressé.

En outre, il délivre gratuitement à ce dernier un certificat constatant la remise de la demande de prime et l'accomplissement des formalités prescrites par le présent règlement.

Art. 6. — Sur le vu des pièces, le préfet délivre à l'intéressé un mandat du montant de la prime due.

Après l'accomplissement de cette formalité, le préfet transmet au ministre de l'agriculture le dossier de cette affaire.

Arrêté du 19 pluviôse an V (7 février 1797) sur la chasse des animaux nuisibles.

Le Directoire exécutif, sur le rapport du ministre des finances,

Considérant que son arrêté du 28 vendémiaire dernier, portant défense de chasser dans les forêts nationales, ne doit mettre aucun obstacle à l'exécution des règlements qui concernent la destruction des loups et autres animaux voraces ;

Que l'ordonnance de janvier 1583, article 19, enjoint aux agents forestiers de rassembler un homme par feu de leur arrondissement, avec armes et chiens propres à la chasse aux loups, trois fois l'année, aux temps les plus commodes ;

Que celles de 1600 et de 1601, ainsi que les arrêts du ci-devant Conseil des 6 février 1697 et 14 janvier 1698, leur enjoignent de contraindre les sergents louvetiers à chasser aux loups, renards et autres animaux nuisibles, et de veiller à ce que cette chasse soit faite de trois mois en trois mois, ou plus souvent, suivant qu'il en sera besoin, par ceux qui avaient le droit exclusif de chasse dans leurs terres ;

Arrête ce qui suit :

Art. 1er. — L'arrêté du 28 vendémiaire dernier, relatif à la prohibition de chasser dans les forêts nationales, continuera d'être exécuté.

Art. 2. — Néanmoins, il sera fait dans les forêts nationales et dans les campagnes, tous les trois mois, et plus souvent s'il est nécessaire, des chasses et battues générales ou particulières aux loups, renards, blaireaux et autres animaux nuisibles.

Art. 3. — Les chasses et battues seront ordonnées par les administrations centrales des départements, de concert avec les agents forestiers de leur arrondissement, sur la demande de ces derniers et sur celle des administrations municipales de canton.

Art. 4. — Les battues ordonnées seront exécutées sous la direction et la surveillance des agents forestiers, qui régleront, de concert avec les administrations municipales de canton, les jours où elles se feront et le nombre d'hommes qui y seront appelés.

Art. 5. — Les corps administratifs sont autorisés à permettre aux particuliers de leur arrondissement qui ont des équipages et autres moyens pour ces chasses, de s'y livrer sous l'inspection et la surveillance des agents forestiers.

Art. 6. — Il sera dressé procès-verbal de chaque battue, du nombre et de l'espèce des animaux qui y auront été détruits ; un extrait en sera envoyé au ministre des finances.

Art. 7. — Il lui sera également envoyé un état des animaux détruits par les chasses particulières mentionnées en l'article 5, et même par les pièges tendus dans les campagnes par les habitants, à l'effet d'être pourvu, s'il y a lieu, sur son rapport, au paiement des récompenses promises par l'article 20, section 4 du Code rural, et le décret du 11 ventôse an III.

Règlement du 20 août 1814 sur l'organisation de la louveterie.

La louveterie est dans les attributions du grand veneur (ordonnance du 15 août 1814).

Le grand-veneur donne des commissions honorifiques de lieutenant de louveterie, dont il détermine les fonctions et le nombre par conservation forestière et par département, dans la proportion des bois qui s'y trouvent, et des loups qui les fréquentent.

Ces commissions sont renouvelées tous les ans.

Les dispositions qui peuvent être faites par suite des différents arrêtés concernant les animaux nuisibles appartiennent à ses attributions.

Les lieutenants de louveterie reçoivent les instructions et les ordres du grand-veneur pour tout ce qui concerne la chasse des loups. Ils sont tenus d'entretenir, à leurs frais, un équipage de chasse composé au moins d'un piqueur, deux valets de limier, un valet de chiens, dix chiens courants et quatre limiers. Ils sont tenus de se procurer les pièges nécessaires pour la destruction des loups, renards et autres animaux nuisibles, dans la proportion des besoins.

Dans les endroits que fréquentent des loups, le travail principal de leur équipage doit être de les détourner, d'entourer les enceintes avec les gardes forestiers, et de les faire tirer au lancé ; on découple si cela est jugé nécessaire, car on ne peut jamais penser détruire les loups en les forçant ; au surplus ils doivent présenter toutes leurs idées pour parvenir à la destruction de ces animaux.

Dans le temps où la chasse à courre n'est plus permise, ils doivent particulièrement s'occuper à faire tendre des pièges, avec les précautions d'usage ; faire détourner les loups, après avoir entouré les enceintes de gardes ; les attaquer à trait de limiers, sans se servir de l'équipage qu'il est défendu de découpler ; enfin faire rechercher avec grand soin les portées de louves.

Ils feront connaître ceux qui auront découvert des portées de louveteaux, et il sera accordé pour chaque louveteau, une gratification qui sera double, si on parvient à tuer la louve.

Quand les lieutenants de louveterie ou les conservateurs des forêts jugeront qu'il serait utile de faire des battues, ils en feront la demande au préfet, qui pourra lui-même provoquer cette mesure : ces chasses seront alors ordonnées par le préfet, commandées et dirigées par les lieutenants de louveterie qui, de concert avec lui et le conservateur, fixeront le jour, détermineront les lieux et le nombre d'hommes : le préfet en préviendra le ministre de l'intérieur et le grand-veneur.

Tous les habitants sont invités à tuer les loups sur leurs propriétés ; ils en enverront les certificats aux lieutenants de louveterie de la conservation forestière, lesquels les feront passer au grand-veneur, qui fera un rapport au ministre de l'intérieur, à l'effet de faire accorder des récompenses.

Les lieutenants de louveterie feront connaître journellement les loups tirés dans leur arrondissement, et tous les ans, enverront un état général des prises. Tous les trois mois, ils feront parvenir au grand-veneur un état des loups présumés fréquenter les forêts soumises à leur surveillance. Les préfets sont invités à envoyer les mêmes états, d'après les renseignements particuliers qu'ils pourront avoir.

Attendu que la chasse du loup, qui doit occuper principalement les lieutenants de louveterie, ne fournit pas toujours l'occasion de tenir les chiens en haleine, ils ont le droit de chasser à courre, deux fois par mois, dans les forêts de l'État de leur arrondissement, dont la chasse est donnée particulièrement par le roi aux princes et à toute autre personne. Il leur est expressément défendu de tirer sur le chevreuil et le lièvre ; le sanglier est excepté de cette disposition dans le cas seulement où il tiendrait aux chiens. Ils seront tenus de faire connaître, chaque mois, le nombre d'animaux qu'ils auront forcés.

Les commissions de lieutenants de louveterie seront renouvelées tous les ans ; elles seront retirées dans le cas où les lieutenants n'auraient pas justifié de la destruction des loups.

Tous les ans, au 1er mai, il sera fait, sur le nombre de loups tués dans l'année, un rapport général qui sera mis sous les yeux du roi.

L'uniforme est déterminé comme suit :

Habit bleu, droit, à la française, avec collet et parements de velours bleu pareil, galonné sur le devant et au collet, poches à la française et en pointe, également galonnées ; parements en pointe, avec deux chevrons pour les lieutenants ; le galon sera or et argent ; bouton de métal jaune, sur lequel sera empreint un loup ; veste et culotte chamois ; chapeau retapé à la française, avec ganse en or et en argent ; couteau de chasse en argent avec un ceinturon en buffle jaune, galonné comme l'habit ; bottes à l'écuyère ; éperons plaqués en argent.

Uniforme des piqueurs. — L'habit sera le même que celui des officiers, excepté que le bouton sera en métal blanc et que le galon sera un tiers d'or sur deux tiers d'argent.

Harnachement du cheval. — Bride à la française, avec bossette, sur laquelle sera un loup ; bridon de cuir noir ; selle à la française en velours blanc ou en velours cramoisi ; housse cramoisie, garnie en galons or et argent ; croupière noire unie, et la boucle plaquée ; étriers noirs vernis ; martingale noire unie ; sangles à la française.

Cet uniforme est permis, mais non obligatoire.

Loi du 4 mars 1898 modifiant l'article 6 de la loi du 22 juillet 1896 sur les pigeons voyageurs.

ARTICLE UNIQUE. — L'article 6 de la loi du 22 juillet 1896 sur les pigeons voyageurs est ainsi modifié :

« *Art. 6.* — Sera punie d'une amende de seize à cent francs (16 à 100 fr.) sans préjudice de tous autres dommages-intérêts et de l'application, le cas échéant, des peines portées aux articles 454 et 401 du Code pénal, toute personne qui, en n'importe quel lieu ou quel temps, par n'importe quel moyen, aura captivé ou détruit, ou tenté de capturer ou de détruire des pigeons voyageurs ne lui appartenant pas.

« Lorsque, dans les douze mois qui ont précédé l'infraction, le délinquant aura été condamné en vertu du paragraphe précédent, il y aura récidive, l'amende pourra être portée au double et la peine de l'emprisonnement de six jours à trois mois pourra être appliquée.

« L'article 463 du Code pénal est applicable aux infractions prévues par la présente loi. »

Loi du 19 avril 1901 relative à la réparation des dommages causés aux récoltes par le gibier.

ART. 1er. — Les juges de paix connaissent de toutes les demandes en réparation du dommage causé aux récoltes par le gibier, en dernier ressort si la demande n'est pas supérieure à trois cents francs, à charge d'appel si elle excède ce chiffre, quel qu'en soit le montant, ou si elle est indéterminée.

S'il est formé une demande reconventionnelle en dommages-intérêts, il sera statué sur le tout sans appel si la demande principale est de la compétence du juge de paix en dernier ressort.

ART. 2. — Lorsque plusieurs intéressés forment leurs demandes par le même exploit, il est statué en premier ou en dernier ressort, à l'égard de chacun des demandeurs, d'après le montant des dommages-intérêts individuellement réclamés.

ART. 3. — Nonobstant toute exception préjudicielle, le juge de paix compétent sur le fond peut ordonner des mesures d'instruction.

ART. 4. — Les jugements ordonnant des mesures d'instruction peuvent être déclarés exécutoires par provision et sans caution, nonobstant opposition ou appel.

Art. 5. — Les actions en réparation du dommage causé aux récoltes par le gibier se prescrivent par six mois à partir du jour où les dégâts ont été commis.

Loi du 5 avril 1884 relative à l'électorat municipal.

Article 90 relatif aux pouvoirs des maires en matière de destruction d'animaux nuisibles.

Le maire est chargé, sous le contrôle du conseil municipal et la surveillance de l'administration supérieure :

9° De prendre, de concert avec les propriétaires ou les détenteurs du droit de chasse dans les buissons, bois et forêts, toutes les mesures nécessaires à la destruction des animaux nuisibles désignés dans l'arrêté du préfet pris en vertu de l'article 9 de la loi du 3 mai 1844 ; de faire, pendant le temps de neige, à défaut des détenteurs du droit de chasse, à ce dûment invités, détourner les loups et sangliers réunis sur le territoire ; de requérir, à l'effet de les détruire, les habitants avec armes et chiens propres à la chasse de ces animaux ; de surveiller et d'assurer l'exécution des mesures ci-dessus et d'en dresser procès verbal.

Adjudication du droit de chasse dans les forêts et terrains appartenant aux communes.

CAHIER DES CHARGES

TITRE I. — Dispositions générales.

Art. 1ᵉʳ. — Les baux de chasse commenceront à la date indiquée au procès-verbal d'adjudication et, quelle que soit cette date, expireront le 30 juin 19 .

Tout bail consenti pendant le temps où la chasse est ouverte courra rétroactivement à partir du 1ᵉʳ janvier ou du 1ᵉʳ juillet, selon que l'adjudication aura été effectuée dans le courant du 1ᵉʳ ou du 2ᵉ semestre.

Art. 2. — Il ne sera accordé aucune réduction sur le prix des baux pour défaut de mesure dans l'étendue des forêts, parties de forêts ou terrains adjugés.

Le bail sera résilié de plein droit et sans indemnité :

1° En cas d'aliénation de la forêt ou des terrains amodiés, à compter du jour de la vente ;

2° En cas de défrichement, à compter du jour où la décision autorisant le défrichement sera notifiée à l'adjudicataire par les soins du maire.

Il sera accordé sur le terme payé d'avance une réduction proportionnelle à la durée de la jouissance dont le fermier aura été privé.

Si la destination de la forêt n'est modifiée qu'en partie, par suite d'aliénation, de défrichement, d'échange, de location, de concession, etc..., la commune ne devra aucune indemnité au fermier ; le bail sera maintenu et le prix en sera réduit ou augmenté proportionnellement à l'étendue qui aura été distraite ou ajoutée. Toutefois, la commune ne pourra pas obliger le fermier à subir une extension de contenance qui entraînerait une augmentation du prix du bail.

TITRE II. — ADJUDICATIONS.

ART. 3. — Les adjudications seront faites aux enchères à l'extinction des feux.

Lorsque, faute d'offres suffisantes, les adjudications n'auront pu avoir lieu, elles seront, si le bureau le juge à propos, remises séance tenante et sans nouvelles affiches au jour qui sera fixé par lui.

ART. 4. — Les adjudications seront prononcées après l'extinction de trois bougies, allumées successivement. Si, pendant la durée de ces trois bougies, il survient des enchères, l'adjudication ne pourra être prononcée qu'après l'extinction d'un dernier feu sans enchère survenue pendant sa durée.

Les enchères ne pourront être moindres de 5 francs pour les mises à prix de 200 francs et au-dessous ; de 10 francs pour celles de 201 à 500 francs ; de 20 francs pour celles de 501 à 1.000 francs ; et de 25 francs pour celles au-dessus de 1.000 francs.

Si la réunion de divers lots, adjugés ou non adjugés, d'une même forêt est demandée séance tenante, l'ensemble de ces lots pourra, si le bureau le juge convenable, être remis en adjudication, mais seulement sur une mise à prix au moins égale au montant des adjudications partielles des lots adjugés, augmenté du prix d'estimation des lots non adjugés.

ART. 5. — Les personnes insolvables ne pourront prendre part aux adjudications.

Le bureau de l'adjudication sera juge de la solvabilité des enchérisseurs, le receveur municipal entendu.

Art. 6. — Les minutes du cahier des charges et des procès-verbaux d'adjudication seront rédigées sur papier timbré. Cette dernière sera signée sur le champ par tous les fonctionnaires présents et par les adjudicataires ou leurs fondés de pouvoirs ; s'ils sont absents ou ne peuvent signer, il en sera fait mention aux procès-verbaux.

Il sera fourni par les soins du président, dans la quinzaine de la date de l'adjudication, cinq expéditions tant du cahier des charges que du procès-verbal, dont deux sur papier timbré pour le receveur municipal et l'adjudicataire, et trois sur papier libre pour le préfet, l'inspecteur des forêts et le chef de cantonnement.

Art. 7. — Chaque adjudicataire sera tenu de donner séance tenante une caution reconnue solvable, laquelle s'obligera solidairement avec lui à toutes les charges et conditions du bail.

La caution ne pourra être reçue que du consentement du receveur municipal, et l'acte en sera passé à la suite du procès-verbal d'adjudication.

Faute par l'adjudicataire de fournir sa caution immédiatement, il sera déchu de l'adjudication, et une réadjudication aura lieu séance tenante à sa folle enchère dans les formes ci-dessus déterminées.

TITRE III. — Prix des baux et frais d'adjudication.

Art. 8. — Le prix annuel de location sera payé par semestre et d'avance le 1er janvier et le 1er juillet à la caisse du receveur municipal.

L'adjudicataire qui voudra se libérer par anticipation ne pourra le faire valablement qu'en opérant son versement à la caisse du receveur des finances de l'arrondissement (art. 954 de l'instruction générale du 20 juin 1859).

Art. 9. — Les demandes en résiliation de baux et en réduction de fermages ne suspendront pas l'effet des poursuites pour le recouvrement des termes arriérés.

En aucun cas l'adjudicataire qui aura été privé du droit d'obtenir un permis de chasse, par application des articles 6, 7, 8 et 18 de la loi du 3 mai 1844, ne sera fondé à demander la résiliation de son bail, ou une diminution de prix.

Art. 10. — Les droits fixes de timbre et les droits proportionnels d'enregistrement du procès-verbal d'adjudication et du cahier des charges, ainsi que les frais de publication, bougies, criées, timbre et confection des expéditions prévues à l'article 6, seront à la charge de l'adjudicataire et versés séance tenante entre les mains du secrétaire pour être attribués à qui de droit.

TITRE IV. — CESSIONS DE BAUX, ADJONCTIONS ET SUBSTITUTIONS DE COFERMIERS.

ART. 11. — Le fermier pourra s'adjoindre dans la jouissance de son bail des cofermiers dont le nombre est fixé ainsi qu'il suit :

1 pour 100 hectares et au-dessous ;
2 de 101 à 200 hectares :
3 de 201 à 300   —
4 de 301 à 400   —
5 de 401 à 500   —
5 au-dessus de 500 hectares.

Ils seront désignés par le fermier avant la signature du procès-verbal d'adjudication et devront être agréés par le président de la séance.

Néanmoins le préfet pourra, après avoir pris l'avis du maire, agréer ceux qui seront présentés ultérieurement.

Ils ne seront agréés qu'après avoir souscrit l'engagement de se conformer, comme le fermier lui-même, aux clauses et conditions du présent cahier des charges relatives à l'exploitation et à la police de la chasse.

ART. 12. — L'adjudicataire et ses associés pourront se faire accompagner, l'adjudicataire de trois personnes et chacun des associés de deux.

L'adjudicataire qui ne désignera pas d'associés ou qui, dans cette désignation, n'atteindra pas le maximum fixé par l'article 11, pourra, quand il chassera, remplacer par trois personnes chacun des cofermiers non désignés.

L'adjudicataire ou ses associés ne pourront donner à des tiers des permissions de chasse permanentes, mais chacun d'eux aura la faculté, lorsqu'il ne chassera pas lui-même, de faire conduire à la chasse, par un piqueur ou serviteur à gages, le nombre de personnes indiqué par le paragraphe ci-dessus.

Ce piqueur ou serviteur à gages sera muni lui-même d'un permis de chasse et d'une autorisation délivrée par l'adjudicataire ou un associé, laquelle indiquera nominativement les personnes qu'il est chargé d'accompagner ; son nom sera préalablement porté à la connaissance du maire et de l'agent forestier local.

L'adjudicataire et ses associés auront, en outre, le droit de faire conduire leurs chiens par un piqueur ou serviteur à gages muni d'un permis de chasse. Le nom de ce piqueur ou serviteur à gages sera aussi préalablement porté à la connaissance du maire et de l'agent forestier local. Il pourra chasser isolément avec les chiens de son maître dans les bois où ce dernier a le droit de chasse.

Art. 13. — Les adjudicataires ne pourront céder leur bail qu'en vertu d'une autorisation du maire, après avis du service forestier.

Les cessions seront passées au secrétariat du lieu de l'adjudication.

Les concessionnaires ne pourront obtenir le permis spécial dont il est fait mention à l'article 16, qu'en représentant l'acte de cession à l'agent forestier chef de service.

Les adjudicataires resteront, jusqu'à la fin du bail et décharge définitive, solidairement obligés avec les cessionnaires.

Art. 14. — Les substitutions de cofermiers ne seront autorisées que sur les présentations qui en seront faites par les adjudicataires, du consentement des cofermiers sortants ou de leurs ayants droit. Elles seront visées par le maire, et ne seront définitivement agréées par le préfet qu'après que les cofermiers présentés auront souscrit l'engagement dont il est fait mention dans l'article 11.

TITRE V. — Exploitation et police de la chasse.

Art. 15. — Sauf les indications qui pourront être insérées au procès-verbal d'adjudication, la chasse de toute espèce de gibier et de tous les oiseaux existants dans les forêts affermées sera exercée par les fermiers et les cofermiers aux époques et d'après les modes déterminés par les arrêtés du préfet, pris ou à prendre en exécution des articles 3 et 9 de la loi du 3 mai 1844.

Art. 16. — Les fermiers et cofermiers ne pourront se livrer à la chasse qu'après avoir obtenu, indépendamment du permis de chasse de l'autorité compétente, un permis spécial de l'agent forestier chef de service. Ils seront tenus d'exhiber ces permis à toute réquisition, et, dans le cas de cession de leurs droits ou de retrait par le fermier des droits concédés au cofermier, ils devront les rendre à l'agent forestier chef de service.

Art. 17. — La chasse en traques ou en battues est permise. Toutefois ce mode de chasse ne pourra être pratiqué pendant les deux dernières années du bail qu'avec l'autorisation du préfet.

Art. 18. — Il est interdit d'enlever ou de détruire les faons, les levrauts ainsi que les nids et couvées d'oiseaux. — Il est également interdit de laisser errer aucun chien en forêt pendant la période de fermeture de la chasse.

Art. 19. — Les fermiers et cofermiers jouiront en commun de l'exercice de la chasse sur toute l'étendue de la forêt ou de la portion de forêt affermée sans qu'il leur soit permis de la diviser en lots attribués exclusivement à un ou plusieurs d'entre eux.

Il ne pourra être dérogé à cette règle qu'en vertu d'une autorisation du préfet.

Art. 20. — Dans le cas où la surabondance du gibier serait de nature à porter préjudice aux peuplements forestiers ou aux propriétés riveraines, le maire, après y avoir été autorisé par une décision du préfet rendue sur la proposition du Conservateur des forêts, mettra le fermier en demeure, par sommation extrajudiciaire, de détruire dans un délai déterminé les animaux dont le nombre et l'espèce lui seront indiqués.

Faute par le fermier de satisfaire à la sommation qui lui aura été signifiée, il sera procédé d'office à cette destruction par les soins du maire et des agents forestiers.

Les adjudicataires demeureront responsables vis-à-vis des propriétaires des héritages riverains des dommages causés à ces héritages par les lapins, les autres animaux nuisibles et toute espèce de gibier.

Art. 21. — A partir de la clôture de la chasse, jusqu'au 15 avril exclusivement, les adjudicataires et leurs cofermiers, par eux spécialement délégués en cas d'empêchement, sont autorisés à procéder chaque année à la destruction des sangliers, loups, renards et chats sauvages, au moyen de traques ou de battues, à l'aide de chiens spéciaux et de fusils, conformément aux dispositions des articles 8 et 4 de l'arrêté réglementaire du 15 décembre 1885. Ils devront se conformer, dans la jouissance de cette faculté, aux dispositions de l'arrêté précité et des arrêtés à intervenir à ce sujet.

Les fermiers et co-fermiers pourront s'adjoindre, pour l'exécution des battues dont il s'agit, un nombre de chasseurs triple de celui auquel ils ont droit d'après le présent cahier des charges, sans que toutefois le nombre total des chasseurs puisse être supérieur à trente (arrêté préfectoral du 24 février 1883).

Art. 22. — Les fermiers souffriront les battues qui pourront être ordonnées pour la destruction des animaux nuisibles.

Ils concourront à ces battues.

Art. 23. — L'introduction du lapin dans les bois affermés est interdite.

En cas d'infraction à cette clause, constatée par jugement, la commune aura le droit de résilier le bail sans indemnité.

TITRE VI. — Surveillance et conservation de la chasse.

Art. 24. — La surveillance et la conservation de la chasse restent spécialement confiées aux agents et gardes forestiers dans les conditions déterminées par les lois et règlements.

Néanmoins, les fermiers pourront, avec l'autorisation du préfet, instituer des gardes particuliers de la chasse dans leurs lots respectifs ; mais cette autorisation, qui devra être expresse et spéciale, sera révocable à volonté.

Les gardes particuliers sont autorisés à porter des armes à feu. Avec l'autorisation du fermier ils pourront chasser, même isolément et hors de la présence de celui-ci.

ART. 25. — Les infractions aux lois et règlements de la part des fermiers et co-fermiers ou des personnes dont ils seront accompagnés et les délits de chasse commis par les personnes sans titre dans les forêts affermées seront poursuivis correctionnellement, sauf à la partie lésée, d'après la connaissance que l'agent forestier ou le ministère public lui aura donnée du procès-verbal, à intervenir pour réclamer les dommages-intérêts auxquels elle aura droit.

DÉPARTEMENT

DE

MEURTHE - ET-
MOSELLE

ARRONDISSEMENT

d

COMMUNE

d

ADJUDICA-
TAIRE

M.

demeurant

ASSOCIÉS : MM.

PROCÈS-VERBAL D'ADJUDICATION
DU DROIT DE CHASSE

Dans la forêt communale de

L'an mil huit cent. . . . ., le. . . . . du mois d. . . . .

Nous, Maire de la commune d. . . . . nous sommes rendu dans la salle ordinaire des adjudications publiques, où, étant en présence de MM. . . . . ., tous deux membres du Conseil municipal, et de M. . . . . ., receveur communal, nous avons déclaré qu'en suite des publications faites et des affiches apposées à l'avance aux lieux accoutumés, il allait être procédé à l'adjudication du droit de chasse dans les forêts de cette commune, aux clauses et conditions du cahier des charges ci-après dont il a été donné lecture.

SAVOIR :

DÉSIGNATION ET LIMITATION DE LA FORÊT.

La forêt communale d . . . . contient . . . hectares ; elle est limitée au nord par . . . . . à l'est par. . . . . au sud par . . . . à l'ouest par. . . . .

Le bail doit commencer le. . . . . et finir le 30 juin 19. .

Après lecture des charges, clauses et conditions qui précèdent, des enchères ont été ouvertes par le sieur. . . . . demeurant à . . . . . qui a offert la somme de. . . . . Des feux ayant été allumés successivement, le sieur. . . a offert la somme de. . . . . ; un dernier feu s'étant éteint sur cette enchère, nous avons déclaré ledit sieur. . . . . demeurant à. . . . . adjudicataire du droit de chasse dans la forêt dont s'agit, moyennant le prix annuel de. . . . aux clauses et conditions portées au cahier des charges et au présent procès-verbal, auxquelles il s'est soumis et obligé.

Et à l'instant il a déclaré s'adjoindre, dans la jouissance de son bail, M. . . . . . lequel . . .

Prix annuel :

Nota. — Il se-
ra fourni cinq
expéditions tant
du cahier des
charges que du
procès - verbal
d'adjudication.
Ces expéditions
sont destinées au
Receveur muni-
cipal, à l'adjudi-
cataire, au Pré-
fet, à l'Inspec-
teur des forêts
et au chef de can-
tonnement. Les
deux premières
expéditions doi-
vent être tim-
brées ; les trois
autres doivent
être sur papier
libre.

été agréé par M. le Président du bureau, après avoir souscrit l'engagement dont il est fait mention à l'article 11 du cahier des charges, et a signé avec nous.

Fait à. . . . ., les an, mois et jour, avant dits, et ont signé les membres présents.

Le Maire, Les deux Conseillers municipaux,

Le Receveur communal, L'Adjudicataire,

L Associé,

RÉCEPTION DE CAUTION

Et le . . . . . mil huit cent . . . . . conformément à l'article 7 du cahier des charges, le sieur . . . . ., adjudicataire, a, du consentement de M. le Receveur municipal, présenté pour sa caution le sieur. . . . . demeurant à . . . . . et pour certificateur le sieur. . . . . demeurant à. . . . . lesquels après avoir pris connaissance du procès-verbal ci-dessus, ainsi que du cahier des charges, se sont obligés, solidairement avec ledit adjudicataire, à toutes les charges et conditions de l'adjudication, et ont signé avec nous après lecture.

Fait à. . . . ., lesdits jour, mois et an.

Le Maire, L'Adjudicataire, La Caution,

Le Certificateur de caution,

Le Receveur communal,

Enregistré à. . . . ., le. . . . .
folio

Reçu la somme de. . . . .
pour tous droits.

Le Receveur de l'Enregistrement,

Vu sans observation
A . . . ., le. . . . .

Le Sous-Préfet,

Vu par nous, Préfet de . . . .
Nancy, le. . . . . .

Le Préfet,

Adjudication du droit de chasse dans les forêts de l'Etat.

CAHIER DES CHARGES

TITRE PREMIER. — Dispositions générales.

Article premier. — A moins de stipulations contraires dans l'acte d'adjudication, les baux seront consentis pour neuf années, qui commenceront le 1er mars 1899 pour la chasse à tir, et le 1er mai 1899 pour la chasse à courre.

Le point de départ des baux consentis après le 1er mars 1899 sera réglé comme il suit :

Tout bail consenti pendant le temps où la chasse est close courra à partir du 1er mars de l'année dans laquelle l'adjudication aura lieu pour les lots de chasse à courre.

Tout bail consenti pendant le temps où la chasse est ouverte courra à partir du jour de l'adjudication.

Les baux, quelle que soit leur date, expireront pour la chasse à tir le 29 février 1908 et pour la chasse à courre le 30 avril 1908.

Art. 2. — Il ne sera accordé aucune réduction sur le prix des baux pour défaut de mesure dans l'étendue des forêts ou parties de forêts adjugées.

En cas d'aliénation de la forêt amodiée, par voie d'échange ou autrement, en cas d'affectation à un service public, etc., le bail sera résilié de plein droit et sans indemnité.

Il sera accordé, sur le terme payé d'avance, une réduction proportionnelle à la durée de la jouissance dont le fermier aura été privé.

Si la destination de la forêt n'est modifiée qu'en partie, par suite d'aliénation, d'affectation à un service de l'État, d'échange, de location ou de concession, l'État ne devra aucune indemnité au fermier ; le bail sera maintenu et le prix en sera réduit ou augmenté, par décision ministérielle, proportionnellement à l'étendue qui aura été distraite ou ajoutée. Toutefois l'État ne pourra obliger le fermier à subir une extension de contenance qui entraînerait une augmentation du prix du bail.

Le fermier pourra obtenir la résiliation du bail dans le cas où la surface louée sera réduite de plus de moitié.

TITRE II. — Adjudications.

Art. 3. — Les adjudications seront faites aux enchères et à l'extinction des feux.

Lorsque, faute d'offres suffisantes, les adjudications n'auront pu avoir lieu, elles seront, si l'agent forestier le juge à propos, remises, séance tenante et sans nouvelles affiches, au jour qui sera fixé par le président.

Art. 4. — Les adjudications aux enchères seront prononcées après l'extinction de trois bougies allumées successivement. Si, pendant la durée de ces trois bougies, il survient des enchères, l'adjudication ne pourra être prononcée qu'après l'extinction d'un dernier feu sans enchère survenue pendant sa durée.

Les enchères ne pourront être moindres de 10 francs pour les mises à prix au-dessous de 200 francs ; de 20 francs pour celles de 200 à 1,000 francs, et de 50 francs pour celles au-dessus de 1,000 francs.

Art. 5. — Le droit de chasse à tir et le droit de chasse à courre pourront être adjugés séparément et à des personnes différentes dans une même forêt, suivant les indications formulées à cet effet sur les affiches.

Dans le cas où le droit de chasse à courre et le droit de chasse à tir sur un même lot sont jugés séparément, les adjudications sont définitives en ce qui concerne le droit de chasse à tir.

En ce qui concerne la chasse à courre, si la demande en est faite, séance tenante, par un des preneurs des lots adjugés, les divers lots adjugés ou non adjugés d'une même forêt pourront être remis en adjudication en bloc, aux enchères :

A. Si l'adjudication en bloc ne doit porter que sur des lots déjà adjugés, la mise à prix sera basée sur le montant total des adjudications partielles augmenté de 25 0/0.

B. Si l'adjudication en bloc doit comprendre un ou plusieurs lots non adjugés, la mise à prix sera basée sur le montant total des adjudications partielles et des mises à prix des lots non adjugés, augmenté dans la même proportion.

Le seul fait de la demande de réunion en un seul lot de plusieurs lots de chasse à courre équivaudra à un engagement de se rendre adjudicataire du bloc au taux de la nouvelle mise à prix.

En cas de non-location de la chasse à tir ou de la chasse à courre, le droit non affermé est expressément réservé et l'Administration conserve toujours la faculté de le remettre en adjudication ou de délivrer des licences de chasse.

Dans le cas où le droit de chasse à tir et le droit de chasse a courre sont réunis et loués sans disjonction, les adjudications prononcées sont définitives.

Art. 6. — Les personnes insolvables ne pourront prendre part aux adjudications.

Le président de l'adjudication sera juge de la solvabilité des preneurs, le receveur des domaines entendu.

Il lui appartiendra, en cas de doute, d'exiger la présentation immédiate d'une caution et d'un certificateur de caution, et, à défaut de garanties suffisantes, de remettre l'article en adjudication.

Les personnes non domiciliées en France et qui voudront prendre part aux adjudications devront, avant la séance, justifier de leur solvabilité auprès du receveur des domaines du lieu de l'adjudication, qui pourra exiger d'elles telles garanties qu'il jugera convenable.

Art. 7. — Les minutes des procès-verbaux d'adjudication seront rédigées sur papier visé pour timbre et signées sur le champ par tous les fonctionnaires présents et par les adjudicataires ou leurs fondés de pouvoirs ; s'ils sont absents, ou ne peuvent signer, il en sera fait mention aux procès-verbaux.

Art. 8. — Chaque adjudicataire sera tenu de donner, dans les cinq jours qui suivront celui de l'adjudication, une caution et un certificateur de caution reconnus solvables, lesquels s'obligeront solidairement avec lui à toutes les charges et conditions du bail.

Les cautions et certificateurs de caution ne pourront être reçus que du consentement du receveur des domaines, et l'acte en sera passé au secrétariat du lieu de l'adjudication et à la suite du procès-verbal d'adjudication.

Faute par l'adjudicataire de fournir les cautions dans le délai prescrit, il sera déchu de l'adjudication, et une adjudication aura lieu à sa folle enchère dans les formes ci-dessus déterminées et suivant les conditions spécifiées par l'article 24 du Code forestier.

L'adjudicataire déchu payera les frais de la première adjudication, à raison de 1 fr. 60 0/0 sur le prix annuel du bail dont il s'était rendu adjudicataire, augmenté de la valeur des charges calculée conformément aux dispositions de l'article 11 ci-après.

L'adjudicataire, les cautions et certificateurs de caution sont tenus d'élire domicile dans le lieu où l'adjudication aura été faite. A défaut de quoi, tous les actes postérieurs leur sont valablement signifiés au secrétariat de la sous-préfeture.

TITRE III. — Prix des baux et frais d'adjudication.

Art. 9. — Le prix annuel de location sera payé par semestre et d'avance, dans la caisse du receveur des domaines du lieu de l'adjudication. Si le dernier semestre est incomplet, le montant en sera calculé au prorata du nombre de jours restant à courir jusqu'à la fin du bail.

En cas de retard de payement, les intérêts des sommes dues courront de plein droit à raison de cinq pour cent l'an à partir du jour où le payement aurait dû être effectué.

ART. 10. — Les demandes en résiliation de baux et en réduction de fermages ne suspendront pas l'effet des poursuites pour le recouvrement des termes arriérés.

En aucun cas, l'adjudicataire qui aura été privé du droit d'obtenir un permis de chasse, par application des articles 6, 7, 8 et 18 de la loi du 3 mai 1844, ne sera fondé à demander la résiliation de son bail ou une diminution de prix.

ART. 11. — L'adjudicataire payera comptant à la caisse du receveur des domaines, tant pour les droits fixes de timbre et d'enregistrement des procès-verbaux et actes relatifs à l'adjudication que pour tous autres frais, 1 fr. 60 0/0 du prix annuel de son bail, augmenté de la valeur moyenne annuelle des charges imposées pendant la durée du bail.

Il payera, en outre, les droits proportionnels d'enregistrement sur le montant total des annuités du bail, augmenté de la valeur totale des charges et du 1 fr. 60 0/0 stipulé au 1er paragraphe.

TITRE IV. — CESSIONS DE BAUX.

ART. 12. — Les adjudicataires ne pourront céder leur bail qu'en vertu d'une autorisation du Directeur des eaux et forêts.

Les cessions seront passées au secrétariat de la préfecture ou de la sous-préfecture du lieu de l'adjudication. Les cautions et certificateurs de caution interviendront à l'acte.

Les cessionnaires ne pourront obtenir le permis spécial dont il est question à l'article 14 ci-après qu'en représentant l'acte de cession.

Nonobstant leur cession, les adjudicataires, ainsi que leurs cautions et certificateurs de caution, resteront solidairement obligés avec les cessionnaires, sous réserve de l'application de l'article 2020 du Code civil qui autorise l'Administration à exiger, le cas échéant, de nouvelles cautions.

Cependant les cautions et certificateurs de cautions primitifs pourront être remplacés par d'autres cautions et certificateurs de cautions solvables agréés par le receveur des domaines.

TITRE V. — Exploitation et police de la chasse.

Art. 13. — Dans le cas où le droit de chasse à tir et le droit de chasse à courre sur un même lot seront loués séparément à des personnes différentes, la chasse à courre, à cors et à cris, comprendra le grand gibier (cerf, daim, sanglier, loup). Elle pourra être exercée d'après le mode généralement en usage, deux fois par semaine pendant la durée de la chasse à tir et trois fois par semaine après la clôture de cette chasse.

Le choix des jours sera concerté un mois au moins avant la date ordinaire de l'ouverture de la chasse, entre l'adjudicataire de la chasse à courre et l'agent des eaux et forêts, chef du service local, qui préviendra de ce choix, en temps opportun, les locataires de la chasse à tir. En cas de désaccord, la décision appartiendra au Conservateur des eaux et forêts. Les dimanches et fêtes ne pourront jamais être désignés.

Le fait par les piqueurs d'aller en reconnaissance avec leurs limiers en dehors des jours indiqués pour l'exercice de la chasse à courre ne sera pas réputé acte de chasse. Toutefois ces piqueurs ne pourront pénétrer dans les enceintes.

La chasse à tir comprendra toute espèce de gibier autre que celles ci-dessus spécifiées.

Le loup pourra être chassé par les chasseurs à courre et par les chasseurs à tir.

Ni les chasseurs à tir, ni leurs gardes, ne pourront chasser, ni conduire des chiens en forêt en dehors des jours de chasse qui leur sont réservés. Mais les gardes particuliers auront la faculté de détruire les bêtes puantes et les oiseaux nuisibles même en dehors de ces jours.

Sous la réserve des dispositions qui précèdent, les droits respectifs des chasseurs soit à courre, soit à tir, tels qu'ils résultent des lois, règlements et usages, sont et demeurent expressément réservés. L'Administration n'entend encourir ni garantie ni responsabilité à cet égard. Elle ne pourra en aucun cas être appelée en cause dans les contestations qui pourraient s'élever entre les adjudicataires.

Art. 14. — Les fermiers ne pourront se livrer à la chasse qu'après avoir obtenu, indépendamment du permis de chasse de l'autorité compétente, un permis spécial de l'Inspecteur des eaux et forêts. Ils seront tenus d'exhiber ce permis à toute réquisition.

Art. 15. — Les fermiers pourront se faire accompagner par un nombre de personnes déterminé dans les affiches et le procès-verbal d'adjudication, ou les autoriser à chasser isolément en leur donnant par écrit des permissions spéciales et nominatives dont ils fixeront la durée. Ces permis devront être exhibés à toute réquisition.

ART. 16. — La chasse en traques ou en battues est permise aux fermiers de la chasse à tir. Toutefois, ce mode de chasse ne pourra être pratiqué pendant la dernière année du bail qu'avec l'autorisation du Conservateur.

ART. 17. — Pendant la dernière année du bail, les chevrettes et les biches ne pourront être chassées sans l'autorisation du Conservateur, qui déterminera le nombre d'animaux pouvant être tués.

ART. 18. — Il est défendu d'enlever ou de détruire les faons ou levrauts, ainsi que les nids et couvées d'oiseaux autres que ceux classés par les arrêtés préfectoraux comme animaux nuisibles.

ART. 19. — Dans le cas où le Conservateur reconnaîtra que la surabondance du gibier, notamment du sanglier, du lapin, des cerfs et biches, est de nature à porter préjudice aux peuplements forestiers ou aux propriétés riveraines, il devra mettre le fermier en demeure, par sommation extrajudiciaire, de détruire, dans un délai déterminé, les animaux dont le nombre et l'espèce lui seront indiqués.

Le fermier devra faire connaître à l'agent des eaux et forêts, chef de cantonnement, au moins quarante-huit heures à l'avance, les dates des jours où auront lieu les destructions.

Faute par le fermier de satisfaire à la mise en demeure, il sera procédé d'office à la destruction par les soins du service des eaux et forêts, qui recourra à tous les moyens qu'autorisent la loi et les règlements, y compris l'emploi du fusil et des chiens. Toute personne convoquée par les agents des eaux et forêts pourra prendre part à ces destructions. Le fermier sera prévenu quarante-huit heures à l'avance des jours fixés pour les chasses de destruction. Le gibier abattu appartiendra à celui qui l'aura tué.

Les adjudicataires de la chasse à tir seront tenus de supporter, même pendant les jours qui leur sont réservés, les destructions du grand gibier effectuées au fusil par les adjudicataires de la chasse à courre sur réquisition administrative ou par le service forestier, sans qu'il soit nécessaire de convoquer lesdits adjudicataires de la chasse à tir.

ART. 20. — Dans les lots ou portions de lots qui seront désignés par les affiches et les procès-verbaux d'adjudication, dans les enceintes engrillagées et, au fur et à mesure de leur clôture, dans celles à clore, conformément aux dispositions du deuxième paragraphe ci-après, la destruction des lapins sera radicale et permanente ; la chasse de ces animaux n'est donc pas comprise dans le bail. Le service des eaux et forêts se réserve d'y poursuivre cette destruction,

en tout temps et par tous les moyens, y compris l'emploi de chiens
et du fusil. Néanmoins les fermiers de la chasse à tir pourront par
tolérance y tuer ces animaux. Toute personne convoquée par les
agents des eaux et forêts pourra prendre part à ces destructions.

Les fermiers de la chasse à tir seront tenus de payer les frais
d'engrillagement des parcelles indiquées à l'affiche en cahier et au
procès-verbal d'adjudication, qui fixeront également pour chaque
lot la contenance des parcelles à enclore chaque année, la nature et
les dimensions des grillages, les conditions dans lesquelles ils seront
établis, l'époque de leur installation, le temps pendant lequel ils
seront maintenus en place, enfin le montant de la dépense à la
charge du fermier.

Les grillages seront la propriété de l'État. Ils seront entretenus
aux frais des fermiers de la chasse à tir. Toutefois, les chasseurs à
courre auront à réparer les dégradations provenant de leur fait.
L'affiche en cahier et le procès-verbal d'adjudication indiqueront les
prescriptions à suivre pour l'ouverture et la fermeture des portes
des enceintes engrillagées les jours de chasse à courre.

Les travaux neufs et d'entretien seront faits par les soins du service des eaux et forêts et payés par les adjudicataires, au vu de
certificats délivrés par les agents, jusqu'à concurrence des sommes
portées aux affiches en cahier. Dans le cas où ces travaux n'attein-
draient pas les chiffres portés aux affiches, le surplus sera versé par
le fermier dans le délai de dix jours à la caisse du receveur des
domaines, sur procès-verbal de constatation dressé par l'inspecteur,
et établissant le décompte de la somme restant due.

Les réparations des dégradations provenant du fait des fermiers
seront, en outre, exécutées et payées en la même forme d'après les
chiffres arrêtés par le Conservateur.

Faute par les fermiers de payer le montant des travaux prévus au
présent article, le mémoire des frais sera arrêté par le préfet, qui
le rendra exécutoire contre eux conformément à l'article 41 du Code
forestier.

Art. 21. — L'introduction du lapin sur le sol forestier est formellement interdite.

L'introduction dans les engrillagements de tout autre gibier que
le gibier de plume ne pourra avoir lieu qu'avec l'autorisation du
Conservateur.

En cas d'infraction à ces clauses constatée par un jugement, l'Administration aura le droit de résilier le bail sans indemnité, sans
préjudice de l'application de l'article 11, n° 5, de la loi du 3 mai 1844.

Art. 22. — Les adjudicataires sont responsables vis-à-vis des propriétaires, possesseurs ou fermiers des héritages riverains ou non

des dommages causés à ces héritages par les lapins, les autres animaux nuisibles et toute espèce de gibier, même quand le lapin ne sera pas compris dans le bail.

Ils devront conséquemment intervenir pour prendre fait et cause pour l'Etat, dans le cas où celui-ci serait l'objet d'une action en dommages-intérêts.

Les fermiers devront indemniser les agents et préposés des eaux et forêts des dommages causés aux jardins et terrains affectés à ces employés par les animaux nuisibles et, en général, par toute espèce de gibier. En cas de désaccord entre les parties sur la somme à payer, le Conservateur convoquera les fermiers, et après les avoir entendus eux ou leurs représentants, ou faute par ceux-ci de s'être rendus à la convocation, il en fixera définitivement le montant, et en réglera, le cas échéant, la répartition entre les adjudicataires de la chasse à tir et ceux de la chasse à courre.

Art. 23. — En temps prohibé, les adjudicataires ainsi que les personnes qu'ils auront désignées à cet effet pourront, avec l'assentiment et sous la surveillance de l'Administration des eaux et forêts, procéder à la chasse et à la destruction des animaux dangereux, malfaisants ou nuisibles, et ce, par tous les moyens dont l'emploi sera autorisé par le préfet, ou par des chasses et battues pratiquées conformément à l'arrêté du 19 pluviôse an V.

Art. 24. — Les fermiers souffriront des battues qui pourront être ordonnées pour la destruction des loups et autres animaux nuisibles.

Ils concourront à ces battues (*Ordonnance du 20 juin* 1845).

Art. 25. — Ils ne pourront s'opposer à l'exercice du droit accordé aux lieutenants de louveterie de chasser le sanglier à courre deux fois par mois pendant le temps où la chasse est permise (*Règlement du 20 août* 1814 ; *ordonnance du 20 juin* 1845).

TITRE VI. — Surveillance et conservation de la chasse.

Art. 26. — La surveillance de la chasse reste spécialement confiée aux agents et gardes des eaux et forêts dans les conditions déterminées par les lois et règlements, aux termes desquels les fermiers ne peuvent réclamer d'eux aucun service.

Néanmoins, les fermiers pourront, avec l'autorisation du Conservateur, instituer des gardes particuliers de la chasse dans leurs lots respectifs. Le choix de ces gardes sera soumis à l'approbation du Conservateur, qui aura le droit de retirer cette approbation quand il le jugera nécessaire. Le Conservateur aura également le droit d'exiger le renvoi des ouvriers employés à l'entretien de la chasse (élevage et agrainage des faisans, entretien des sentiers et des pièges, etc.).

Les gardes particuliers sont autorisés à porter des armes à feu. Avec l'autorisation du fermier, ils pourront chasser même isolément et hors de la présence de celui-ci.

Il leur est interdit de porter un uniforme qui puisse être confondu avec celui des préposés des eaux et forêts.

ART. 27. — Les affiches en cahier et les procès-verbaux d'adjudication détermineront, aussi exactement que possible, pour chaque forêt, les limites de chaque lot, avec les conditions particulières de jouissance, et donneront une description détaillée des accessoires de la chasse mis à la disposition des fermiers, tels que bâtiments pour pied à terre, faisanderie, etc.

Les bâtiments de toute nature, ainsi que le mobilier, le matériel de la chasse, les clôtures et treillages, seront livrés dans l'état où ils se trouvent, sans que l'Administration des eaux et forêts puisse être tenue d'y faire, soit des améliorations ou des réparations, soit des changements.

Les fermiers devront les entretenir et les livrer, à l'expiration de leur bail, en bon état d'entretien, sans pouvoir réclamer aucune indemnité pour les améliorations qu'ils y auraient apportées. Celles-ci ne pourront être effectuées ou supprimées sans l'agrément de l'Administration.

Les travaux mis en charge sur les lots de chasse seront exécutés et payés comme il est dit à l'article 20 au sujet des engrillagements.

Les fermiers répondront de l'incendie dans les conditions prévues par l'article 1733 du Code civil et payeront les impôts de toute nature dont les bâtiments pourront être grevés.

Ces bâtiments étant mis à la disposition des fermiers pour l'exploitation de la chasse ne pourront recevoir une autre destination sans l'assentiment du Conservateur.

Il est expressément interdit de les louer pour un commerce quelconque et d'y loger des gardes ou gens à gages sans l'autorisation de l'Inspecteur.

ART. 28. — L'Administration se réserve expressément, sans que le fermier de la chasse puisse s'y opposer ou s'en prévaloir pour se soustraire à l'exécution des clauses et conditions de l'adjudication, la faculté de régler à son gré l'organisation de la surveillance, d'exploiter et de traiter comme bon lui semblera toutes les forêts ou parties de forêts comprises dans l'amodiation, d'y faire tous les travaux d'amélioration, routes, maisons, fossés, plantations, semis ou autres de quelque nature que ce soit, de protéger à l'aide de clôtures quelconques les repeuplements naturels ou artificiels, ainsi que les jeunes coupes exposées à la dent du gibier, et de déplacer ou de modifier les clôtures existantes, d'effectuer des délivrances de menus produits (plants, fraises, framboises, épines, fougères, bruyères, bois morts, glands, faînes, pierres, sable, etc.), d'y autoriser le pâturage et le panage aussi bien des bestiaux des préposés des eaux et forêts que de ceux des usagers ou concessionnaires et d'y concéder des pistes d'entraînement pour chevaux de courses.

L'Administration se réserve expressément le droit de concéder des carrières de toutes sortes. Le fermier ne pourra réclamer une réduction proportionnelle à la surface occupée que si cette surface est supérieure au 1/50 de la surface du lot de chasse.

Il sera permis aux fermiers de la chasse à tir, sauf dans les cas prévus à l'affiche en cahier, de récolter les larves de fourmis qui pourront se trouver dans leurs lots respectifs, mais il leur est interdit de les vendre, l'Administration se réservant d'en tirer parti si elles ne sont pas utilisées sur place.

Art. 29. — Sous réserve du droit de transaction appartenant à l'Administration des eaux et forêts, les infractions aux lois et règlements, ainsi qu'aux dispositions du présent cahier des charges, de la part des fermiers ou des personnes dont ils sont accompagnés, ou qu'ils ont autorisées à chasser isolément, et les délits de chasse commis par les personnes sans titre dans les forêts affermées, seront poursuivis correctionnellement, sauf à la partie lésée, d'après la connaissance que l'agent des eaux et forêts ou le ministère public lui aura donnée du procès-verbal, à intervenir pour requérir les dommages-intérêts auxquels elle aura droit.

Délibéré en Conseil des eaux et forêts, le 20 avril 1898.

Les Membres du Conseil,
G. Sée, Bert, Sédillot.

<table>
<tr><td align="center">Adopté
Paris, le 20 avril 1898.</td><td align="center">Approuvé :
Paris, le 3 mai 1898.</td></tr>
<tr><td align="center">Le Conseiller d'État,
Directeur des Eaux et Forêts,
L. Daubrée.</td><td align="center">Le Président du Conseil,
Ministre de l'agriculture,
J. Méline.</td></tr>
</table>

M. le Ministre des finances a donné son adhésion au présent cahier des charges par lettre en date du 25 mai 1898.

TABLE ALPHABÉTIQUE DES MATIÈRES

Imp. J. Thevenot, Saint-Dizier (Haute-Marne).

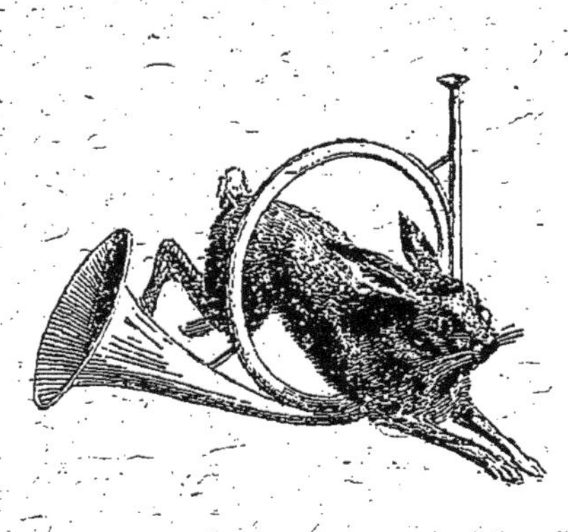